CÔTE D'AZUR INSOLITE ET SECRÈTE

Jean-Pierre Cassely

JonGlez

Côte d'Azur insolite et secrète est le fruit d'un constat : les habitants ou visiteurs fréquents de la Côte d'Azur n'ont à leur disposition qu'une panoplie de guides décrivant globalement tous les mêmes lieux. Rien ou presque qui puisse surprendre ou apprendre quelque chose à ceux qui connaissent déjà bien leur région.
Ce guide leur est destiné, tout en espérant qu'il saura plaire également aux visiteurs occasionnels qui voudront sortir des sentiers battus.

Les commentaires sur ce guide et son contenu ainsi que les informations sur des lieux que nous n'évoquons pas ici sont les bienvenus.
Ils nous permettront d'enrichir les futures éditions de ce guide.

N'hésitez pas à nous écrire :

- Éditions Jonglez, 17, boulevard du Roi, 78000 Versailles, France.
- par mail : infos@editionsjonglez.com

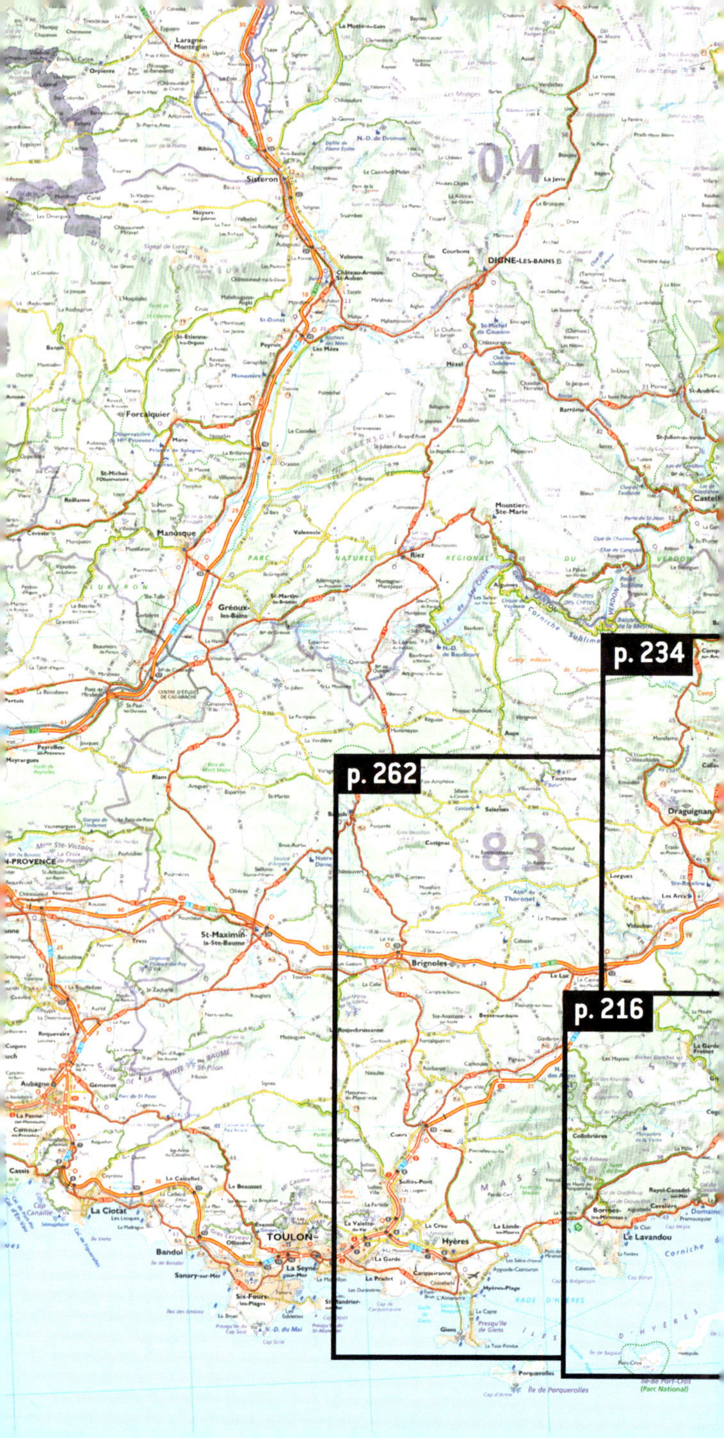

p. 234
p. 262
p. 216
04
83
Sisteron
Laragne-Montéglin
Orpierre
Ribiers
Noyers-sur-Jabron
DIGNE-LES-BAINS
Château-Arnoux-St-Auban
Volonne
Les Mées
Peyruis
Forcalquier
Mane
Manosque
Oraison
Valensole
Riez
Moustiers-Ste-Marie
Gréoux-les-Bains
Reillanne
Céreste
Pertuis
Rians
St-Maximin-la-Ste-Baume
Brignoles
Draguignan
Le Luc
Aups
Cotignac
Salernes
Aubagne
La Ciotat
Cassis
Bandol
Sanary-sur-Mer
Six-Fours-les-Plages
TOULON
La Seyne-sur-Mer
Hyères
Le Lavandou
Bormes-les-Mimosas
Cavalaire
Collobrières
Solliès-Pont
Cuers
La Crau
Le Pradet
La Garde
Carqueiranne
Porquerolles
Île de Porquerolles
PARC NATUREL RÉGIONAL DU VERDON
MONTAGNE DE LURE
LUBERON
PLATEAU DE VALENSOLE
MASSIF DE LA SAINTE BAUME
RADE D'HYÈRES

p. 90
p. 14
p. 132
p. 176
p. 58
06
MERCANTOUR
NICE
CANNES
ANTIBES
GRASSE
MENTON
MONTE-CARLO
MONACO
ST-TROPEZ
Ste-Maxime
St-Raphaël
Fréjus
Juan-les-Pins
Vallauris
Biot
Cagnes-sur-Mer
St-Paul
Sospel
Saorge
Tende
Beaulieu-sur-Mer
St-Jean-Cap-Ferrat
Roquebrune
Cap-Martin
Puget-Théniers
Entrevaux
Isola 2000
Le Boréon
St-Martin-Vésubie
Fayence
Mandelieu-la-Napoule
La Napoule
Agay
Port-Grimaud
Ramatuelle
Gassin

SOMMAIRE

MONACO, MENTON ET L'ARRIÈRE-PAYS

NICE

ARRIÈRE PAYS NIÇOIS

CANNES, ANTIBES, SAINT-PAUL-DE-VENCE ET L'ARRIÈRE-PAYS

FRÉJUS, SAINT-RAPHAËL, GRASSE ET ALENTOURS

SOMMAIRE

SAINT-TROPEZ ET ALENTOURS

DRAGUIGNAN ET ALENTOURS

HYÈRES ET PROVENCE VERTE

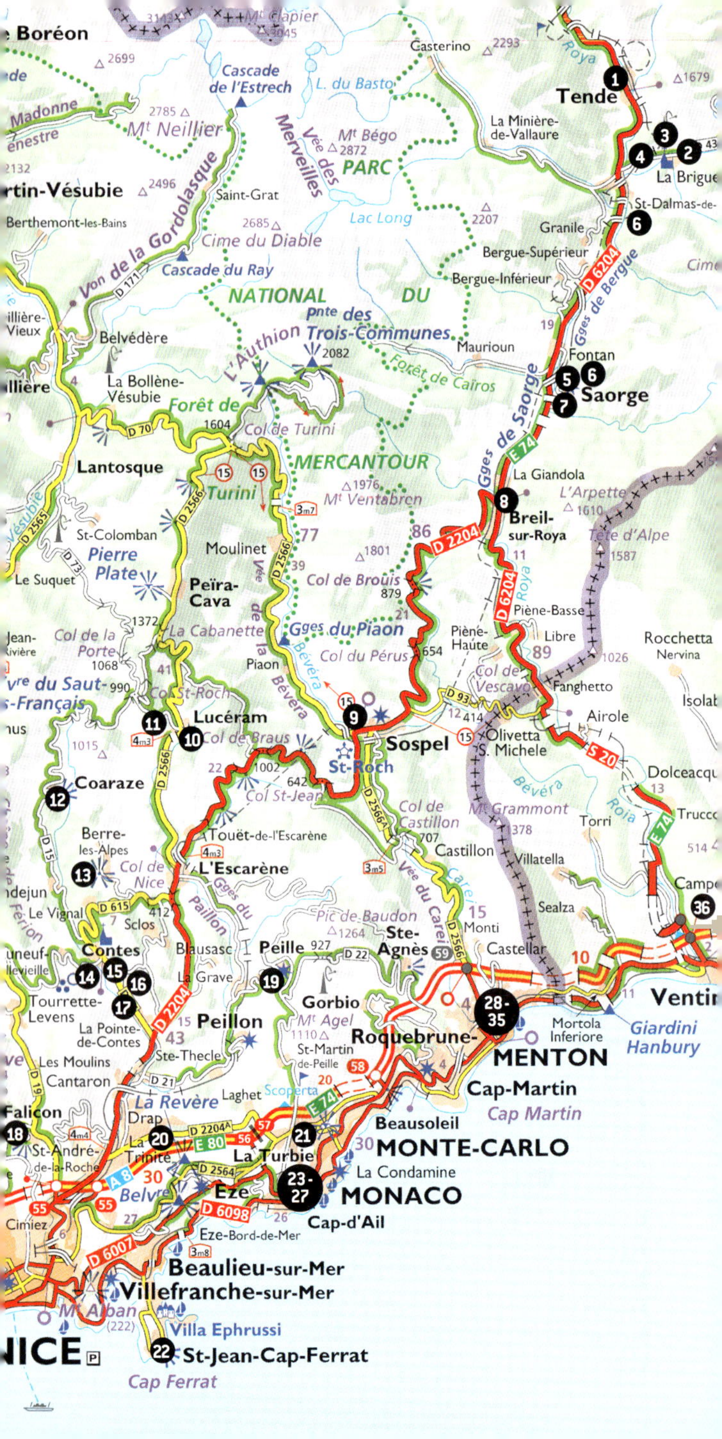

Boréon
Mt Clapier
3045
3143
Casterino
2293
Roya
Tende
1679
Cascade de l'Estrech
L. du Basto
2699
Madonne
Mt Neillier
2785
Vée des Merveilles
Mt Bégo
2872
PARC
La Minière-de-Vallaure
La Brigue
2132
2496
Saint-Grat
St-Dalmas-de-
2207
Lac Long
Granile
Berthemont-les-Bains
2685
Cime du Diable
Bergue-Supérieur
Von de la Gordolasque
Cascade du Ray
Bergue-Inférieur
D 171
NATIONAL
DU
D 6204
Gges de Bergue
Pnte des Trois-Communes
Belvédère
L'Authion
2082
Mauriou
Fontan
Forêt de Caïros
La Bollène-Vésubie
Saorge
Forêt de
1604
Col de Turini
Gges de Saorge
D 70
MERCANTOUR
E 74
Lantosque
La Giandola
L'Arpette
Turini
1976
Mt Ventabren
Breil-sur-Roya
1610
D 2566
D 2204
Tête d'Alpe
St-Colomban
86
Moulinet
77
1587
Pierre Plate
1801
Le Suquet
D 73
39
Col de Brouis
879
Roya
Peïra-Cava
Vée de la Bévéra
Piène-Basse
1372
21
Libre
Col de la Porte
La Cabanette
Gges du Piaon
Piène-Haute
Rocchetta Nervina
1068
Piaon
Col du Pérus
654
89
1026
Col de Vescavo
Fanghetto
Col St-Roch
990
D 93
Airole
Lucéram
Sospel
414
Olivetta S. Michele
Col de Braus
St-Roch
S 20
Dolceacqua
1015
D 2566A
1002
642
Bévéra
Coaraze
Col St-Jean
Col de Castillon
Mt Grammont
Torri
Trucco
Roia
1378
Berre-les-Alpes
Touët-de-l'Escarène
707
Castillon
Villatella
514
Col de Nice
L'Escarène
Vée du Careï
Carei
Campo
Gges du Paillon
Sealza
Le Vignal
D 615
412
Pic de Baudon
Sclos
1264
Monti
Ste-Agnès
Castellar
Contes
Blausasc
Peille
927
D 22
Tourrette-Levens
La Grave
Gorbio
Ventimiglia
Mortola Inferiore
La Pointe-de-Contes
D 2204
Peillon
Mt Agel
1110
Giardini Hanbury
Roquebrune-
MENTON
Les Moulins
Ste-Thecle
St-Martin de-Peille
Cantaron
D 21
Laghet
Scoperta
Cap-Martin
La Revère
Cap Martin
Falicon
Drap
D 2204A
Beausoleil
St-André-de-la-Roche
La Trinité
E 80
La Turbie
MONTE-CARLO
D 2564
La Condamine
A 8
Eze
MONACO
Belvre
D 6098
Cimiez
Cap-d'Ail
Eze-Bord-de-Mer
D 6007
Beaulieu-sur-Mer
Villefranche-sur-Mer
Mt Alban
(222)
Villa Ephrussi
NICE
St-Jean-Cap-Ferrat
Cap Ferrat

MONACO, MENTON ET L'ARRIÈRE-PAYS

LES DEUX PLAQUES DU MONUMENT AUX MORTS DE TENDE

1

Avenue du 16 septembre 1947
06430 Tende

> *Faisant partie des territoires de chasse du roi Victor-Emmanuel II, Tende resta italien jusqu'en 1947...*

Le monument aux morts de Tende présente une synthèse inattendue de l'histoire récente du village : sous la statue d'un soldat italien en tenue d'époque (1915), on remarque deux plaques à la mémoire des disparus des deux guerres mondiales, l'une en italien pour le conflit de 1914-1918, et l'autre en français pour celui de 1939-1945.

Pour comprendre cette particularité, il faut se souvenir que Tende s'appelait Tenda jusqu'en 1947 : alors que, depuis le traité de Turin du 24 mars 1860, le duché de Savoie et le comté de Nice avaient été annexés à la France, le village était demeuré rattaché à l'Italie. Ce statut singulier tenait en fait à une raison dérisoire : avec le village de Briga (aujourd'hui La Brigue), la Vallée des Merveilles et le mont Bego, Tenda faisait partie des territoires de chasse du roi Victor-Emmanuel II, qui avait tenu à les garder. Le nouveau tracé de la frontière, convenu le 4 mars 1861 avec Napoléon III, tint compte de cette demande...

En réaction, une partie des Tendasques s'attacha, dès 1861, à entretenir un esprit pro-français. Mais ce n'est que lorsque les Alliés débarquèrent en Provence, le 15 août 1944, que l'occasion d'un rattachement à la France parut se présenter sous un jour favorable. Deux organisations clandestines se formèrent alors à Tenda : le « Comité d'Étude des Frontières » et le « Comité de Rattachement de Tende et de La Brigue à la France ». Toutes deux dressèrent des rapports et des cartes, qu'elles firent parvenir au Gouvernement provisoire de la République française à Alger.

Durant les mois qui suivirent, la région fut le théâtre d'affrontements ponctuels entre les camps français et italien : une grenade fut même lancée dans une salle de bal. L'administration italienne, elle, multiplia les tracasseries et décima les forêts environnantes : elle craignait, surtout, de perdre les trois centrales hydroélectriques de la région, qui approvisionnaient notamment les lignes ferroviaires du Piémont et de la Ligurie.

En dépit de ce climat délétère, Tende et La Brigue furent finalement rattachées à la France le 16 septembre 1947. Un référendum confirma cette disposition le 12 octobre suivant : 92 % des Tendasques se prononcèrent en faveur de leur nouvelle nationalité, raison pour laquelle le monument aux morts de Tende reçut une nouvelle plaque, rédigée cette fois-ci en français.

LES FRESQUES DE NOTRE-DAME-DES-FONTAINES

2

RD143, 06430 La Brigue • Horaires : ne pas se fier aux horaires des guides car ils sont changeants (la chapelle demande une surveillance constante pas toujours facile à assurer). Se renseigner impérativement à l'office de tourisme de La Brigue, place Saint-Martin • Tél. : 04 93 79 09 34

Judas, le ventre ouvert

Peinte du sol au plafond, Notre-Dame-des-Fontaines fait partie de ces chocs artistiques rares, d'une intensité inégalable. Certains se rappelleront la chapelle Scrovegni de Padoue où l'air est filtré et où les visiteurs patientent 15 minutes dans un sas. Point de sas ici mais point d'éclairage non plus. Les photos au flash sont interdites et il faut une bonne lumière extérieure pour profiter de ces incroyables fresques restées dans un état de conservation tout à fait surprenant.

La chapelle a été peinte entre 1491 et 1492 par les deux plus prestigieux artistes de l'époque : Giovanni Baleison et Giovanni Canavesio. Tous deux Piémontais mais très différents de tempérament, ils se partageaient le travail selon les thèmes à traiter : de la douceur et de la clarté pour Baleison et de la dureté et de l'ombre pour Canavesio. Si l'on retrouve leur signature dans plusieurs autres édifices religieux peints entre 1450 et 1495, comme dans la chapelle Saint-Sébastien de Saint-Étienne-de-Tinée, Notre-Dame-des-Fontaines est considérée comme leur chef-d'œuvre.

Le Judas de Canavesio est l'image la plus terrifiante de ces fresques insolites : il est représenté pendu, la bouche ouverte et la langue pendante. Son ventre est ouvert et laisse apparaître nettement ses viscères, son foie et son cœur. Sur le côté, un démon ailé extirpe un homoncule* du corps de l'apôtre. Cette image symbolise sans doute l'âme du traître, promise au diable. Selon l'Évangile de saint Matthieu, Judas, après avoir embrassé le Christ pour le faire reconnaître par ceux qui venaient l'arrêter, serait allé au temple y jeter l'argent de sa trahison pour aller ensuite se pendre.

Le nom de cette chapelle viendrait de la proximité de sept sources intermittentes et miraculeuses.

(*) Homoncule ou homuncule : homme miniature

AUX ALENTOURS :

LE FOUR À CHAUX

3

RD43, 06430 La Brigue

Situé sur une propriété privée, un monumental four à chaux, en partie en ruine, rappelle que cette région frontalière n'a pas cessé de se fortifier contre les menaces de ses voisins français. À cette époque, ouvrages défensifs et liaisons routières commandaient la production de la chaux (présente dans la plupart des édifices) sur place.

Daté de la fin du XIXe siècle, ce four servait à fabriquer la chaux (le ciment de l'époque) en chauffant à 1 000 degrés le calcaire récolté sur place. À la fin du cycle, on obtenait environ 56 % de la masse calcinée en chaux vive et, lorsqu'on l'avait éteinte, en chaux de liant de construction.

LA MAISON DES ABEILLES

4

Quartier de l'Évêché, 06430 La Brigue

> « Des maisons pour protéger les abeilles des ours

Les maisons des abeilles sont des enclos en pierres sèches qui protègent les ruches, les abeilles et leur miel contre les attaques des ours bruns. Construites par les habitants de La Brigue à partir du XVIe siècle, il en reste aujourd'hui encore une cinquantaine. L'une d'entre elles est notamment visible à côté de la chapelle Notre-Dame-des-Fontaines (route fléchée : vallée de Bens).

Non loin, celle du quartier de l'Évêché daterait de 1612, si l'on en croit une pierre gravée à proximité de la porte d'entrée. Ces « ca d'arbinee », comme les appellent les Brigasques, étaient construites sur les flancs des coteaux, exposées au soleil levant et à proximité de points d'eau. Une telle « maison » pouvait contenir près de 100 ruches appelées « bruscs ».

Les mouches – Elevage d'abeilles au XVIIIe siècle, selon Liger

AUX ALENTOURS :

LA PIERRE DU PILORI 5

Place de l'Église 06540 Saorge

En haut du magnifique village de Saorge, sur la gauche de la façade de l'église, une pierre bleutée, plus grosse qu'un ballon, n'attire pas particulièrement l'attention. Socle de l'ancien pilori du village, cette pierre, selon la tradition orale, daterait du Moyen Âge. Destiné à exposer à la vindicte publique un délinquant, le plus souvent un vendeur ayant triché sur la qualité ou la quantité d'un produit, le pilori ne fut aboli en France qu'en 1848. Attaché pieds et poings liés, le condamné devait subir les quolibets, les insultes, les crachats et autres aménités de la foule. L'expression « cloué au pilori » vient évidemment de cette coutume médiévale au sens où le condamné était matériellement empêché d'échapper à son sort (sur le pilori, voir aussi p. 39).

DEUX GARES DÉMESURÉES : SAINT-DALMAS-DE-TENDE ET FONTAN-SAORGE 6

Les voyageurs qui découvrent la gare de Saint-Dalmas-de-Tende ne manqueront pas d'être surpris par cette immense construction de style dit « mussolinien », datant de 1928. En effet, jusqu'en 1947, cette halte marquait pompeusement l'arrivée en territoire italien des trains de la ligne Nice-Cuneo. À quelques kilomètres au sud, la gare de Fontan-Saorge remplissait la même fonction, du côté français de la frontière. Quoique moins imposant que son pendant italien, le bâtiment principal était, lui aussi, disproportionné par rapport à la population des villages environnants. La gare de Saint-Dalmas est aujourd'hui fermée et laissée à l'abandon, bien que les trains continuent de s'y arrêter. Quant à celle de Fontan-Saorge, elle est devenue un centre de vacances de la SNCF.

LA PLAQUE COMMÉMORATIVE DE LA CONSTRUCTION DE L'AXE NICE-TURIN 7

RN204 06540 Saorge

Entre deux tunnels, sur la paroi de la rive gauche de la Roya, une inscription gravée dans la roche commémore la réalisation de la route stratégique Nice-Turin, construite sur ordre de Charles-Emmanuel Ier de Savoie à la fin du XVIe siècle.

DES BOUTONS DE CULOTTE DANS L'ÉGLISE 8

Église Sancta-Maria-in-Albis

Place Brancion 06540 Breil-sur-Roya

• Ouverte tous les jours de 10h à 12h et de 14h30 à 18h (19h l'été)

À l'intérieur de l'église paroissiale, il faut de bons yeux pour distinguer ces petits ronds de nacre qui ornent la balustrade en marbre où s'agenouillent les fidèles pour la communion. À la suite du passage d'une équipe de pilleurs d'église, les Breillois s'aperçurent que ces précieuses rondelles de nacre avaient été subtilisées. Décision fut alors prise de combler ces vides par les boutons de culotte (en nacre également) que quelques pieuses paroissiennes sacrifièrent à l'intégrité de leur église.

LE FORT SAINT-ROCH

9

RD2204, 06380 Sospel
• Tél. : 04 93 04 00 70
• Avril, mai, juin, septembre : ouvert de 14h à 17h les samedis, dimanches et jours fériés
• Juillet, août : ouvert de 14h à 17h tous les jours
• Entrée : 5 € - Enfants de moins de 12 ans : 3 €

Le musée de la ligne Maginot

Construit en 1932, le fort Saint-Roch était une véritable ville souterraine qui faisait partie de la fameuse ligne Maginot. Aujourd'hui, sa visite permet de se rendre compte avec précision de la mission qu'il remplissait : verrouiller la vallée de la Bévéra et empêcher les trains blindés italiens de pénétrer en territoire français.

Bénéficiant des derniers progrès de la technologie de cette période d'avant-guerre, le complexe fortifié de Saint-Roch était armé d'un canon de 75 millimètres visant la gare de Sospel, de quatre mortiers aveugles tirant en oblique autour du fort, de mitrailleuses à tir rapide et de lance-grenades au cas où les fossés du fort seraient investis par l'ennemi. 5 000 mètres cubes de béton et 385 tonnes d'acier protégeaient près de 300 hommes qui pouvaient vivre en autarcie pendant trois mois. La visite, à 50 mètres de profondeur, des salles de production d'électricité, de ventilation et de filtrage de l'air, de l'infirmerie, des cuisines, des chambrées et des toilettes permet de mieux apprécier les conditions de vie difficiles de ces hommes. Au bout d'un couloir sans fin on descend aussi dans les salles de stockage de munitions par un plan incliné à 45 degrés, d'où l'on remonte dans les salles de tir. Les ordres donnés depuis des salles d'observation étaient transmis par un « parlophone », dont le tuyau de cuivre est toujours visible au plafond des galeries souterraines.

LA LIGNE MAGINOT

Construite dans les années 1930, la ligne Maginot était une ligne de fortifications et de défense qui couvrait une zone allant de la Sarre jusqu'à la Méditerranée. Seules les frontières avec la Belgique et la Suisse ainsi que la trouée de la Sarre ne furent pas protégées afin d'obliger l'armée allemande à passer par ces voies d'invasion. L'armée allemande passa finalement par la Belgique (qui avait opté pour la neutralité en 1936) où s'interrompait la ligne de défense, contournant ainsi, comme prévu par les stratèges, l'obstacle de la ligne Maginot, mais avec une telle rapidité et une telle efficacité (la « blitzkrieg » ou guerre éclair) que tous les plans défensifs français furent anéantis. Sur le front italien, les défenses démontrèrent leur grande efficacité, mais l'armistice franco-italien de juin 1940 mit rapidement fin aux combats. Le nom de la ligne rappelle celui d'André Maginot, ministre de la Guerre en 1929, qui milita activement pour sa construction, même si celle-ci est principalement due à Paul Painlevé.

LA TOUR DE LUCÉRAM

10

Rue de la Tour
06440 Lucéram

Une tour « ouverte à la gorge »

Village typique de l'arrière-pays, accroché à la forte pente des montagnes et longé par le Paillon qui rejoint la mer à Nice, Lucéram fut longtemps une étape de la Route du Sel (voir page 266). Le village a gardé une partie de ses remparts et surtout une curieuse tour « ouverte à la gorge ».

Si de l'extérieur des remparts, rien n'indique la particularité de cette tour, de l'intérieur, on comprend mieux la technique architecturale défensive qui consistait à évider la partie donnant sur le village à protéger. Ceci permettait d'interdire à un éventuel envahisseur d'utiliser l'ouvrage pour attaquer l'intérieur du village mais aussi de pouvoir ravitailler ses occupants très facilement, aussi bien en nourriture qu'en munitions. La tour est haute de 15 m et mesure 4,10 m de circonférence.

LE MUSÉE DES VIEUX OUTILS

11

Chapelle Saint-Jean, 06440 Lucéram
S'adresser à l'office de tourisme :
- Tél./fax : 04 93 79 46 50
- Mail : officedetourismedeluceram@wanadoo.fr

Des loups chez les Pénitents

Si le très beau village de Lucéram ne se parcourt qu'à pied, c'est parce que sa configuration « en crèche » l'impose : au fil des siècles, les voies de circulation se sont en effet adaptées à la topographie du piton rocheux auquel la commune est accrochée. Aussi s'y déplace-t-on au sein d'un lacis de ruelles étroites, souvent pentues, parfois en escaliers, voire sous voûtes.

Juste en dessous de l'église, la chapelle Saint-Jean, où se réunissaient les Pénitents blancs (voir page 109), se signale par une fresque estompée représentant deux Pénitents au pied d'une crucifixion.

À l'intérieur de la chapelle, le musée des Vieux outils rassemble plusieurs centaines d'instruments utilisés dans le passé pour les activités agricoles, artisanales ou domestiques. Ainsi se côtoient les outils de la vigne et du vin, ceux de l'huile d'olive, de la lavande et de la distillerie, du travail de la terre et des récoltes. L'objet le plus spectaculaire reste probablement le collier à loup, que l'on accrochait systématiquement autour du cou des brebis et des moutons passant la nuit dans les pâturages. C'est en effet à la gorge que ce prédateur attaquait ses proies.

Jean Cocteau

LES CADRANS SOLAIRES DE COARAZE

12

06390 Coaraze

> *Le village le plus ensoleillé de France ?*

Peu après la Deuxième Guerre mondiale, Paul Mari d'Antoine, jeune Coarazien revenu au village après des études de philosophie à Nice, fut mis en contact par Jacques Lepage, poète et critique d'art, avec le monde de l'art et de la littérature. À cette époque, en effet, l'arrière-pays de la Côte d'Azur était devenu l'une des principales destinations des artistes et écrivains à la mode, sous l'influence de Jean Cocteau.

Élu maire de Coaraze en 1953, Paul Mari décida d'organiser les « Rencontres poétiques de Provence », dont il confia la présidence au même Jean Cocteau. S'inspirant de la réputation de son village, que l'on donnait pour l'un des plus ensoleillés de France, Mari décida donc de lancer un concours de cadrans solaires, qui éveilla l'intérêt des artistes : à partir de 1961, six cadrans monumentaux furent installés, dont le premier, signé Cocteau, déclinait sur un mode poétique le thème du lézard à la queue coupée, emblème du village figurant sur son blason (voir ci-dessous). Les cinq autres furent signés par Gilbert Valentin, Mona Cristie, Georges Douking, Henri Bernard Goetz et Ponce de Léon.

Après plusieurs années d'abandon, le projet fut relancé par le maire Michel Péglion (1946-1994), et cinq nouveaux cadrans furent réalisés en réponse à son appel : en 2008, les œuvres de Patrick Moya, Ben, Sacha Sosno, Fabienne Barre et Henri Maccheroni sont ainsi venues s'ajouter à la collection de cadrans de Coaraze.

La légende raconte que le diable s'était transformé en lézard pour pouvoir s'infiltrer discrètement dans l'église, et la détruire. Mais un paysan l'attrapa par la queue, qui lui resta dans la main. Le diable ne demanda pas son reste et disparut. L'emblème de Coaraze devint alors le lézard bleu à la queue coupée.

AUX ALENTOURS :

UN AIGUISOIR À HACHES

13

Rue Haute-de-la-Tour
06390 Berre-les-Alpes

Pratiquement en face de la maison de Richard Cairaschi, située au 6, rue Haute-de-la-Tour, se dresse le mur de base d'une tour du château. En y regardant de plus près, on remarque de curieuses fentes creuses régulières dont il est difficile d'imaginer la fonction. Il s'agit en fait de l'aiguisoir à haches utilisé depuis le XIVe siècle par les habitants du village.

LE MUSÉE DE LA VIGNE ET DU VIN

14

1, rue Scuderi, 06390 Contes
• En travaux, réouverture imminente. Se renseigner pour les nouveaux horaires au 04 93 79 19 17
• Tarif : 1,50 €

La grotte secrète d'un amateur de vin

Tout au fond de la cave à vin que s'était fait bâtir l'ancien notaire de Contes, Maître Fossati, une étonnante grotte est accessible par une entrée dérobée. L'officier ministériel, connu comme un grand amateur de vin, avait rassemblé dans sa cave tous les outils et les instruments nécessaires à son conditionnement et à sa conservation : des tonneaux, des fûts, des bouteilles rangées sur une superbe vinothèque. Tout au bout de la cave, un curieux retour de mur peu visible si l'on n'y porte pas une attention particulière servait de discrète entrée à la grotte de dégustation du notaire. Basse de plafond et tapissée de pâte à papier, donnant aux murs un côté à la fois théâtral et artificiel, la grotte n'a pour seul mobilier qu'une table baroque et deux bancs, le tout en jolie rocaille imitant la texture végétale. On a un peu de mal à imaginer à quel moment et avec qui Maître Fossati venait s'isoler ici. Peut-être n'avait-il alors pour seule compagne que l'une de ses précieuses bouteilles ?

C'est dans cette série de caves qu'est abrité aujourd'hui le Musée de la vigne et du vin. Ouvert avec parcimonie, il présente l'ensemble des instruments spécialisés que le notaire avait rassemblés.

AUX ALENTOURS :

LE MARTINET ET LE MOULIN À FER DE CONTES

15

Quartier La Laouza 06390 Contes
• Ouvert sur rendez-vous • Tél. 04 93 79 19 17
• Fermeture annuelle en novembre. Tarif : 2 €

Unique dans les Alpes-Maritimes, le moulin à fer de Contes a été construit au XVIe siècle. Situé près de la rivière, il est classé Monument historique depuis 1979 et est l'un des rares exemplaires au monde encore en état de marche. Il a même été en service jusqu'en 1951. Un moulin à fer est une forge utilisant l'énergie hydraulique pour fonctionner. L'eau va en premier lieu remplacer le soufflet par un système de trompe à eau. De façon simplifiée, l'eau s'engouffre dans une colonne verticale et l'air compressé par le poids de l'eau est utilisé pour attiser le feu. La pièce maîtresse est le « martinet », mot que l'on emploie aussi pour désigner de tels moulins. Ce martinet, ancêtre du marteau-pilon, est en fait un gros marteau constitué d'un heurtoir en fer de 45 kilos et d'un manche en bois soulevé par la force de l'eau. Enfin, la force hydraulique fait tourner la meule destinée à aiguiser les outils. Le martinet de Contes produisait essentiellement de l'outillage agricole (haches, serpes, faux), la matière première (le fer et l'acier) étant achetée à Nice.

LA PIERRE GRAVÉE DU CASTEL

16

Mairie, 06390 Contes

Le sens caché de la pierre

Découverte en 1972 dans les murs de l'ancien château, la pierre du Castel reste encore aujourd'hui une énigme pour les scientifiques. Constituée d'un bloc en grès très fin et friable, elle comporte d'un côté une croix (sans doute pour la christianiser) et de l'autre une série de signes gravés comparables à ceux datant de l'âge du Bronze qui ont été retrouvés dans la vallée des Merveilles.

En 1973, l'Institut de préhistoire et d'archéologie des Alpes-Maritimes a publié un rapport la concernant* : 14 cupules** n'ont pu être interprétées, rien ne prouvant qu'elles ne soient pas naturelles. Le plus intrigant reste une série de sept signes bien individualisés qui ressemblent nettement à des écritures anciennes du bassin méditerranéen : le protosinaïtique, le cananéen, les hiéroglyphes égyptiens, le phénicien, le grec et l'étrusque ont été reconnus. Quelques signes évoquent également l'écriture runique des anciens peuples de langue germanique.

Même s'il n'a finalement pas été possible de trouver un sens cohérent aux gravures évoquant des plantes, des animaux ou des personnages, les experts estiment que cette pierre aurait pu être gravée entre les IVe et XVIIe siècles par un érudit qui connaissait les écritures antiques.

On pouvait auparavant contempler cette pierre (qui fut utilisée comme pierre de réemploi lors de travaux effectués au Castel (château) de Contes au XVIIe siècle) dans la rue du Castel. Curieusement, le propriétaire a vendu la pierre au musée des Merveilles de Tende. S'il est donc toujours possible d'aller voir l'original, on peut se contenter de son fidèle moulage exposé à la mairie de Contes.

* Bodard Pierre et Ricolfis Jean-Marie – Une pierre à gravures à Contes (Alpes-Maritimes) in Mémoires, Tome XV, Institut de préhistoire et d'archéologie des Alpes-Maritimes, 1971-1972, p. 39 à 43, 2 figures.
** Cupule : creux dans la pierre par analogie avec l'organe écailleux entourant certains végétaux comme la châtaigne.

AUX ALENTOURS :

LA PIERRE DE LA BOUGIE

17

Rue du Fraou 06390 Contes

Discrètement signalée par une plaque fixée au mur dans la rue du Fraou, se trouve une pierre qui servait à allumer les bougies lors des ventes aux enchères. Destinées à l'époque à l'attribution des moulins à huile, les ventes à la bougie (ou à la chandelle) remontent au XVe siècle et sont encore pratiquées de nos jours.

LA PYRAMIDE DES RATAPIGNATA

18

Domaine de la Bastide, 06950 Falicon

Accès : pour se rendre à la pyramide, laisser la voiture au hameau de L'Aire-Saint-Michel. Deux itinéraires (à pied) sont alors possibles. **La première option** est d'emprunter le fameux GR5 dont le point de départ est justement L'Aire-Saint-Michel et dont le terme est en Hollande. Le chemin monte et passe sous deux lignes à haute tension après une bonne vingtaine de minutes de marche en côte. Juste avant de passer sous la deuxième ligne, chercher sur la droite un sentier de chèvre, peu marqué et qui monte droit sur la crête. La pyramide se trouve juste en dessous. **La deuxième option** consiste à emprunter la D114 sur 200 mètres et à tourner à gauche jusqu'au hameau des Giaïnes. De là, prendre le chemin indiqué « Chemin des Ratapignata », un beau chemin très pentu saccagé par des VTTistes qui ont démonté toutes les marches d'escalier en pierre pour pouvoir dévaler à leur aise. De ce fait, le sol est très glissant et constitué de « billes » sur lesquelles on dérape (surtout à la descente). Dans le même esprit, toute la signalisation en bois du Conseil Général a été sciée pour en faire du bois de cheminée... Après un bon quart d'heure de montée surgit une ruine : prendre à droite en suivant un sentier balisé de tampons ronds jaunes.

« *Une mystérieuse pyramide* »

Un peu perdue dans la campagne, une mystérieuse pyramide, dont la pointe a été arasée en partie, ouvre sur un gouffre vertigineux qui a pris le nom de grotte du Mont-Chauve ou des Ratapignata (« chauve-souris » en nissart). Découverte en 1803 par Domenico Rossetti, un avocat italien, la grotte tire son nom des mammifères qui y avaient élu domicile.

La proximité immédiate du gouffre et de la pyramide n'est certainement pas le fruit du hasard. Si plusieurs hypothèses ont été émises, aucune cependant n'a encore fait l'unanimité. Balise d'un temple souterrain dédié à Mythra et édifiée par les soldats romains cantonnés à Cimiez ? Signal érigé par les Templiers permettant de repérer de loin l'entrée de la grotte abritant une colonie de lépreux ? Construction esthétique du XIXe siècle pour rester dans l'esprit de l'expédition d'Égypte ?

L'hypothèse la plus récente et qui semble la plus plausible est tout simplement celle d'une marque, édifiée par celui qui a découvert la grotte, Domenico Rossetti, lui permettant de repérer l'entrée de loin et de sacraliser ainsi le lieu. Notons d'ailleurs que dans la description détaillée de l'avocat, celui-ci ne parle à aucun moment d'une pyramide...

Jusqu'où peut-on emprunter les galeries souterraines de la grotte des Ratapignata ? Nul ne le sait car un réseau hydrologique intense empêche d'avancer très loin dans les explorations spéléologiques. L'on sait en revanche que la colline est truffée de souterrains dont certains débouchent dans les maisons du hameau des Giaïnes.

AUX ALENTOURS :

19

LES VITRAUX EN PLASTIQUE DE LA CHAPELLE SAINT-MARTIN-DE-PEILLE

RD53 06440 Peille • Visite sur demande, s'adresser au point info tourisme, tél. 04 93 82 14 40

Située entre La Turbie et Peille, la chapelle Saint-Martin-de-Peille, construite par Guzzi en 1951, mérite un détour. Son style des années 1950 ainsi que son auvent, une véritable casquette de ciment en prolongement du toit, sont surprenants. Autre originalité de la chapelle : les vitraux sont en plastique.

LE SANCTUAIRE NOTRE-DAME-DE-LAGHET 20

Sanctuaire Notre-Dame-de-Laghet 06340 La Trinité
• Ouvert toute l'année de 7h à 21h • Musée de 15h30 à 17h (sauf mardi)
• Tél. : 04 92 41 50 50 • Fax : 04 92 41 50 59
• http://nice.cef.fr/laghet • Mail : sanctuairelaghet@free.fr

Les miracles de Laghet

Inauguré au XVIIe siècle, le sanctuaire Notre-Dame-de-Laghet possède une collection exceptionnelle de plus de 4 000 ex-voto répartis entre le cloître, l'église et, pour les plus précieux, le musée. Malheureusement, le sanctuaire fut pillé à la Révolution et les ex-voto les plus anciens ne datent désormais que de la fin du XVIIIe siècle.

Parmi les pièces les plus intéressantes du musée, signalons notamment l'ex-voto relatant l'accident survenu à Constantin Spinelli. Alors qu'il était dans le coma après être tombé d'un train, la Vierge lui apparut et lui dit : « Ce n'est pas encore pour toi l'heure de mourir. Spinelli, convertis-toi ! » Communiste militant, il se convertit avec toute sa famille, mais ne révéla l'apparition de Marie qu'au moment de sa mort.

L'histoire du sanctuaire de Notre-Dame-de-Laghet remonte au XVIIe siècle lorsque Don Jacques Fighiera, un prêtre du proche village d'Eze, restaura à ses frais la chapelle délabrée du hameau de Laghet. En 1652, trois prodiges firent connaître le modeste lieu de culte : Hyacinte Casanova, un malade de la lèpre qui avait été condamné par la médecine, guérit subitement après sa venue à Laghet ; le fils d'Anne Giongona, qui avait été capturé par les pirates barbaresques, recouvra la liberté au moment même où sa mère, en neuvaine à la chapelle, le vit en songe ; enfin, Marie Aicard, épileptique et possédée par le démon, trouva la paix et la sérénité après l'exorcisme que pratiqua Don Fighiera.

Celui-ci plaça alors dans la chapelle de Laghet une statue de la Vierge qu'il avait fait sculpter dans un arbre de ses terres et qui devint l'objet de la vénération des pèlerins. Avec le temps, la réputation de Laghet attira de plus en plus de candidats au miracle, ceux-ci se multiplièrent et l'évêque de Nice décida de bâtir un sanctuaire pour accueillir les fidèles. Le sanctuaire fut inauguré le 21 novembre 1656.

QU'EST-CE QU'UN EX-VOTO ?

L'ex-voto est une marque de reconnaissance adressée à un saint ou à une sainte (souvent à la Sainte Vierge) après un « miracle ». Il s'agit de naufrages, d'accidents domestiques ou de maladies pour lesquels l'intercession demandée a été suivie d'un effet positif. L'appellation ex-voto est une abréviation du latin *ex voto suscepto* qui signifie « en raison du vœu fait ».

LES VESTIGES DU GIBET DE LA TURBIE

21

Chemin des Carrières romaines - 06320 La Turbie
Accès : à la Turbie, emprunter la route de Menton. Après 1,3 km, prendre à droite la route de Beausoleil. 500 m plus loin, se garer à côté de la chapelle Saint-Roch et emprunter à pied le chemin des Carrières romaines (qui, comme son nom l'indique, dessert les carrières où l'on se fournissait en pierres à l'époque romaine ; l'exploitation du site s'est d'ailleurs poursuivie jusqu'au XXe siècle). Le gibet se trouve sur la gauche, au-dessus, mais aucun sentier ne permet de l'atteindre. Il faut donc trouver son chemin parmi les broussailles

« *Des cadavres qui servaient d'exemple* »

Placé en hauteur, à la vue des passants, afin de pendre les criminels et d'y exposer leurs cadavres, le gibet de la Turbie, qui servit probablement du XIIIe siècle à la Révolution, était composé de deux piliers cylindriques, dont l'un est aujourd'hui réduit à l'état de moignon. Leurs sommets étaient, à l'origine, reliés par une solide traverse de bois, à laquelle les cadavres des suppliciés demeuraient suspendus, à titre d'exemple, jusqu'à un stade avancé de leur décomposition. Cette mise en scène, savamment organisée, marqua profondément les mentalités du voisinage : son souvenir semble s'être glissé dans la toponymie, puisque l'éminence sur laquelle le gibet était édifié fut appelée le « mont Justicier ». Il est même possible que le nom du quartier environnant, Anghissa (« angoisse »), s'explique par la terreur inspirée par ce supplice.

PILORIS, POTENCES, GIBETS ET FOURCHES PATIBULAIRES

Sous l'Ancien Régime, différents dispositifs servaient à châtier les criminels et à les exposer, morts ou vifs, en guise d'avertissement pour le reste de la population. Le **pilori** servait ainsi à attacher un condamné et à le présenter publiquement en signe d'infamie. Il en existait deux sortes : l'une consistait en un poteau garni d'un carcan que l'on passait au cou du condamné ; et l'autre, en forme de tourelle à étage et à claire-voie, était munie dans sa partie supérieure d'un cercle en bois et en fer percé de trous pour les bras et la tête. Une exposition au pilori, toutefois, ne présageait pas nécessairement d'une exécution. Aussi ce dispositif se distinguait-il de la **potence**, assemblage de pièces en équerre soutenant une corde, qui servait à la pendaison et, le cas échéant, à l'exposition du cadavre. On sait que ce supplice était réservé aux bourgeois et aux manants, la peine capitale de l'aristocratie demeurant la « décollation » (décapitation), une mort réputée noble et sans douleur. Le **gibet**, quant à lui, différait de la potence par sa forme et, à l'occasion, par sa fonction. Il s'agissait en effet d'une grande traverse de bois, soutenue par des piliers de pierre, qui servait parfois à pendre les criminels, mais surtout à exposer leurs cadavres, éventuellement pendus ailleurs. Les piliers des gibets étaient désignés sous le nom de « **fourches patibulaires** », et leur nombre variait selon le rang du justicier local. La Révolution française remplaça ces supplices par celui de la guillotine, dont la réputation égala sans doute, dans l'imaginaire collectif, celle du gibet.

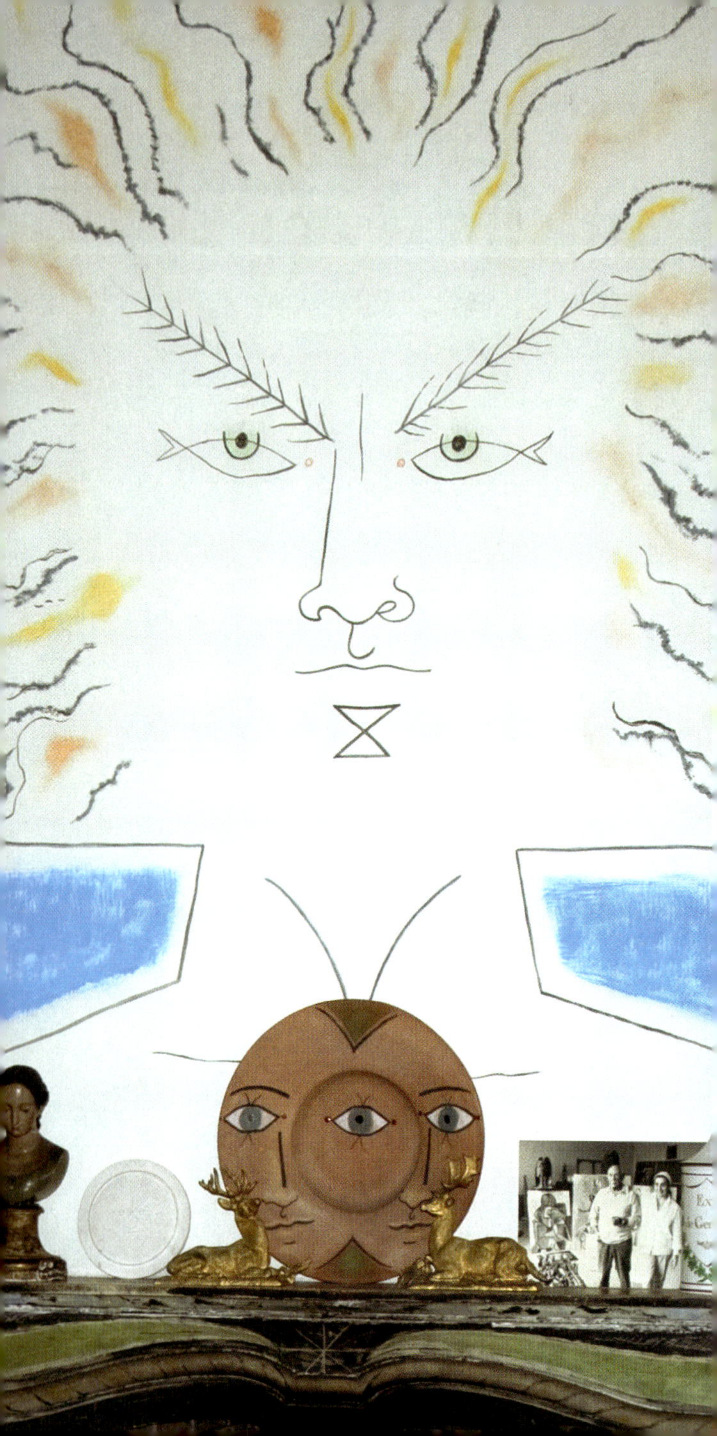

22

LA VILLA *SANTO SOSPIR*

14, avenue Jean-Cocteau
06230 Saint-Jean-Cap-Ferrat
• Tél. 04 93 76 00 16 • santosospir@aliceadsl.fr
• Visite uniquement sur rendez-vous
• Tarif : 12 € pour les adultes (gratuit pour les enfants)

> ***Une villa « tatouée » par Cocteau***

En 1949, Jean Cocteau fit la connaissance de Francine Worms-Weisweiller, descendante d'une richissime famille d'industriels et épouse d'Alexandre Weisweiller, héritier de la société pétrolière Shell.

L'artiste devint très vite un habitué du salon littéraire de madame Weisweiller, qui lui offrit son soutien. Une solide amitié les lia rapidement et, dès 1950, Cocteau passa la moitié de son temps dans la villa de vacances des Weisweiller, à Saint-Jean-Cap-Ferrat.

Bien que la splendide demeure n'ait été conçue, à l'origine, que pour la baignade et l'oisiveté, ses murs nus parurent déclencher chez Cocteau une foule de réflexions… Aussi l'artiste, à mesure qu'il s'appropriait les lieux, proposa-t-il d'apposer, ici ou là, un témoignage de sa reconnaissance. Pendant treize ans, Cocteau revint à la villa *Santo Sospir* et, au rythme de six mois par an, décora la demeure de sujets d'inspiration à la fois méditerranéenne et mythologique.

Cocteau tourna un court-métrage, peu connu, dans lequel il se mit lui-même en scène pour expliquer la passion qu'il éprouvait pour la villa : « *Il ne fallait pas habiller les murs* », dit-il. « *Il fallait dessiner sur leur peau, c'est pourquoi j'ai traité les fresques linéairement avec le peu de couleurs qui rehaussent les tatouages.* Santo Sospir *est une villa tatouée* ».

L'artiste, cependant, ne s'est pas contenté d'un simple tatouage : du fusain à la fresque peinte, de la mosaïque (dans le patio d'entrée) à la tapisserie, Jean Cocteau a expérimenté à *Santo Sospir* plusieurs techniques, dont la maîtrise a contribué à sa réputation d'artiste universel.

Pour ceux qui chercheraient encore, en ces lieux, l'âme du poète, Cocteau habitait la chambre qu'il appelait lui-même « la chambre des Boucs » (Francine Weisweiller occupant, quant à elle, la « chambre de Diane »). Chaque pièce avait en effet reçu un nom, dont seul l'artiste connaissait la signification exacte.

Aujourd'hui, la visite est conduite par l'infirmier qui s'est occupé de la propriétaire de la villa à la fin de sa vie. Ce tour de *Santo Sospir* permet donc de mieux comprendre les motivations (et les obsessions) de Cocteau. De Narcisse à Orphée, en passant par Apollon, tout renvoie de manière parfois surprenante à la vie privée du créateur des *Enfants terribles* (titre de l'un des films produits par Francine Weisweiller).

L'ANGE DE MER DU MUSÉE OCÉANOGRAPHIQUE

23

Avenue Saint-Martin MC 98000 Monaco
• Tél. : + 377 93 15 36 00 • www.oceano.mc
• Le Musée est ouvert tous les jours (sauf le week-end du Grand prix de Formule 1 et le 25 décembre), d'avril à juin : de 10h à 19h, en juillet et août : de 10h à 20h30, en septembre : de 10h à 19h, d'octobre à mars : de 10h à 18h • Tarifs : adultes : 14 €, enfants de 4 à 12 ans : 7 €, de 13 à 18 ans, étudiants : 10 €, personnes à mobilité réduite (adultes et enfants) : 7 €, enfants de moins de 4 ans : gratuit

L'origine de la baie des Anges de Nice se trouve à Monaco

Connue dans le monde entier, la baie des Anges baigne la ville de Nice et s'étend du cap d'Antibes (ou pour certains de l'embouchure du Var) au cap de Nice. Une légende expliquerait le nom de la baie : le corps de sainte Réparate, décapitée par les Romains en Palestine en 250, aurait été placé dans une barque à la dérive et amené par des anges jusqu'aux rivages de la baie en question. Ses reliques se trouvent aujourd'hui dans la cathédrale Sainte-Réparate de Nice.

Alexis de Jussieu dans son poème *Adam et Ève*, publié en 1856, raconte que lorsque les deux créatures furent chassées du paradis terrestre, elles furent portées par des anges jusqu'aux abords de l'actuelle Nice. Implicitement, on comprend que le lieu rivalisait alors de beauté avec leur paradis perdu… En réalité, le nom de la baie a été donné par les pêcheurs qui remontaient à cet endroit dans leurs filets de très nombreux « anges de mer », un requin de l'espèce *squatina angelus* ou *squatina squatina*. Ce squale, qui a aujourd'hui déserté les côtes qui portent son nom, est inoffensif et se reconnaît par ses ailerons perpendiculaires ressemblant à des ailes.

Si le musée d'Histoire naturelle de Nice possède un bel exemplaire naturalisé de requin ange de plus d'un mètre de long, il se trouve actuellement dans les réserves et n'est pas exposé.

Pour voir un ange des mers aujourd'hui (naturalisé), il faut se rendre au Musée océanographique de Monaco, précisément dans la salle d'océanographie appliquée, dite salle de la baleine, où est visible un *squatina squatina*, ange de mer commun, pêché dans le golfe de Porto le 4 octobre 1950 par S.A.S. le Prince Rainier III lui-même. Placé en aquarium, il ne survécut que six jours à sa capture.

UN FRAGMENT DE L'ARCHE DU PONT FERROVIAIRE DE SAINTE-DÉVOTE

24

Place Sainte-Dévote
98000 Monaco

Un vestige de l'ancienne voie ferrée de surface

Sur le côté de l'église Sainte-Dévote, un bloc de pierre témoigne de l'achèvement, le 10 juin 1868, du chemin de fer reliant Marseille à Vintimille, en enjambant le vallon de Sainte-Dévote.

Bien que l'arrivée du train ait représenté pour la principauté une étape essentielle de son développement, le terrain concédé aux voies ferroviaires représentait un gâchis considérable pour un si petit État (1,5 km^2 en 1861). Pour pallier le manque d'espace, on s'ingénia, dans un premier temps, à surélever les bâtiments existants, et surtout à aménager des terre-pleins littoraux, qui permirent d'accroître la superficie monégasque de 30 %. Puis, lorsque les progrès techniques le permirent, on se préoccupa d'enfouir dans le rocher tout ce qui pouvait l'être, et de libérer ainsi plusieurs espaces utiles en surface.

La mise en tunnel de la voie ferroviaire fut ainsi réalisée en deux étapes : en 1964, un boyau long de 3,5 kilomètres permit de faire disparaître la tranche orientale de la voie, ainsi que la gare de Monte-Carlo. Puis, en 1999, une nouvelle gare souterraine fut inaugurée au niveau du vallon de Sainte-Dévote, ainsi qu'un autre tunnel, remplaçant cette fois la partie occidentale de la voie de surface.

Grâce à l'exploitation du sous-sol, d'autres infrastructures ont été réalisées, comme un parking de 15 000 places, l'espace Grimaldi (un opéra pouvant accueillir 1 900 spectateurs), et même un système pneumatique de récupération des ordures. La partie souterraine de la principauté représente aujourd'hui quelque 45 hectares.

LES BORNES FRONTIÈRES ENTRE LA PRINCIPAUTÉ DE MONACO ET LA MAISON DE SAVOIE

25

• Borne de la Mairie **(photo à gauche)**
Mairie de Monaco Place de la Mairie 98000 Monaco
• Borne de l'escalier Sainte-Cécile **(photo au centre)**
Place du Crédit-Lyonnais 98000 Monaco
• Borne de Moneghetti **(photo à droite)**
Chemin de La Turbie 98000 Monaco

Passé les bornes, c'est Monaco...

Monaco cache encore sur son territoire trois bornes frontières, discrètes mais visibles, qui portent chacune la croix de Savoie. Celles-ci marquaient en 1828 la limite des territoires de la principauté (sous protectorat du royaume de Sardaigne) avec la Maison de Savoie.

La première borne est la seule à avoir été déplacée. Datée de 1828, elle se trouvait à l'origine à Roquebrune-Cap-Martin et marquait la frontière entre le royaume de Sardaigne et la Maison de Savoie. Roquebrune et Menton faisaient alors partie de la principauté et se sont ralliés à la France en 1848. La borne est aujourd'hui dans la cour de la mairie de Monaco. Pour la voir, il faut donc pénétrer dans ce bâtiment et demander l'autorisation d'entrer à l'huissier. La mairie étant située en plein cœur du Rocher, c'est l'occasion de se promener dans les ruelles aux nombreuses boutiques, de visiter la cathédrale (avec la tombe de la princesse Grace), d'admirer le palais princier ou d'assister à l'inévitable relève de la garde (à 11h55 précises).

La deuxième borne se trouve à l'actuelle limite entre Monaco et la commune française de Beausoleil, au pied de l'escalier Sainte-Cécile. Vous êtes alors à Monte-Carlo, en vue du casino et de l'Hôtel de Paris où les voituriers attendent les Rolls.

Enfin, la troisième borne permet d'échapper aux habituels circuits monégasques puisqu'elle est située en face de l'église de Moneghetti. Tout près du Jardin exotique, Moneghetti est un quartier magnifique offrant une vue imprenable sur la baie. La commune libre de Moneghetti organise régulièrement des manifestations qui font vivre cette partie de Monaco rarement visitée.

PROMENADE PÉDESTRE SUR L'ANCIENNE VOIE DU TRAMWAY QUI RELIAIT LA TURBIE À MONACO

26

- Place de la Crémaillère 98000 Monaco
- Rue de la Crémaillère 06240 Beausoleil
- Ancienne voie de la Crémaillère 06240 Beausoleil
- Chemin de la Crémaillère 06320 La Turbie

« Une promenade nostalgique et sportive

Voici une manière nostalgique et sportive de découvrir les alentours de Monaco : emprunter la voie du tramway qui, dans le temps, reliait Monaco à La Turbie.

À l'époque où les communes de Cap-d'Ail et de Beausoleil n'existaient pas encore, les élus de La Turbie eurent l'idée de désenclaver la partie haute du village afin de permettre son développement touristique. La commune possédait en effet sur son territoire le remarquable site romain du Trophée des Alpes. C'est ainsi que furent posés 2,6 kilomètres de rails sur lesquels le premier tramway à crémaillère, tiré par une locomotive à vapeur, fit ses débuts le 10 février 1894. Le 8 mars 1932 le train en pleine ascension repartit soudainement en arrière à une vitesse grandissante que rien ne put freiner. Le drame fit plusieurs morts et mit définitivement fin à l'exploitation du tramway. Même si aujourd'hui on parle d'une éventuelle réouverture de ce moyen de transport, largement développé en Europe, il semble que la pression immobilière soit devenue trop forte pour que le projet aboutisse.

Pour relier à pied Monaco à La Turbie en observant les traces encore visibles du tramway, partir de la place de la Crémaillère à Monaco. Juste au-dessus, une rue sans nom appartenant à la commune de Beausoleil est dominée par deux énormes piliers qui ne sont autres que les soubassements de l'ancienne gare terminus. Empruntez l'escalier du Riviera qui relie directement Monaco au Riviera Palace. Depuis le prestigieux hôtel (aujourd'hui copropriété dont on visite certaines parties avec l'office de tourisme de Beausoleil), la rue de la Crémaillère sur la gauche vous mènera jusqu'à l'usine EDF. On voit nettement la tranchée verte qu'empruntait le tram mais on ne voit plus l'inscription sur l'ancienne gare « Monte-Carlo supérieur ». Une fois sur la moyenne corniche, prendre l'ancienne voie goudronnée de la Crémaillère jusqu'à ce qu'un chemin de terre la prolonge. L'arrivée au village de La Turbie se fait par le chemin de la Crémaillère où, de-ci de-là, émergent quelques traces ferreuses de l'ancienne voie du tramway.

1

2

3

4

5

6

7

8

9

10

11

12

COMMENT TRAVERSER LA PRINCIPAUTÉ EN 17 MINUTES À PIED ?

27

Monaco en sous-sol

Ce n'est un mystère pour personne, le fléau principal de la principauté pour le piéton est son escarpement qui transforme tout trajet à pied, dans le sens de la largeur, en épreuve parfois pénible. D'autre part, la circulation est, comme sur toute la Côte d'Azur, souvent dense et, en saison, saturée. Voici donc un parcours qui permet, en un temps record et en fournissant un effort physique modéré, d'aller boire un verre sur le port de Monaco ou d'assister à la relève de la garde. Le tout avec une suggestion de parking gratuit…

Emprunter tout d'abord la moyenne corniche. Rappelons que trois routes, sans compter l'autoroute, relient Nice à Monaco : la basse corniche ou corniche inférieure, la moyenne corniche et la grande corniche ou corniche supérieure. Garer la voiture à la hauteur du panneau de fin de la commune de La Turbie, suivi du panneau annonçant celle de Beausoleil (n° 1). Le premier ascenseur public de votre trajet se trouve sur la gauche (en allant vers l'Italie), dans l'immeuble Patio Palace (n° 2). À l'intérieur du bâtiment, changer d'ascenseur pour emprunter le « panoramique ». Il vous conduira à la sortie de l'immeuble sur l'avenue Hector-Otto (n° 3). Prendre à gauche à la sortie de l'immeuble jusqu'au virage en épingle à cheveu (n° 4), où se trouve le troisième ascenseur de votre périple, toujours dans l'avenue Hector-Otto, dans l'immeuble Les Magnolias (n° 5). Cet ascenseur vous conduit au boulevard du Jardin-Exotique (n° 6) où vous irez à droite jusqu'à l'ascenseur suivant. Attention il y a un piège : n'empruntez pas l'ascenseur (n° 7) qui se trouve dans une tourelle côté mer du boulevard, mais celui qui se trouve en face dans un immeuble (n° 8). Vous sortirez dans le parking du Jardin exotique sur le boulevard de Belgique (n° 9). Prenez à gauche. C'est là que vous attend la partie la plus longue du trajet à pied mais effectuée sur du plat (n° 10). Comptez cinq bonnes minutes pour rejoindre le dernier ascenseur public de la traversée, c'est celui qui vous conduit à la place Sainte-Dévote, au niveau de la mer, sur le port de Monaco (n° 12). Dans le passage souterrain (n° 11), évitez le dernier piège en délaissant le fléchage « Gare de Monaco ».

MONTE-CARLO OU MONACO ?

Si la confusion existe souvent dans l'esprit de ceux qui n'habitent pas la région, voici une clarification : Monte-Carlo est l'un des dix quartiers composant la principauté de Monaco. Il fut nommé « Mont-Charles » en l'honneur du Prince Charles III de Monaco. Avant 1917, il n'existait que trois quartiers : Monaco, Monte-Carlo et la Condamine. Un onzième, « Le Portier », est actuellement en projet et doit être gagné sur la mer. Le coût de sa réalisation est estimé entre 5 et 10 milliards d'euros.

LE CADRAN SOLAIRE DE LA CHAPELLE SAINT-MICHEL

28

Basilique Saint-Michel-Archange, parvis Saint-Michel 06500 Menton
• Visites de l'église : tous les mardis à 14h30
Rendez vous à l'hôtel Adhémar de Lantagnac, 23 rue Saint-Michel
• Voir le cadran sans bateau : Esplanade Francis-Palmero 06500 Menton

> *« Un rare cadran solaire à l'italienne visible de la mer »*

Lors des travaux de réfection des façades de la basilique Saint-Michel-Archange de Menton, l'équipe des Monuments historiques a mis au jour le tracé d'un cadran solaire mural que le temps avait rendu presque invisible.

D'une superficie de près de 50 m², le cadran est probablement l'un des plus grands cadrans solaires verticaux au monde. Situé sur la façade sud de l'église, le cadran était surtout destiné aux marins qui pouvaient, de leur bateau, consulter l'heure. S'il n'était auparavant visible que depuis la mer, on peut aujourd'hui le voir (difficilement) entre deux palmiers depuis l'extrémité de l'esplanade Francis-Palmero.

L'autre particularité du cadran est d'être un cadran à l'italienne (voir ci-dessous), Menton ayant été italienne jusqu'en 1793. La restauration du cadran l'a néanmoins « modernisé » quelque peu en lui adjoignant un « sous-cadran » qui donne l'heure « napoléonienne », c'est-à-dire l'heure telle qu'on la lit aujourd'hui.

Consacrée en 1653, l'église a été élevée au rang de basilique par Jean-Paul II, le 26 mars 1999, en raison de son importance dans la vie locale, passée et présente. Son clocher ou campanile, symbole de la ville, date de 1701 et sa façade de 1819. Rappelons qu'une basilique est une église catholique qui a été honorée par un événement particulier (miracle, lieu de pèlerinage…). Seul un pape peut élever une église au rang de basilique.

L'HEURE ITALIQUE

Apparue au XIVe siècle dans les régions qui forment aujourd'hui l'Italie, l'heure italique était alors diffusée par l'Église et les cloches pour sonner les heures. Commençant au coucher du soleil, la journée était divisée en 24 heures et les cadrans étaient donc gradués de I à XXIV.
Il devint néanmoins vite fastidieux et source d'erreur de compter jusqu'à 24 coups de cloche pour compter l'heure.
Dès le XVe siècle, on simplifia donc le système en faisant sonner les cloches 6 fois au lieu de 24. Cette simplification de l'écoute s'appliqua rapidement à la lecture de l'heure et les cadrans gradués de I à VI apparurent.
Lors des campagnes napoléoniennes, l'heure « italique » fut remplacée par l'heure « à la française ». Les cadrans furent gradués de I à XII et les journées commencèrent à minuit.

LA VILLA FONTANA ROSA

29

3, avenue Blasco-Ibañez
06500 Menton
• Ouvert seulement en visite commentée avec le service du Patrimoine les vendredis (hors jours fériés) à 10h (voir page 55). Rendez-vous sur place
• Le jardin est en cours de restauration et ouvrira prochainement. Informations sur le site : www.jardins-menton.fr

« Une villa des romanciers

Même si le lieu est encore en travaux et n'est visible qu'en visite guidée, la villa Fontana Rosa ne décevra pas les amateurs d'insolite. Construite de 1922 à sa mort en 1928 par Vicente Blasco Ibañez, romancier espagnol originaire de Valence, où il fait l'objet d'une vénération extraordinaire, la maison se voulait une villa des romanciers.

Pendant sept ans, Ibañez commandera des statues en bronze de ses écrivains préférés au sculpteur russe Léopold Bernstamm. Balzac, Dickens, Zola, Hugo, Dostoïevski, Flaubert, Boccace, Tolstoï, Goethe, Poe, Stendhal et Beethoven, son musicien de prédilection, prendront ainsi place dans le parc. Cervantès, son compatriote, aura droit à un traitement de faveur : l'accès à la rotonde qui lui est consacrée se fait par un escalier monumental et, sous la colonnade en pergola, 100 carreaux de céramique réalisés à Manises près de Valence, racontent un Don Quichotte inédit et splendide.

La bibliothèque dont on a pu récupérer une partie des 500 000 livres est elle aussi dans un état très dégradé mais devrait à terme être le coeur de l'animation future prévue pour la villa. Il s'agira en effet d'une villa littéraire où le public pourra venir emprunter des livres et les consulter dans le jardin.

AUX ALENTOURS :

HOMMAGE À DEUX VENDEUSES DE LÉGUMES ET DE SOCCA : LES PLAQUES DE LA TATOUNE ET DE LA TAVINA

30

Halle municipale
Rue des Marins 06500 Menton

Initiative unique mais ô combien sympathique que celle de rendre hommage à une marchande de légumes et à une vendeuse de socca* et de pichade** ! Deux plaques scellées au mur du marché couvert de Menton honorent ainsi la mémoire de Madame Octavie Orengo dite la Tavina et de Madame Joséphine Viegl dite la Tatoune.

* La socca est une grande crêpe circulaire fine à base de farine de pois chiche additionnée d'un peu d'huile d'olive, d'eau et de sel. Elle se cuit dans des plaques en cuivre au four (et selon une tradition qui se perd, au feu de bois). Les vendeurs la découpent avec une spatule et y ajoutent à la demande un peu de poivre. Spécialité de Nice et de Menton, elle se déguste à l'apéritif avec un verre de vin ou en flânant dans les rues de Menton ou du vieux Nice. La socca ne se réchauffe pas, elle se déguste chaude à la sortie du four.

** La pichade, spécialité du pays mentonnais, est une pâte à pain sur laquelle on ajoute tomate, oignons, ail et petites olives noires.

LA PIERRE ÉCRITE DE LA RUE PIETRA-SCRITTA

31

Rue Pietra-Scritta, au niveau du numéro 38
06500 Menton

Une rue qui porte bien son nom

Scellée sur les rochers au milieu de la rue (le nom de la rue, « pietra scritta », signifie « pierre écrite » en mentonnais), une plaque de marbre présente une inscription latine dont la traduction est : « Antoine Ier ordonna l'élargissement de cette voie à travers les rochers pour ses déplacements ainsi que pour les commodités de son peuple. An 1717. » Prince de Monaco, duc de Valentinois, marquis des Baux, comte de Carladès et seigneur de Menton, Antoine Ier fut également seigneur de Roquebrune de 1701 à 1731.

C'est en 1346 que les Grimaldi firent l'acquisition de la seigneurie de Menton (puis de celle de Roquebrune). Ces seigneuries, avec celle de Monaco, constitueront le territoire de la Principauté de 1633 à 1861. Une parenthèse interrompit cependant cette dépendance puisque Menton fit partie du premier département des Alpes-Maritimes constitué de 1793 à 1814. En 1860, c'est par une écrasante majorité que la population de Menton (ainsi que celles de Roquebrune et de Nice) choisit de lier son destin à la France. Une dernière parenthèse italienne aura lieu pendant la dernière guerre lorsque les troupes de Mussolini envahirent la ville.

MENTON

LA SALLE DES MARIAGES DE LA MAIRIE DE MENTON

32

Hôtel de Ville 17, rue de la République 06500 Menton
• Tél. : 04 92 10 50 29 • Ouverte tous les jours sauf le samedi, le dimanche et les jours fériés de 8h30 à 12h30 et de 14h à 17h • Tarif : Adultes : 2 €, groupes et étudiants : 1 €, gratuit pour les moins de 18 ans

« Se marier sous des décors de Cocteau

C'est en 1957 que la mairie de Menton demanda à Jean Cocteau de décorer la salle des mariages qui servait autrefois de salle d'audience au tribunal de commerce. L'intéressé répondit par ces mots : « À l'impossible, je suis tenu ! » Inaugurée le 25 mars 1958, la salle est devenue emblématique et donne envie à certains de se marier ou de se remarier… C'est d'ailleurs là tout le problème : les demandes de mariage affluent désormais des quatre coins du monde…

Pénétrer dans la salle est un moment magique car, au-delà de son originalité, l'artiste n'a, à aucun moment, voulu désacraliser l'engagement marital. Il a au contraire poussé assez loin l'aspect fastueux et traditionnel sans pour autant oublier d'y ajouter une touche fantaisiste : les sièges tapissés de velours se marient donc avec un tapis en peau de léopard. Jean Cocteau a également demandé que soit jouée la marche nuptiale de Mendelssohn à la fin de chaque cérémonie. La fresque du mur principal représente les époux : elle, avec sa coiffe mentonnaise, lui, avec son bonnet de pêcheur, l'œil en forme de poisson. Sur le mur de droite, une scène de départ en voyage de noces, où tout le monde n'est pas à la noce ! Et sur le mur de gauche, on retrouve un thème récurrent chez l'artiste : la mort d'Eurydice. Même le plafond a été peint par Cocteau qui fit pour l'occasion « une cure d'altitude sur les échafaudages ». Il résumera finalement son travail artistique à la mairie de Menton par cette phrase : « Voilà l'ensemble qui m'aide à rendre moins sévère la rigueur du code Napoléon. »

AUX ALENTOURS :

LE MUSÉE JEAN COCTEAU

33

Bastion du Vieux-Port 06500 Menton
• Ouvert tous les jours sauf mardi de 10h à 12h et de 14h à 18h. Billet groupé avec le nouveau musée Cocteau : 6 € • Tél. 04 93 57 72 30

Jean Cocteau a toujours entretenu une relation privilégiée avec la ville de Menton. C'est dans le bastion de la ville, fort de défense du port du XVIIe siècle, que Cocteau réalisa sa dernière œuvre, le mémorial. Il conçut lui-même la restauration de l'intérieur, dessina les mosaïques du sol et les vitrines en fer forgé. Le musée présente aujourd'hui les créations méditerranéennes de l'artiste de 1950 à 1963, tandis que le nouveau musée, inauguré en 2011, présente 1 800 œuvres de Jean Cocteau, dans un bâtiment de 2 500 m² conçu par l'architecte Rudy Ricciotti.

Nouveau musée Cocteau - collection Severin Wunderman
2, quai Monléon 06500 Menton
• Ouvert tous les jours de 10h à 18h sauf le mardi et les jours fériés (1er janvier, 1er mai, 1er novembre et 25 décembre)
• Tél. 04 89 81 52 50 • museecocteaumenton.fr

LA COLLECTION D'AGRUMES DU JARDIN DU PALAIS CARNOLÈS

34

3, avenue de la Madone 06500 Menton
• Ouvert toute l'année, sauf les mardis et jours fériés de 10h à 12h et de 14h à 18h • Entrée libre
• Visites commentées avec le service du Patrimoine selon programme (5 €)
• Pour acheter des kumquats : marché central - Halle municipale - Rue des Marins 06500 Menton

« Le plus petit agrume du monde se déguste à Menton »

Très peu connu en France mais cultivé à Menton, le kumquat est le plus petit agrume du monde : pas plus de 5 centimètres. Sa peau, même si elle ressemble à la peau d'orange, se mange et son goût est à la fois acidulé et légèrement amer, ce qui le rend très original. L'arbre, également appelé kumquat ou « citronnier du Japon », tire son nom du cantonnais et signifie « orange d'or » ou « petit agrume d'or ». En France, la production provient de Corse et du pays mentonnais.

Outre les kumquats, le jardin des agrumes du Palais Carnolès renferme la plus importante collection d'agrumes d'Europe : 137 variétés d'agrumes sont ainsi représentées (citrons, oranges, mandarines, clémentines, cédrats, bergamotes...).

AUX ALENTOURS :

LE JARDIN CLOS DU PEYRONNET

35

Jardin privé : se visite uniquement sur rendez-vous
Avenue Aristide-Briand 06500 Menton
• Renseignements : service du Patrimoine - Palais d'Adhémar de Lantagnac
24, rue Saint-Michel • Tél. : 04 92 10 97 10

Depuis 1915 la famille Waterfield entretient et développe un très original jardin dont le point d'orgue est un « escalier d'eau », succession de bassins carrés dont le dernier n'est autre que la Méditerranée ! Demander également à voir la suggestive fresque dans laquelle le maître des lieux est deux fois présent…

LE SINGE DE L'ANCIENNE MAISON DU DOCTEUR VORONOFF

36

Corso Mentone - SS1 (Strada Statale 1)
18039 Grimaldi di Ventimiglia - Italie
Accès : à Menton, empruntez la route du bord de mer (Porte de France), qui conduit à la frontière avec l'Italie. Cette voie prend le nom de promenade Reine-Astrid lorsque le port laisse place à la plage. Dirigez-vous alors à gauche et prenez l'avenue Aristide-Briand, qui mène à « la frontière du haut », ou Pont Saint-Louis. De l'autre côté de la frontière, laissez à votre gauche le café « la Grotta » et garez-vous dès que possible. La cage se trouve sur la gauche de la route, à 200 mètres de la Grotta. La très imposante maison en pierre qui la surplombe fut celle du docteur Voronoff

« Un médecin qui greffa à ses patients des testicules de singe...

Au pied d'une splendide demeure, un singe factice émerge d'une curieuse structure en ciment : c'est tout ce qu'il reste de la « ferme à singes » du docteur Voronoff, dont les expériences connurent, dans les années 1920 et 1930, une renommée internationale. Serge Voronoff (1866-1951), chirurgien français d'origine russe, était un homme de son temps, teinté du positivisme et du darwinisme de la fin du XIXe siècle. C'est dans cet esprit qu'il s'attacha à découvrir « des moyens de rajeunir un organisme affaibli, vieilli et d'augmenter son énergie vitale ». Au début du XXe siècle, pourtant, le rôle des hormones commençait à peine à faire l'objet de travaux scientifiques. Quant au système endocrinien, son étude demeurait balbutiante… Mais Voronoff, adepte de la médecine expérimentale et pionnier dans la technique des greffes, se convainquit bientôt que les testicules présentaient un potentiel élevé dans la stimulation de l'organisme. Après quelques essais encourageants sur des boucs, il entreprit d'étendre l'expérience à l'être humain et greffa à quelques volontaires de fines tranches de testicules de singe. Selon Voronoff, ses patients connurent un regain d'énergie et d'activité, démontrant le bien-fondé de sa démarche.

Les résultats de ses travaux connurent aussitôt une large diffusion dans les médias de l'époque. Cependant, à mesure que ses clients affluaient, Voronoff devint la cible privilégiée des calomniateurs : sa fortune, que l'on disait fabuleuse, attisa la jalousie de certains de ses confrères pendant que la presse à scandale lui consacrait une série d'articles acerbes, qui inspirèrent chansonniers et romanciers. Conan Doyle lui-même prit modèle sur Voronoff pour écrire une aventure de Sherlock Holmes, *The Adventure of the Creeping Man* (1923). Aussi, lorsque, dans les années 1940, ses théories devinrent caduques suite aux découvertes de l'endocrinologie, le docteur décida-t-il de se retirer.

Les travaux de Voronoff ont-ils contribué à notre connaissance des glandes endocrines et de leurs propriétés, ou ont-ils, au contraire, compliqué la tâche des chercheurs en postulant des théories erronées ? Aujourd'hui encore, la question demeure discutée.

Oreste Lorenzi, ancien gardien de cirque, avait été chargé de s'occuper des singes du docteur. Son témoignage a été publié par Jane Rouch dans *Chacun sa Côte d'Azur*, Éditions JC Lattès, 1974, p. 71.

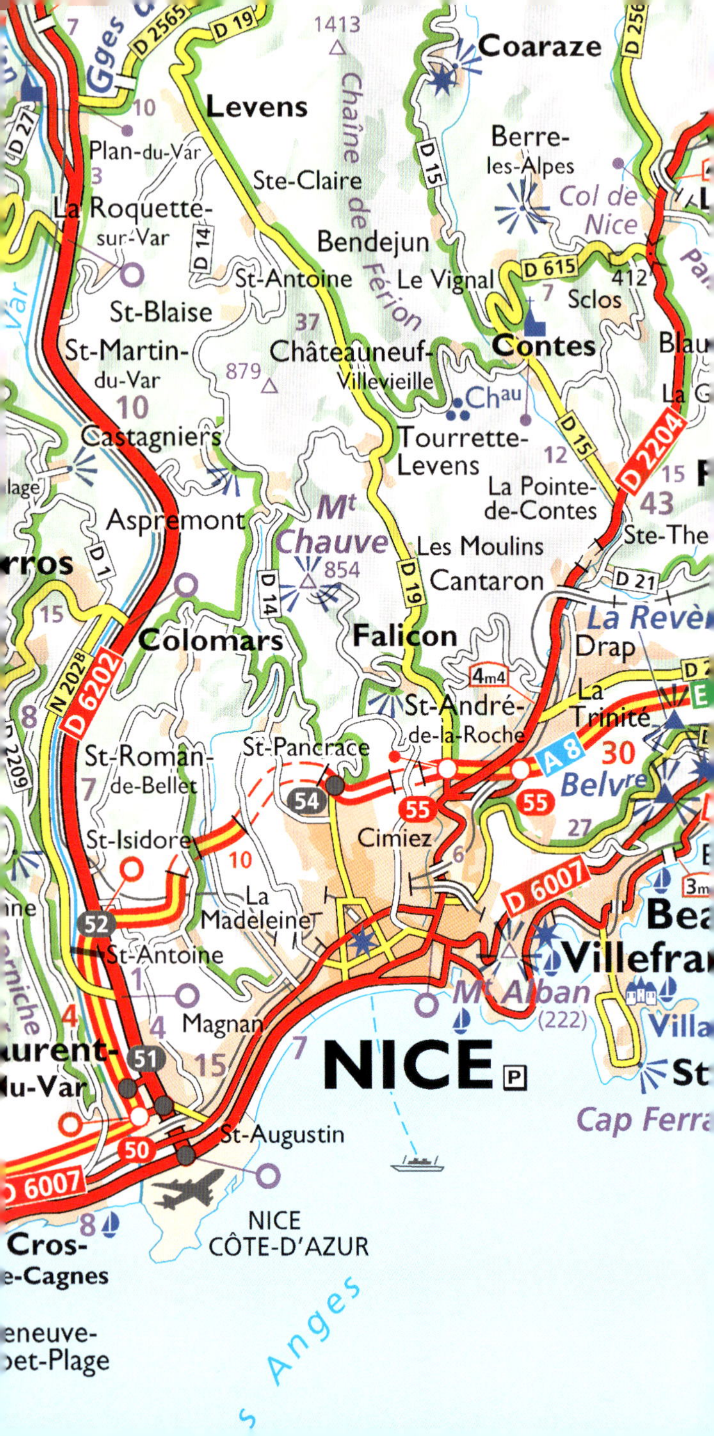

Coaraze
Levens
1413
Chaîne de Férion
Plan-du-Var
Ste-Claire
Berre-les-Alpes
Col de Nice
La Roquette-sur-Var
Bendejun
St-Antoine
Le Vignal
Sclos
St-Blaise
Châteauneuf-Villevieille
Contes
St-Martin-du-Var
879
Castagniers
Tourrette-Levens
La Pointe-de-Contes
Aspremont
Mt Chauve
854
Les Moulins
Cantaron
Ste-The
Colomars
Falicon
Drap
La Revè
St-André-de-la-Roche
La Trinité
St-Pancrace
St-Roman-de-Bellet
Belvre
Cimiez
St-Isidore
La Madeleine
St-Antoine
Magnan
Mt Alban
(222)
Villefra
NICE
St-Augustin
Cap Ferra
NICE CÔTE-D'AZUR
Cros-
e-Cagnes
eneuve-
bet-Plage
Anges
D 2565
D 19
D 27
D 15
D 14
D 615
D 2204
D 21
D 1
N 202B
D 6202
D 2209
A 8
D 6007

NICE

BOULET
TIRAT PER LA FLOTA T
EN 1543
A L'ASSEDI DE N
DOUN SI DESTING
CATARINA SÉGUR
L'EROUINA NISSA

LE BOULET DE CANON DU CENTRE-VILLE ❶

Angle de la rue Droite et de la rue de la Loge
Vieux-Nice

Bon boulet de Turquie

À l'angle des rues Droite et de la Loge, dans le Vieux-Nice, un détail curieux, encadré de deux plaques explicatives, l'une en français, l'autre en nissart*, attirera l'oeil du passant attentif.

Cet authentique boulet de canon, enserré dans le mur par trois griffes, a été tiré au XVIe siècle depuis l'un des bateaux de la flotte turque, commandée par le fameux Barberousse, qui assiégeait la ville en 1543. Comme le texte le précise, ce siège permit à une Niçoise, Catherine Ségurane (nom féminisé en Segurana comme cela se faisait à l'époque), de se distinguer : alors que l'envahisseur donnait l'assaut contre la ville le 15 août, l'héroïque Niçoise, lavandière de son état, lessiva d'un coup de battoir l'enseigne turc qui en lâcha son drapeau. On dit que c'est en soulevant son jupon et en révélant aux ennemis sa « nature » qu'elle provoqua le repli précipité des assaillants. Depuis, chaque année au plus près du 8 septembre (fête de Catarina Segurana), ainsi que le 25 décembre, Nice rend hommage à son héroïne.

À cette époque, Nice et la Savoie faisaient partie de l'immense empire de Charles-Quint. Après la prise de Milan par ce dernier, François Ier réagit et attaqua la Savoie dont le duc, Charles III, quitta Turin et se réfugia à Nice avec sa femme, son fils et le Saint-Suaire. Les Français s'étant alliés aux Turcs, c'est tout naturellement que Barberousse se retrouva à assiéger la ville…

La résistance de la population, dont Catherine Ségurane sera le symbole, mais aussi la solidité des remparts du château sauveront la ville. Le 8 septembre, l'arrivée d'une armée levée par Charles III provoquera le retrait de la flotte turque, qui passera l'hiver à Toulon. L'assaut repoussé du 15 août et la libération de la ville le 8 septembre revêtirent un caractère miraculeux, d'autant plus que ces dates correspondent à deux fêtes de la Sainte Vierge. Ne dit-on pas d'ailleurs qu'elle apparut dans le ciel de la ville et qu'elle l'enveloppa de son manteau pour la protéger des boulets turcs ?

(*) Le nissart n'est pas un patois mais une langue issue de la langue d'Oc originelle du Moyen Âge. Elle a, au même titre que le provençal, une grammaire, un dictionnaire et elle est enseignée à l'école (option au Bac) et à l'université.

D'autres boulets de canon se retrouvent dans Nice. Trois sont très visibles, place Garibaldi, sur la façade de la chapelle du Très-Saint-Sépulcre-des-Pénitents-Bleus.

AUX ALENTOURS :

L'ÉGLISE SAINT-MARTIN-SAINT-AUGUSTIN ❷

L'église Saint-Martin-Saint-Augustin (place Saint-Augustin) conserve, à gauche du chœur, une curieuse plaque de marbre médiévale (1444), datant de l'ancienne église. Elle se trouvait dans la chapelle des tailleurs et représente une Vierge à l'Enfant entourée d'une dédicace en caractères gothiques. Le plus étonnant reste l'une des premières représentations datées et connues de ciseaux modernes, qui se trouve en bas à gauche.

LES ÎLOTS DE LA VIEILLE VILLE ❸

Le Vieux-Nice

« Quand les adresses se faisaient par pâtés de maisons

Dans l'ancienne organisation « postale » de la vieille ville de Nice, les rues ne portaient pas de nom. Les pâtés de maison, appelés îlots, étaient dédiés à un saint. Ainsi habitait-on îlot Saint-Pierre ou Sainte-Anne. Il reste aujourd'hui encore quelques rares témoins de cette époque. À l'angle des rues Alexandre-Mari et Raoul-Bosio, par exemple, un médaillon présentant saint François de Paule muni de son bâton annonce l'ancien îlot qui lui était dédié. Né dans le village de Paule en Calabre (Italie) en 1416, celui-ci fonda l'ordre des Minimes.

À l'angle des rues de la Poissonnerie et Barilleri, on peut également voir l'inscription « S Maria Madalena » gravée dans la pierre, qui signale l'ancien îlot de sainte Marie-Madeleine.

AUX ALENTOURS :

LES TRACES DE L'ANCIEN MARCHÉ AUX POISSONS ❹

À l'intérieur des galeries des Ponchettes et de la Marine, lieux d'exposition de la ville, les colonnes de pierre sont curieusement numérotées. Elles marquent les emplacements de l'ancien marché aux poissons qui jadis se tenait en ces lieux.

Au bord du quai des États-Unis, sur la plage, un treuil demeuré là on ne sait par quel miracle, rappelle que les pêcheurs tiraient leurs barques sur le rivage au moyen de cet outil.

LA PORTE DES PENDUS ❺

Cours Saleya

Sur le fronton de l'une des portes reliant le cours Saleya à la rue des Ponchettes, une inscription latine a fait surnommer à tort ce passage « la porte des pendus ». On y lit ceci : « Opt. Regi Carolo felici adventanti Nicaeenses portam et corda pandunt ». Si les deux derniers mots du texte évoquent les termes corde et pendaison, il s'agit en réalité d'un message de bienvenue qui se traduit ainsi : « En hommage au passage du bon roi Charles-Félix, les Niçois ouvrent leur cœur et leur porte ». Ce texte rappelle ainsi la visite du roi de Sardaigne, Nice ayant été sous emprise sarde de 1814 à 1860. Mais si la porte reçoit aujourd'hui le sinistre nom de « pendus », cela n'est néanmoins pas sans rapport avec la mémoire collective niçoise. De 1792 à 1814, après l'invasion du Comté de Nice par l'armée française, des rebelles, connus sous le nom de « Barbets »*, prirent les armes contre l'occupant et tinrent tête aux Français. La répression fut impitoyable et nombre d'entre eux furent pendus ou fusillés sans procès. Le Saut des Français, site proche de Duranus, porte ce nom en souvenir de cette période de trouble et d'exécutions sommaires.

(*) Le nom de « Barbets » était auparavant un nom injurieux donné aux XVIe et XVIIe siècles aux Vaudois du Dauphiné, en raison de leur longue barbe.

UNE MAQUETTE DE LA CHAPELLE SIXTINE 6

Église Saint-Pierre d'Arène
2, rue de la Buffa (entrée par la rue de France)
• Ouvert de 8h à 20h

L'église Saint-Pierre d'Arène possède en son sein une étonnante maquette à l'échelle 1/34e de la chapelle Sixtine.

« ***Un hommage inattendu à Michel-Ange*** »

D'une fidélité remarquable, elle est l'œuvre d'un prothésiste dentaire à la retraite, Jean Massa, qui a mis quatre ans pour la fabriquer en contreplaqué peint à la main.

Pourquoi s'être lancé dans une telle entreprise ? Jean Massa s'en explique avec une simplicité déconcertante : « Mon fils m'a offert un livre d'art sur Michel-Ange, ça m'a inspiré, j'ai eu le déclic ».

AUX ALENTOURS :

LES VESTIGES DU BAGNE DE NICE 7

Quai d'Entrecasteaux

En 1770, le duché de Savoie entreprit le creusement du port Lympia de Nice (l'actuel port de commerce). Afin d'y loger une main-d'œuvre « gratuite », un bagne pouvant accueillir jusqu'à deux cents forçats, principalement des déserteurs de l'armée, fut construit simultanément.

De cet établissement, il ne subsiste désormais qu'un seul bâtiment en pierre, tout en longueur, et quelques-unes des portes. Le bagne est resté en service pendant près de cent ans avant d'être transformé en caserne (Caserne Lympia). Il est aujourd'hui occupé par les services maritimes du conseil général des Alpes-Maritimes.

2

9

SPES MEA DEV

LA CLIMATISATION CACHÉE DE LA VIEILLE VILLE ❽

Grilles, escaliers, courettes, volets n'ont pas qu'une vocation décorative

Grilles, escaliers, courettes et volets de la vieille ville de Nice n'ont, contrairement aux apparences, pas qu'une vocation décorative : ils sont de fabuleux accessoires de la climatisation passive du quartier. L'été, en se promenant dans ce vieux quartier, on est en effet surpris d'être préservé de la canicule régnant sur le reste de la ville.

Ceci s'explique d'abord par le fait que le quartier ait été construit en tenant compte des sources de fraîcheur alentour : la rivière du Paillon (aujourd'hui recouverte), la mer et la colline du Château. Les axes des rues ont donc été orientés en direction de ces points d'apport d'air frais, créant ainsi un courant d'air qui circule dans les ruelles, traverse les habitations (nous verrons comment plus bas) et s'évacue par les toits.

Ensuite, les ouvertures ornées de grilles en fer forgé, situées sur la plupart des hauts de portes et munies de barreaux pour la sécurité, sont en fait des appels d'air. En outre, les corridors ont très souvent un plafond voûté qui laisse cheminer l'air plus frais vers l'escalier. Cet air est également capté par l'inclinaison précisément calculée des déflecteurs des volets niçois si typiques : l'angle permet de s'adapter à l'intensité et au sens du courant d'air. L'air capté va alors traverser les pièces communicantes du logement et ressortir par les courettes intérieures qui font appel d'air. Dernier détail, les portes de communication entre les pièces sont articulées par des charnières asymétriques, ce qui permet de laisser les portes ouvertes sans que le courant d'air ne les fasse claquer. On peut en voir un bel exemple au deuxième étage du palais Lascaris édifié par la famille Lascaris-Vintimille. Classé monument historique, c'est aujourd'hui un musée appartenant à la Ville de Nice.

LA VÉRITABLE HISTOIRE DE LA PORTE FAUSSE

Passage entre la rue de la Boucherie et le boulevard Jean-Jaurès

À l'instar des Lyonnais qui empruntent les traboules (passages privés ou couloirs d'immeubles), notables raccourcis entre deux rues, les Niçois avaient pris l'habitude d'utiliser la porte d'un immeuble donnant d'un côté sur les bords du Paillon (la rivière couverte) et de l'autre sur la rue de la Boucherie au cœur de la vieille ville. Après la guerre, la municipalité régularisa la situation en transformant cette porte en un véritable passage, haut et large. Son appellation, insolite et clandestine à l'époque, est à présent gravée au vu et au su de tous sur une des colonnes : « porte fausse »...

LA PLAQUE COMMÉMORATIVE DE LA MORT DE PAGANINI

9

23, rue de la Préfecture

Une série de rebondissements rocambolesques

Sur une façade de la rue de la Préfecture (à l'époque rue du Gouvernement), une plaque signale le lieu où mourut le fameux violoniste et compositeur Niccolò Paganini, le 27 mai 1840.

Si Paganini avait trouvé refuge à Nice, ville italienne à l'époque, c'était pour échapper à la police française qui le recherchait après la faillite du casino qu'il avait fondé à Paris. Le comte de Cessole, président du sénat de Nice, l'avait en effet recueilli et caché dans l'appartement dont la plaque indique aujourd'hui l'emplacement.

Mais le virtuose, considérablement amaigri, présentait déjà les symptômes d'une maladie grave, que le pharmacien du quartier diagnostiqua comme un cancer du larynx.

Lorsque vint l'heure de l'agonie, un prêtre, don Caffarelli, se présenta chez lui pour lui administrer l'extrême-onction… Mais l'ecclésiastique fut prié « d'aller au diable ». Sans doute n'y avait-il là rien de surprenant de la part du musicien, qui avait confessé au poète Heinrich Heine * : « J'ai un secret, c'est le diable qui me guide par la main ! »

Cette déclaration marqua pourtant le point de départ d'une série de rebondissements rocambolesques : l'Église catholique lui ayant refusé l'inhumation religieuse en terre chrétienne, le corps de Paganini fut d'abord dissimulé, pendant près d'un an, dans une cuve à huile de l'oliveraie niçoise du comte de Cessole (où se trouve aujourd'hui l'évêché !). On décida ensuite de le transférer au lazaret de Villefranche-sur-Mer, puis de le cacher au Cap-Ferrat, après qu'un antiquaire anglais eut tenté de voler le cadavre.

En 1844, le roi de Piémont-Sardaigne persuada les autorités religieuses d'autoriser l'inhumation du violoniste dans sa ville natale de Gênes. Mais c'était sans compter avec la population génoise, qui réclama que son corps quitte la ville. Paganini étant propriétaire d'une villa à Parme, on enterra alors son corps dans son jardin. Ce n'est qu'en 1876 que le pape Pie IX réhabilita le musicien, dont la dépouille put enfin reposer au cimetière de la ville.

Mais l'histoire allait bégayer une dernière fois. En 1893, après qu'un violoniste tchèque eut émis des doutes sur l'authenticité du pensionnaire du nouveau cimetière de Parme (où l'on venait de le transférer de l'ancien !), on procéda à une reconnaissance du corps. C'est ainsi que le virtuose, qui aimait tant les rappels, salua une dernière fois, sous les applaudissements !

* Voir l'article sur la statue d'Heinrich Heine à Toulon dans le guide *Provence insolite et secrète*, chez le même éditeur.

Il existe une rue Paganini à Nice, mais elle est très éloignée de sa dernière demeure de la vieille ville.

LE CULTE DE SAINTE RITA

10

L'Église de l'Annonciation
1, rue de la Poissonnerie
•Horaires : de 7h à 12h et de 14h30 à 18h30

« La sainte des causes désespérées

Paroisse dédiée à Saint-Jacques-le-Majeur (San-Giaume pour les Niçois) depuis le Moyen Âge, l'église de l'Annonciation a été reconstruite deux fois : au XVIIe siècle, sur l'édifice religieux qu'elle remplaçait, puis après l'incendie de 1834. Si elle est officiellement dénommée église de l'Annonciation, les Niçois la connaissent principalement sous le nom de Sainte Rita dont le culte est vénéré dans la première chapelle à gauche et, surtout, dans la sacristie.

Sainte des causes désespérées, sainte Rita est représentée avec un clou dans le front perlé de sang. Même si l'on est averti, le ballet incessant des femmes, qui viennent ici souvent par deux, étonne. Feuilletez notamment le cahier à disposition des visiteurs, celui-ci comporte des demandes surréalistes, improbables et souvent émouvantes.

SAINTE RITA

Contemporaine de Jeanne d'Arc, née en 1381 à Roccaporena en Ombrie (Italie), Margarita Mancini (Rita est le diminutif de son prénom) se fit remarquer dès sa petite enfance par ce qui fut interprété comme un miracle : un essaim d'abeilles rentra en effet dans sa bouche ouverte sans lui faire aucun mal.

Mariée selon la volonté parentale, elle perdit son époux et ses deux fils frappés de mort violente. Elle se consacra alors à ce qui était depuis toujours sa vocation : l'amour du Christ. Malgré son statut de veuve qui l'empêchait de postuler pour le couvent, elle y fut conviée par les Sœurs Augustines. Tout ce qu'on lui demandait se réalisant, sa réputation se fit grandissante et elle devint rapidement l'avocate des causes désespérées et des guérisons de la petite vérole. Alors qu'elle priait dans l'église, une épine de la couronne du Christ se détacha et vint se ficher sur son front. Une odeur pestilentielle s'échappa de sa plaie purulente et on l'isola dans une cellule où elle mourut en retrouvant un visage d'une beauté surnaturelle, tandis qu'une odeur de rose se répandait dans le couvent. Son corps embaumé repose dans un état de conservation parfaite à Cascia, à côté de son village natal.

À Paris, deux églises portent son nom, notamment une dans le quinzième arrondissement où ont lieu deux fois par an de très étonnantes messes de bénédiction des animaux (voir le guide *Paris méconnu* chez le même éditeur).

EMILE
JELLINEK-MERCÉDÈS
1853 - 1918
PIONNIER DE L'AUTOMOBILE
René
JELLINEK-MERCEDES
1926 - 2000
Famille
Jellinek-Mercedes
" PIONNIER DE L'AUTOMOBILE.
EMIL JELLINEK-MERCEDES
A BRILLAMMENT CONTRIBUÉ AU DÉVELOPPEMENT
DE CE NOUVEAU MOYEN DE TRANSPORT.
SON PATRONYME EST INTIMEMENT LIÉ AU NOM DE
DAIMLER - BENZ A.G.
EN 1901, IL A DONNÉ LE PRÉNOM DE SA FILLE MERCEDES
AUX PRODUITS DE LA
DAIMLER - MOTOREN GESELLSCHAFT."

LE TOMBEAU D'EMIL JELLINEK

11

Cimetière du Château
Allée François-Aragon

“ *La marque Mercedes doit son existence à une fillette de 11 ans...*

Une surprise attend ceux qui ont le courage de gravir les escaliers qui mènent au Château et au cimetière principal de Nice. Un panorama extraordinaire permet d'embrasser les Alpes, la baie des Anges et la promenade des Anglais. Le cimetière du Château reçoit au quotidien un très grand nombre de visiteurs transalpins qui viennent se recueillir sur la tombe de Garibaldi, même si ce dernier n'y repose plus depuis longtemps. L'épitaphe est incontournable : « À la mémoire impérissable du plus illustre Niçois ». On y trouve aussi les tombes de Léon Gambetta et de Gaston Leroux, le père de Rouletabille.

Le mausolée le plus insolite reste cependant celui d'Emil Jellinek (sur le plus haut plateau du cimetière) ; une plaque posée devant le tombeau explique : « Il a brillamment contribué au développement de ce nouveau moyen de transport. Son patronyme est intimement lié au nom de Daimler-Benz AG. En 1901, il a donné le prénom de sa fille Mercedes aux produits de la Daimler Motoren Gessellschaft ».

Emil Jellinek, consul de l'Empire austro-hongrois et homme d'affaires fortuné habitant à Nice, est un client fidèle de Daimler, précurseur de l'automobile. Passionné du volant, il organise plusieurs courses dans la région de Nice auxquelles il participe. Témoin d'un tragique accident au cours du rallye Nice-La Turbie (voir page 80), il demande à Gottlieb Daimler de respecter un cahier des charges qu'il a lui-même rédigé, améliorant la sécurité et abaissant le centre de gravité de la voiture. Il acceptera de participer financièrement à l'élaboration de ce véhicule à la condition que celui-ci porte le prénom de sa fille âgée de onze ans : Mercedes.

Le 21 mars 1899, à l'occasion du rallye Nice-Magagnosc-Nice, Jellinek mise sur sa Daimler qui prend pour la première fois le départ avec la marque de Mercedes. Deux ans plus tard, c'est l'ensemble de la gamme Daimler qui adopte cette appellation. En empruntant le prénom de sa fille, il venait de signer sans le savoir l'acte de naissance d'une marque automobile de réputation internationale.

Pendant longtemps le tombeau a été laissé à l'abandon et l'on dit que la marque à l'étoile à trois branches a été interpellée récemment pour restaurer le souvenir de celui à qui elle doit tant.

AUX ALENTOURS :

LA TOMBE GASTAUD

12

Face à la tombe Jellinek, se diriger vers la gauche jusqu'à la tombe Gastaud, dont le couvercle est soulevé de l'intérieur.

L'OMBRELLINO DE LA BASILIQUE NOTRE-DAME DE L'ASSOMPTION

13

37-39, avenue Jean-Médecin
• Ouvert de 8h30 à 12h et de 14h30 à 19h

> « Un emblème rarement visible dans les basiliques

On remarque rarement dans les basiliques, près de l'autel, l'ombrellino pontifical, qui en est pourtant l'emblème : s'il n'est en effet pas toujours présent, il reste un objet qui passe facilement inaperçu. Appelé aussi pavillon ou gonfalon, l'ombrellino est une sorte de parasol dont l'armature en bois est recouverte de bandes de soie, alternativement rouges et jaunes, couleurs du gouvernement pontifical qui furent héritées de la Rome antique où elles étaient celles du Sénat.

La partie supérieure de l'ombrellino se termine par un globe surmonté d'une croix en cuivre doré. Il est à moitié ouvert lorsqu'il se trouve dans une basilique mineure (ce qui est le cas de Notre-Dame de l'Assomption) et totalement déployé dans les basiliques majeures. Lors de la visite du pape, il est en revanche totalement déployé également dans les basiliques mineures.

Primitivement, l'ombrellino était la tente qui abritait le patriarche et la royauté dans l'Ancien Testament. Il constitue, avec le tintinnabule (aussi appelé sonnette), l'un des emblèmes réservés aux basiliques.

C'est par décision du pape Paul VI (seul le pape peut élever un sanctuaire au rang de basilique), le 16 avril 1978, que l'église Notre-Dame de l'Assomption est devenue basilique mineure, afin de souligner le rôle important de cet édifice dans le diocèse de Nice.

On trouve d'autres ombrellinos par exemple dans la basilique Saint-Sauveur de Rennes, dans la basilique Saint-Tugdual de Tréguier en Bretagne, dans la basilique Saint-Servais à Maastricht (Pays-Bas), dans la basilique Saint-Jean Bosco à Saint-Louis, Missouri, USA, etc.

QU'EST-CE QU'UNE BASILIQUE ?

Dans l'Empire romain, la basilique était le palais où le roi (Basileus) rendait la justice. Après l'édit de Milan (313) qui sort les chrétiens de la clandestinité et met un terme aux persécutions, l'empereur Constantin fait bâtir à Rome quatre basiliques, dites majeures, dont il fait don au pape : Saint-Pierre-en-Vatican, sur les lieux supposés du martyre de saint Pierre, Saint-Paul-hors-les-Murs sur les lieux du martyre de saint Paul, Sainte-Marie-Majeure, première église de la chrétienté consacrée à Marie, et Saint-Jean-de-Latran, en hommage à l'apôtre « que Jésus aimait » et cathédrale de Rome, « mère et tête de toutes les églises de la ville et du monde ».
Toutes les autres basiliques, à Rome ou ailleurs dans le monde, sont dites mineures : elles sont placées, de façon privilégiée, sous la protection du Saint-Siège en lien avec l'une des quatre basiliques majeures.
Aujourd'hui, une église accède au rang de basilique par décret du pape en fonction d'un rayonnement spirituel majeur et d'une exemplarité dans ses pratiques quotidiennes.

МЕДЪ НЕ ХВАЛА А ВСЕМЪ ГОЛОВА ЧТО ЛЮБОВЬ ДОРОГА

L'ISBA DU PARC VALROSE

14

Faculté des sciences
Parc Valrose
• Officiellement, l'entrée de la faculté est réservée aux étudiants et il faut obtenir une autorisation pour entrer dans le parc et voir l'isba (de l'extérieur seulement) : faire une demande auprès de la direction de la faculté au moins un mois à l'avance à l'adresse ci-dessus ou par mail : direction-sciences@unice.fr.

« *Une isba dans le campus*

Classée Monument historique en 1991, l'authentique isba du parc Valrose se découvre en entrant dans le campus de la faculté des sciences par la majestueuse entrée du boulevard Prince-de-Galles (prendre le petit escalier et le souterrain en rocailles qui descend et aller vers la gauche jusqu'au pavillon des sciences naturelles. L'isba se trouve juste derrière ce bâtiment).

Son histoire est étonnante : modeste professeur de piano, le baron Von Derwies est initié à la spéculation par l'un de ses élèves. Son ascension est alors fulgurante. Banquier et propriétaire de lignes de chemins de fer (le futur transsibérien), il amasse une fortune considérable. En 1866, à 45 ans, il décide de se retirer des affaires pour s'occuper de sa vie… C'est ainsi qu'il achète le domaine de Valrose où il fera construire château, parc, fausses ruines et où il se consacrera à sa principale passion, la musique.

Point d'orgue (!) de son domaine, l'isba fut démontée dans l'une des propriétés que le baron possèdait près de Kiev, en Ukraine, et remontée dans le parc avec tous ses accessoires d'origine, de la poignée de porte aux clous. Sur certaines frises, on retrouve des proverbes (en alphabet cyrillique) : « Bière n'est point nectar, hydromel point ambroisie quand l'amour en douceur les surpasse »… N'est-ce pas ce que pensait le baron quand il tentait de faire les honneurs de l'isba à ses visiteuses ?

L'isba, qui jadis servait de foyer aux enseignants, ne se visite aujourd'hui que de l'extérieur.

LE CANON DE MIDI

Depuis 1860, tous les jours à midi précis, le canon tonne à Nice. Cette initiative vient de Sir Thomas Coventry More, un résident écossais qui voulait ainsi annoncer l'heure à son épouse plutôt laxiste quant aux horaires du déjeuner. C'est en fait un artificier qui, du haut de la colline du château, lance un « marron » de 75, ce classique des feux d'artifice qui ne fait que du bruit.

Si tous les Niçois connaissent évidemment l'histoire, nombreux sont les touristes à être assez surpris le moment venu…

MUSÉE DE LA CURIOSITÉ ET DE L'INSOLITE 15

39, rue Beaumont
• Tél. 04 92 04 69 32 • contact@museedelacuriosite.com
• www.museedelacuriosite.com
• Ouvert de 14h à 19h du mercredi au dimanche, les jours fériés, et toute la semaine pendant les vacances scolaires
• Tarif : 10 € adultes - 8 € enfants de moins de 12 ans
• Des cours de magie sont dispensés les mercredis et samedis

Pour les émules de Harry Potter

Jean-Pierre Speidel, collectionneur passionné d'automates, a eu l'idée de mettre 150 de ses pièces à la disposition du public, en les insérant dans des thématiques scénarisées.

On y découvre notamment un Big Band grandeur nature, où les musiciens interprètent les plus beaux morceaux de Miles Davis. Plus loin, c'est une jungle luxuriante que l'on traverse, peuplée d'automates d'animaux d'un réalisme saisissant.

La salle hantée constitue le clou du musée : les cuillères y dansent au-dessus d'une table (tournante), dressée pour un dîner fantomatique ; les portes des placards s'ouvrent pour livrer passage à des spectres hurlants, tandis que les flûtes en cristal tournent au son d'un piano qui joue sans pianiste.

Le musée organise aussi des anniversaires ludiques, avec repas pour les grands et les petits.

LA FRESQUE DE L'ÉCOLE SAINT-PHILIPPE 16

4, avenue Beau-Site

L'école à la plage

Au détour d'un virage de la petite route escaladant la colline du Piol se trouve une immense fresque Art déco. Cette œuvre méconnue du peintre franc-comtois Jules-Émile Zingg orne la façade de l'école maternelle publique Saint-Philippe depuis sa fondation en 1927. Elle a été restaurée tout récemment, ce qui explique la vivacité de ses couleurs.

Étonnamment, l'artiste y a représenté une scène de classe transposée sur une plage, comme s'il s'agissait d'une activité ludique. On remarque également que les deux enseignants sont vêtus à l'antique, alors que les élèves portent des tenues d'été contemporaines de l'exécution de la fresque. S'agit-il d'un hommage à la civilisation méditerranéenne ?

JULES-ÉMILE ZINGG (1882-1942)

Né à Montbéliard dans une famille d'horlogers, Jules-Émile Zingg entra aux Beaux-Arts de Paris en 1902 où il se spécialisa dans la peinture de paysages, tout en demeurant extrêmement perméable aux influences de son époque : les personnalités de Paul Sérusier et de Maurice Denis, artistes fondateurs de l'école des Nabis, lui donnèrent un goût prononcé pour les formes japonisantes, les Nabis s'imprégnant de philosophies et de doctrines orientalisantes, pétries d'orphisme et d'ésotérisme. Au cours de sa courte carrière (il est mort à 59 ans), Zingg ne cessa de voyager en France, recherchant des scènes et des lumières qui l'inspiraient. Arpentant l'Auvergne, la Bourgogne, l'Alsace et la Picardie, il adapta sa palette aux sites qu'il visitait. Ce fut cependant en Bretagne, en baie de Somme et sur la Côte d'Azur, qu'il trouva la lumière qui lui convenait. La fresque de l'école Saint-Philippe, datant de 1927, a manifestement été exécutée avant qu'il ne découvre Saint-Tropez et qu'il ne s'y attarde au début des années 1930, pour y peindre quelques-unes de ses plus belles toiles.

LA PREMIÈRE COURSE DE CÔTE AU MONDE 17

Boulevard Bischoffsheim

Le virage mortel de la Grande Corniche

Au tout début de la route de la Grande Corniche ou boulevard Bischoffsheim (du nom du fondateur de l'observatoire de Nice situé sur cette route), sur la gauche en montant, une borne commémorative rappelle que c'est de là que s'élançaient les bolides qui allaient s'affronter pour la première course de côte au monde entre Nice et La Turbie.

La première édition de cette course automobile eut lieu le 31 juillet 1897 et fut remportée par André Michelin dans la catégorie voiture sur un break à vapeur, chaussé de pneumatiques... Michelin. Six tricycles de Dion Bouton se classèrent dans les sept premiers de la catégorie motocycle.

Quelques mètres plus haut, juste après la première courbe, sur le côté droit du boulevard Bischoffsheim, se succèdent deux plaques à la mémoire des deux victimes du premier virage de cette course automobile. Il s'agit de Wilhem Bauer mortellement accidenté le 30 mars 1900 au volant d'une Daimler Phoenix, sous les yeux d'Emil Jellinek (voir page 73) qui en profitera pour demander à Daimler d'améliorer la tenue de route de ses voitures. L'autre plaque commémorative rend hommage à Elliott Zborowski qui décéda tragiquement le 1er avril 1903.

LE LIEU DE NAISSANCE D'ANSALDI

18

31, boulevard Riquier

La véritable histoire du prince Louis-Eugène Alexandre d'Ansaldi

À l'angle du boulevard Riquier et du boulevard Delfino, au numéro 31 du boulevard Riquier, une plaque sur le pilier droit du portail n'attire pas l'attention. Le lierre la recouvre en partie et l'inscription s'estompe. On y lit néanmoins : « Ansaldi est né dans cette maison le 6 avril 1908. »

L'enquête pour savoir qui est cet Ansaldi est difficile, et pour cause : il a lui-même inventé de toutes pièces sa biographie princière… ce qui lui permit de réussir quelques beaux canulars non seulement en France mais aussi à l'étranger.

La biographie qu'il s'était inventée le faisait descendre du roi Victor-Emmanuel II, roi d'Italie, et d'une certaine Madame Ansaldi, belle femme niçoise, qui aurait été mise enceinte à la suite d'une brève rencontre royale… Ne voulant évidemment pas reconnaître cet enfant, le roi anoblit le mari de la dame afin de la dédommager. C'est ainsi que l'Ansaldi de la plaque se prétendait petit-fils de S.A.S. le prince André d'Ansaldi et fils de S.A.S. le prince Benoît.

Lui-même, se faisant appeler S.A.S. le prince Louis-Eugène Alexandre d'Ansaldi, créa une fondation à son nom, l'œuvre nationale du Théâtre à l'hôpital, simple association d'amis qui devint plus tard l'académie Ansaldi de Paris, institution internationale fondée en 1933, reconnue d'utilité publique et honorée d'un prix par le président de la République en 1947.

C'est au nom de cette notoriété inventée qu'Ansaldi obtint que des rues portent son nom, et ce, dans plusieurs pays ! Il publia des documents à sa gloire et fit émettre des timbres à son effigie.

Quant à la plaque du boulevard Riquier, c'est tout simplement lui qui l'aurait posée.

RAS NE NVMEREM
NISI SERENAS
Est
XIV
XI
XII
XIII
Année 1929
23° 26' 55"
LONGITUDE EST 0h 29m 6s
GREENWICH
LATITUDE 43° 41' 56"
HEURE LEGALE = HEURE VRAIE – 29m,1 + Eq. du Temps
HEURE D'ETE = HEURE VRAIE + 30m,9 + Eq. du Temps

LE CADRAN SOLAIRE DU LYCÉE MASSÉNA (19)

2, avenue Félix-Faure

> ***L'équation du temps et l'obliquité de l'écliptique***

Le joli cadran solaire qui se trouve au pied de la tour du lycée Masséna a été calculé en 1929 par un certain A. Schaumasse. S'il mentionne, dans sa partie supérieure, la devise du lycée : « Horas ne numerem nisi serenas » (Je souhaite ne compter que les heures heureuses), il possède surtout la particularité de présenter des informations sur les solstices, les équinoxes ainsi que sur l'obliquité de l'écliptique (ou inclinaison de l'axe de la terre) : si le cadran indique une inclinaison de 23° 26' 55" en 1929, il est intéressant de noter que cette inclinaison était de 23° 26' 15,32" au 1er janvier 2013. L'axe de rotation de la terre n'est en effet pas toujours le même (phénomène de précession des équinoxes) : un peu à la façon d'une toupie, la Terre retrouve son axe d'origine après environ 25 800 ans, ce qui signifie qu'elle perd environ 1° tous les 72 ans.

Ce changement d'axe de rotation a notamment pour conséquence que la position des étoiles dans le ciel change aussi et qu'ainsi, par exemple, l'étoile polaire n'est pas toujours la même (à l'échelle de plusieurs siècles ou millénaires).

Enfin, une autre information intéressante a été gravée sur le cadran : il s'agit de la formule permettant de convertir les heures solaires en heures légales, en tenant compte de l'équation du temps.

L'ÉQUATION DU TEMPS

L'équation du temps est l'écart, variable au cours de l'année, entre le temps solaire moyen et le temps solaire réel. Concrètement, c'est la différence à un même moment entre l'heure indiquée par un cadran solaire et celle affichée par une horloge. Cet écart est dû à l'orbite elliptique de la terre et à l'inclinaison de son axe de rotation sur le plan de l'orbite.

LA CROIX SÉRAPHIQUE* DE CIMIEZ

20

Place du monastère de Cimiez

> ***Une très rare représentation du Christ***

Sur la place du monastère de Cimiez, une colonne de marbre torse est surmontée d'un crucifix. Les visiteurs les plus attentifs remarqueront que ce Christ n'est pas tout à fait conforme à l'imagerie traditionnelle : c'est en effet un séraphin crucifié (voir encadré ci-dessous), représenté, selon la vision qu'eut saint François d'Assise sur le mont Alverne en Toscane, au moment où il reçut les stigmates de la Passion. Auparavant ce monument se trouvait d'ailleurs dans le premier couvent franciscain construit en 1250 dans le Vieux-Nice, place Saint-François.

Saint François apparaît sur la droite de la croix, saint Louis de Toulouse étant placé à gauche. Au sommet, un pélican, ouvrant ses entrailles pour nourrir ses petits, symbolise le sacrifice du Christ pour sauver les hommes. Enfin, sous la croix, se trouvent les armes (trois sardines) de la famille Sardina qui participa au rétablissement de la croix en 1804 : en 1793, à la Révolution, la croix fut abattue et ses morceaux furent recueillis et cachés par un particulier jusqu'au concordat de 1801.

Cette croix, comme l'indique l'inscription, a été sculptée en 1477 sur commande du frère franciscain Louis Terrini pour veiller sur le cimetière des membres de la congrégation. En 1979, suite à un acte de vandalisme, la croix originale fut placée à l'intérieur de l'église, dans la première chapelle latérale gauche. La croix qui se trouve aujourd'hui à l'extérieur n'est donc qu'un moulage.

* Selon le service du Patrimoine de la Ville de Nice. L'autre représentation d'un séraphin en croix se trouve dans la chapelle du Villaret à Montgirod (Savoie). Il s'agit du sommet d'un retable daté de 1673 et attribué à Gualla. Il montre un personnage barbu et chevelu dont les membres sont remplacés par trois paires d'ailes. Pour plus de détails voir : www.sabaudia.org/v2/dossiers/baroque/18.htm.

ANGES, ARCHANGES ET SÉRAPHINS

La tradition chrétienne s'appuyant sur Denis l'Aréopagite (IVe siècle) regroupe les anges en neuf chœurs avec chacun leur ministère : les séraphins (la Charité), les chérubins (la Vérité), les trônes (l'Humilité), les souverainetés (la Puissance), les vertus (la Force), les puissances (la Persévérance), les principautés (l'Obéissance), les archanges (les «chefs » des anges) et les anges (les messagers de Dieu). Dans la Bible, les Séraphins (de l'hébreu « les brûlants ») sont décrits par Isaïe avec trois paires d'ailes : une pour se voiler la face, une pour voler et une qu'ils étendent sur leurs pieds. Ils entourent le trône de Dieu et chantent ses louanges. Ils possèdent également le pouvoir d'élever leurs inférieurs et sont appelés les « brûleurs » de péché. Chaque séraphin est en relation avec l'un des sept péchés capitaux qu'il peut nous aider à consumer. Selon la Bible, il y aurait sept archanges. Trois sont officiellement connus : Michel (qui chassa le démon dans l'Apocalypse), Raphaël (envoyé par Dieu pour guérir la cécité du père de Tobie et l'aider à rencontrer Sarah afin d'assurer la descendance d'Abraham ; c'est lui qui indique à Tobie l'existence des sept archanges) et Gabriel (qui annonce à Marie qu'elle sera la mère du Fils de Dieu).

L'ABBAYE DE SAINT-PONS

21

Chemin de l'Abbaye-de-Saint-Pons
Église ouverte en journée

> **Enclavée derrière l'hôpital Pasteur, l'église Saint-Pons a été peu à peu oubliée...**

Très peu visitée par les touristes, l'église Saint-Pons est un bijou qui constituait dans le temps avec son couvent, l'un des plus beaux ensembles baroques de Nice.

Préfet de Rome, Pons se convertit au christianisme et vint se réfugier à Cemenelum* lorsque l'empereur Valérien déclencha une grande vague de persécution contre les Chrétiens. Il y sera décapité vers 253 ap. J.-C. Les reliques du saint sont conservées dans l'église et sont présentées aux fidèles le jour de sa fête, le 14 mai.

Fondée vers le VIIIe siècle, l'abbaye de Saint-Pons connut au Moyen Âge un grand rayonnement sur la région. Le déclin de l'abbaye commença au XVIe siècle et la construction en trois tranches de l'hôpital Pasteur au XXe siècle contribua à isoler l'église, ses bâtiments conventuels ayant été absorbés par les services psychiatriques de l'établissement de soins.

Reconstruite en 1724, l'église a perdu aujourd'hui l'un de ses deux clochers symétriques d'origine. La grande particularité de la façade de l'église est ce « préau », ouvert par une suite d'arcs en plein cintre, au-dessus duquel une terrasse permettait la circulation avec le couvent.

À l'intérieur, on retrouve les volumes galbés qui font la particularité des églises baroques de Nice et de sa région.

* Cemenelum est le nom latin de Cimiez, ville romaine aujourd'hui enclavée dans le grand Nice. On y visite des vestiges nombreux dont les plus connus sont les arènes ainsi qu'un musée remarquable.

AUX ALENTOURS :

22

LES ÉTONNANTES DÉAMBULATIONS DU MONUMENT AUX MORTS DE CIMIEZ

Sur la même place du monastère s'élève le monument aux morts de Cimiez composé d'une stèle en marbre et d'une sculpture en bronze de Michel de Tarnowsky (1870-1946). Haute d'un mètre, pesant près de 300 kilos, elle représente un glaive brisé et un casque surmonté du coq gaulois terrassant l'aigle prussien. La présence de ce bronze aujourd'hui tient du miracle : en 1940, la sculpture fut immergée en mer pour la soustraire à l'occupant qui voulait la fondre pour en récupérer le métal et qui souhaitait faire disparaître cette image qui ne le valorisait pas. Elle reprit sa place après la guerre, mais, en 1989, elle fut volée et proposée à la vente au marché à la brocante du cours Saleya en plein centre de Nice. C'est le maire de Nice lui-même qui, arpentant le marché, la reconnut et obtint qu'on la restitue à la ville. L'œuvre originale est à présent conservée en sécurité et, sur la place du monastère, à l'instar de la croix séraphique, c'est une copie que l'on peut contempler...

(Source : revue *Lou Sourgentin*, numéro 122)

LE CIMETIÈRE RUSSE

23

Avenue Sainte-Marguerite • Tél. : 04 93 83 94 08
• Ouvert le mardi de 14h à 17h, le mercredi et jeudi de 9h à 12h et de 14h à 17h, le vendredi et samedi de 9h à 12h et de 14h à 18h, le dimanche de 14h à 18h
• Accès : l'avenue Sainte-Marguerite s'élargit pour devenir la place Caucade où se trouve l'entrée du cimetière. Laisser le véhicule dans les parages.Prendre à pied l'impasse en face signalée par un petit panneau : « Cimetière russe ».

« *La tombe de Katia, maîtresse du tsar Alexandre II*

Installé sur une pente douce dominant la mer, le cimetière russe de Nice est un lieu magnifique où seul le passage des avions du deuxième aéroport de France vient perturber la sérénité ambiante. Le couple de gardiens arrivé depuis peu ne maîtrise pas encore parfaitement la langue française, mais c'est de bonne grâce qu'il vous remettra un document historique ainsi qu'un plan détaillé vous permettant de trouver la tombe de la princesse Catherine Yourevski, plus connue sous le prénom de Katia. Sa vie a donné lieu à plusieurs romans dont *Katia, le démon bleu du Tsar Alexandre de la princesse Bibesco*, adapté à l'écran en 1959 par Robert Siodmak et interprété par Romy Schneider et Curd Jurgens dans le rôle du souverain.

Le tsar Alexandre II s'éprit de cette jeune fille pauvre au cours de la visite d'un institut scolaire pour les enfants de la noblesse déchue. Mais la rumeur de leur passion clandestine s'ébruita et le tsar accepta que Katia soit éloignée de lui. Il la retrouva en France lors d'une visite officielle à Napoléon III et celle-ci devint alors sa maîtresse en titre. Usée par la maladie et le chagrin, l'impératrice décéda et Alexandre put alors épouser Katia. Peu de temps après, le souverain fut victime d'un attentat et mourut dans les bras de son épouse morganatique*.

La princesse quitta alors la Russie qu'elle avait regagnée après son mariage pour s'installer à Nice, dans la Villa Georges (aujourd'hui détruite), boulevard Dubouchage. Elle fréquenta le château Valrose et l'isba de son ami Paul Georgevitch Von Derwies (voir l'article sur l'isba du château Valrose page 77).

(*) Terme qui s'applique à une femme ayant épousé une personne de rang supérieur et qui ne pourra pas prétendre à bénéficier de ses titres de noblesse.

LA PRÉSENCE RUSSE À NICE

Au XIXe siècle, l'aristocratie russe va choisir Nice comme lieu de résidence d'hiver. L'engouement pour les bains de mer en été finira d'asseoir la réputation de la ville et en fera le lieu de villégiature privilégié de la noblesse russe et de tous ceux qui auront les moyens d'échapper aux neiges septentrionales ou de venir soigner leur phtisie au bon air marin. La première chapelle orthodoxe de la rue Longchamp se révélera très vite trop exiguë et en 1905 débutera le chantier de la cathédrale Saint-Nicolas achevé en 1912. Enfin, la Révolution de 1917 précipitera l'exil des Russes blancs qui, nombreux, viendront se fixer à Nice.

Auron
Douans
Pont-Rouge
Tête de l'Autaret
29
Col de la Lombarde
Mt Malinvern
REGION
Terme di Valdieri
Las Donnas
Vallée de la Tinée
D 2205
Isola
Vallon de Chastillon
Isola 2000
Lac de Terre Rouge
Cma di Argentera
3297
Roya
DU
Mt St-Sauveur
2711
Mt Mounier
2817
2553
MERCANTOUR
Baumette
2204
2651
2674
30
Le Boréon
Cascade
Gges de Valabres
Col de la Couillole
Roya
Roubion
1678
Roure
Valberg
27
28
26
Amignons
Les Launes
Beuil
St-Sauveur-sur-Tinée
D 30
D 28
Tinée
La Bolline
La Colmiane
Vallon de la Madonne de Fenestre
32
31
2132
St-Martin-Vésubie
St-Brès
1821
D 2565
La Roche
Col St-Martin
(1500)
Croix du Sapet
Lauvet d'Ilonse
1991
Rimplas
St-Dalmas
(Valdeblore)
1795
33
Venanson
Berthemon
Pic de Colmiane
Rigons
2066
Les Cluots
2105
06
Ilonse
25
Vésubie
Gges supres du Cians
Marie
Roquebillière-Vieux
Dôme de Barrot
2137
Pierlas
Mt Tournairet
2085
Granges-de-la-Brasque
34
Roquebillière
1681
Col d'Andrion
Pnte des Quatre Cantons
1774
Clans
17-18
Lieuche
Bairols
Rigaud
Mt Mairole
1601
D 2205
D 26
D 332
Auvare
Thiéry
D 226
Pélasque
19
Puget-Rostang
La Tour-s-Var
16
Brec d'Utelle
1606
20
Puget-Théniers
Gges infres du Cians
Tournefort
15
21
22
Touët-sur-Var
23
24
Massoins
Utelle
Le Suquet
Var
876
Villars-sur-Var
D 6202
Gges de la Mescla
St-Jean-la-Rivière
Col de St-Raphaël
Ascros
1518
Malaussène
La Penne
Rochette
Toudon
Mt Vial
1549
Belvre du Saut des Français
Défilé du Chaudan
La Madone d'Utelle
St-Antonin
St-Pierre
D 2211A
Revest-les-Roches
Duranus
Cuébris
Gges de la Vésubie
Clue du Riolan
11
Pierrefeu
Tourette-du-Château
1413
Sigale
13
Sallagriffon
10
Roquesteron
Bonson
14
Levens
Aiglun
Roquesteron-Grasse
12
D 17
Plan-du-Var
Les Ferres
Gilette
Chaîne de Férion
Ste-Claire
Bendejun
La Roquette-sur-Var
Gréolières-les-Neiges
Conségudes
D 1
St-Antoine
Montagne du Cheiron
Bouyon
6
St-Blaise
Sausses
D 802
Les Moulins
8
St-Martin-du-Var
Châteauneuf-Villevieille
Route des Crêtes
Le Broc
9
879
1778
Bézaudun-les-Alpes
Castagniers
Tourrette-Levens
Gréolières
St Pons
Coursegoules
Carros-Village
Mgne du Chiers
1085
Aspremont
Clue
5
3
1
Mt Chauve
854
D 79
4
2
Carros
Cipières
St-Barnabé
Gattières
7
Colomars
Falicon
Loup
963
Baou de St-Jeannet
St-Jeannet
Plateau de Calern
Col de Vence
800
Hte Vee du Loup
Col de la Sine
Courmes
D 2210
D 2209
St-Roman-de-Bellet
St-Pancrace
Caussols
Gges du Loup
Cascade
Vence
Cimiez
D 12
Tourrettes-sur-Loup
Plan-du-Bois
St-Isidore
Plateau de Caussols
1248
La Gaude
La Madeleine
Gourdon
La Baronne
1335
St-Antoine
Corniche du Var
Col de Ferrier
1039
St-Paul
Le Bar-sur-Loup
St-Vallier-de-Thiey
1245
La Colle-sur-Loup
St-Laurent-du-Var
Magnan
NICE
780
Magagnosc
(Le Rouret)
St-Pons
Cagnes-s-Mer
GRASSE
St-Augustin
D 2085
(Roquefort-les-Pins)
Le Colombier
D 6007
Châteauneuf-Grasse
Opio
Le Plan
Villeneuve-Loubet
Cros-de-Cagnes
NICE CÔTE-D'AZUR
Cabris
Valbonne
Plascassier
Villeneuve-Loubet-Plage
Baie des Anges
Biot
Peymeinade
St-Jacques
Mouans-Sartoux
Sophia-Antipolis
D 103
Marineland
D 6185
Moulin-Vieux
La Roquette-sur-Siagne
D 35
A 8
E 80

ARRIÈRE-PAYS NIÇOIS

LA PIERRE DE COURSEGOULES ❶

Mairie de Coursegoules
• 1, place de la Mairie 06140 Coursegoules
• Ouvert aux heures de bureau

> ***« Une écriture mystérieuse ou l'œuvre d'un plaisantin ?***

En 1980, sous le talus d'un ancien chemin communal, près de la chapelle Saint-Michel, on découvrit une étrange pierre gravée dont on peut voir un moulage au secrétariat de la mairie de Coursegoules. Dessus, un texte sur sept lignes, qui semble incomplet, utilise 14 signes différents. Si l'on reconnaît des similitudes avec l'alphabet grec et l'écriture punique (carthaginoise), la langue est inconnue. L'affaire a été prise au sérieux et, malgré les recherches entreprises par les épigraphistes du CNRS, de l'École pratique des hautes études (Sorbonne) et de l'Académie des inscriptions et belles-lettres (Institut de France), le mystère demeure entier. Si certains ont trouvé cette écriture « intéressante », d'autres ont mis en doute son authenticité et l'ont plutôt qualifiée de « fantaisiste » !

AUX ALENTOURS :

L'ANCIENNE ÉCOLE FREINET ❷

35, rue de l'Escaou
06140 Coursegoules

La curieuse façade de l'école Freinet de Coursegoules a été réalisée par les élèves.
Pour en savoir plus sur la méthode Freinet, voir l'article sur Le Bar-sur-Loup, page 211.

L'EX-VOTO DE LA GRIPPE

3

Chemin des Granges
06140 Coursegoules

Un émouvant témoignage de l'épidémie de grippe

Après avoir franchi le pont sur la Cagne, au premier virage à droite en angle droit, le chemin des Granges mène, 30 mètres plus loin, à un mur de soutènement qui barre le chemin. Celui-ci abrite un curieux ex-voto qui a probablement servi ici de pierre de réemploi. Cet ex-voto semble être un remerciement pour avoir échappé à l'épidémie de grippe de 1837. Celle-ci, apparue en 1832, gagnera toute l'Europe et fera au moins 100 000 morts.

La plus meurtrière épidémie de grippe a été la grippe espagnole en 1918 qui fit 40 millions de morts, un nombre de victimes sans comparaison avec ceux de la grippe asiatique, en 1957 (4 millions de morts), et de la grippe de Hong-Kong, en 1968 (2 millions de morts).

AUX ALENTOURS :

LA MAISON DU PENDU

4

Montagne du Cheiron 06140 Coursegoules
• Accès : depuis le village, emprunter le chemin qui est fléché vers la chapelle Saint-Michel

Au milieu du XIXe siècle vivait à Coursegoules un certain Monsieur France, célibataire solitaire, ouvrier agricole et cordonnier occasionnel du village. Un jour, il eut l'idée de se construire une maison sur les pentes désertes du Cheiron, la montagne au nord du village. Il choisit soigneusement l'emplacement, prit pour modèle une maison existante et se mit au travail. Pendant 20 ans, il monta le mauvais sentier qui l'amenait sur son chantier. Il était devenu maçon, tailleur de pierres, porteur et… propriétaire terrien. Une fois la maison terminée, il entreprit de construire des restanques – tellement monumentales qu'elles sont aujourd'hui encore en état et nettement visibles depuis le village. Ce travail de Titan achevé, Monsieur France décida de monter en haut de la montagne pour admirer son ouvrage. Et là, devant le symbole de sa solitude, au milieu du désert des pentes du Cheiron, il comprit que tout cela était vain. Alors il retourna chez lui, prit une corde, et alla se pendre au tilleul qu'il avait planté là 20 ans auparavant.

LA CROIX DU TRICOT

5

Place du Tricot
06620 Gréolières

Un énigmatique pilier quadrilingue

Érigée le 15 avril 1827 sur une placette qui porte le même nom, la Croix du Tricot, haute de près de 3 mètres, constitue un curieux assemblage d'éléments hétéroclites : sur une base en gros blocs de pierre, un pilier de section carrée supporte un chapiteau à crochets datant vraisemblablement du XIIIe siècle, surmonté d'une croix en ferronnerie.

Mais la singularité de ce monument tient surtout aux inscriptions gravées sur son pilier principal. Chaque face présente en effet un texte rédigé dans une langue différente : le français, l'italien, le latin et le grec. Certaines de ces lignes sont, aujourd'hui, difficiles à lire, la pierre ayant été bouchardée depuis l'érection du monument. Pour les distinguer toutes, il faut donc recourir à la transcription manuscrite qu'un curé anonyme a consignée à la fin d'un ouvrage conservé dans la bibliothèque du sanatorium de Thorenc. Grâce à ces notes, antérieures aux dégradations, les amateurs d'épigraphie pourront s'essayer à retrouver dans la pierre l'ensemble des textes originaux * :

- **en latin (face nord)** : *Jesus acer | bam fregit q | uoque tarta | ra hic*

Cette inscription, surmontée de la date « 1827 » et de lettres confuses, est assez difficile à traduire. Cela n'est guère surprenant, car la manière dont les mots ont été coupés suggère que le graveur ne comprenait pas le sens du texte qu'il recopiait. Toutefois, l'interprétation la plus plausible en serait : « Jésus a brisé ce qui était mauvais aussi ».

- **en grec (face ouest)** : *O ihesous | ton adhin |...triphasi | ton thanaton*

Le texte, que le curé anonyme a transcrit en caractères latins, est en partie illisible, et le tracé hasardeux des lettres conservées permet différentes lectures. Mais la traduction approximative pourrait en être : « Ô Jésus tu as repoussé avec force la mort ».

- **en italien (face sud)** : *La morte | vinta fú | L'averno | da Gesu*

Le sens général de l'inscription paraît être « La mort fut vaincue par l'enfer de Jésus ». Mais on peut, à bon droit, se demander si le graveur n'a pas interverti deux lignes, car la logique voudrait qu'on lise : « L'enfer fut vaincu par la mort de Jésus ». On remarque, par ailleurs, l'emploi du mot « averno », dérivé du latin *avernus* : ce substantif, que les auteurs chrétiens ont utilisé pour désigner l'enfer, tire ses origines de la mythologie romaine, dans laquelle le lac volcanique Avernus (aujourd'hui lago d'Averno), en Campanie, constituait l'une des entrées des Enfers. En effet, selon la tradition, ses eaux exhalaient des vapeurs méphitiques empoisonnant les oiseaux qui les survolaient.

- **en français (face est)** : L'enfer a é | té vaincu | par la mo | rt de Jésu [*sic*]

Bien que le sens de l'inscription soit évident, la position des césures laisse penser, une fois encore, que le graveur n'avait qu'une connaissance approximative de l'écriture.

Enfin, on aura noté que la date de 1827, mentionnée avant l'inscription latine, suggérait que ces quatre inscriptions avaient été portées sur le pilier au moment de l'érection de la croix. Le curé anonyme, cependant, avait remarqué que ces textes en recouvraient d'autres, plus anciens… Mais il n'avait, hélas, pas réussi à les transcrire.

* Pour l'analyse détaillée de ces inscriptions et pour la bibliographie les concernant, on se reportera à la page www.archeo-alpi-maritimi.com/Croixdutricot.php.

DES CROIX BASQUES DANS LES ALPES

6

Commune du Broc : sur les portes du passage de la Sousto et du 25, place de la Fontaine ; sur la croix située en face de la chapelle Saint-Antoine, route de Nice
Commune de Bouyon : sur les portes du 7, rue des Sorciers, 1, rue principale et 8, rue Saint-Roch

Un symbole inattendu

Curieusement, plusieurs portes et une croix en fer forgé du canton de Coursegoules arborent le symbole de la croix basque, constituée ici de quatre ou de cinq « virgules ». L'introduction de ce motif dans la région paraît coïncider avec la présence, au XIXe siècle, d'un sculpteur d'origine basque. Dans le sens de cette hypothèse, on constate que la croix du Broc est datée de 1827.

LA CROIX BASQUE, OU LAUBURU

Le symbole connu sous le nom de lauburu (combinaison de *lau*, « quatre », et *buru*, « tête », en langue basque) est un arrangement de deux à neuf éléments courbes partant d'un point central : ces « virgules », le plus souvent au nombre de quatre, peuvent être tournées vers la droite, vers la gauche, ou dans les deux sens au sein d'une même représentation. Attesté sur tous les continents, et parfois depuis la plus haute Antiquité, ce motif pourrait être originaire de la région de l'Indus. En France, s'il apparaît notamment en Auvergne, en Alsace, en Savoie et dans l'arrière-pays niçois, ses représentations les plus fréquentes se concentrent le long des Pyrénées, et particulièrement en Basse-Navarre, où il orne les façades des maisons, les pierres tombales et les objets de la vie quotidienne. On le rencontre aussi du côté espagnol de la chaîne montagneuse et jusque dans le nord-ouest de la péninsule Ibérique (en particulier dans les Asturies et en Galice, où il est appelé tetrasquel).

L'interprétation de la croix à virgules a donné lieu à des théories parfois contradictoires, dont aucune, faute de documents explicites, ne prévaut aujourd'hui.

Selon les tenants de l'ésotérisme, la croix à virgules ne serait autre que le « sauvastika », contrepartie négative du svastika des cultures hindoue et bouddhiste : par son mouvement supposé lévogyre (de droite à gauche), le lauburu exprimerait le mouvement opposé à celui de l'Évolution générale. À ce titre, le « svastika courbé » serait à la fois un symbole de la mort et un signe magique exorciste.

D'autres études, cependant, ont souligné la diversité des représentations du lauburu. Elles en ont déduit qu'il ne pouvait s'agir d'une simple déformation de la croix gammée, mais plutôt d'un motif hybride tenant à la fois du svastika et de la spirale, qui évoquerait peut-être le cycle du soleil. Ce signe composite pourrait, par ailleurs, être lié à la mythologie basque. En effet, jusqu'à leur christianisation au cours des XVe et XVIe siècles, les Basques adoraient des forces naturelles personnifiées : on a donc supposé que la croix à virgules pouvait symboliser une entité solaire, voire une divinité mâle appelée Sugaar, souvent représentée sous la forme d'un serpent, dont le lauburu figurerait le corps stylisé.

Enfin, on a remarqué que les premières attestations de croix à virgules dans le Pays basque coïncidaient, à peu près, avec l'époque de la christianisation des vallées pyrénéennes : le plus ancien lauburu daté dans la région remonte en effet à 1560. Il est donc possible que la nouvelle religion ait encouragé l'utilisation d'un symbole déjà connu des populations converties, en le figeant dans sa version à quatre virgules pour l'assimiler à la croix du Christ. Les Basques auraient alors forgé le substantif « lau-buru » pour désigner ce motif. Ce n'est que bien plus tard, dans les années 1950, que ce symbole reçut le nom de « croix basque », devenant ainsi l'emblème identitaire du Pays basque.

LA CROIX DE LA PASSION

Rue Torrin-et-Grassi
06510 Gattières

7

> **“ *Les instruments du supplice du Christ***

Une croix de la passion est une croix qui présente, outre le crucifix, les instruments utilisés pour torturer puis exécuter le Christ. Datée de 1806, celle de Gattières, l'une des dernières de la Côte d'Azur, est en fer forgé. Située au sommet d'une colonne de pierre, cette croix tréflée présente nombre d'instruments : le calice ayant recueilli le sang du Christ (qui deviendra le Saint-Graal), la lance utilisée pour s'assurer de sa mort, l'échelle pour l'élever sur la croix, puis pour l'en descendre, l'éponge imprégnée de fiel et de vinaigre, deux verges utilisées pour la flagellation, le marteau et les tenailles qui servirent à planter et à arracher les clous, trois clous, la couronne d'épines et enfin, le panneau « INRI », abréviation de « Jésus de Nazareth, Roi des Juifs ».

S'ils sont absents sur la croix de Gattières, on retrouve parfois d'autres instruments sur les croix de la passion : la lanterne de Malchus qui permit de reconnaître le Christ dans le jardin des Oliviers, le glaive avec lequel Pierre trancha l'oreille de Malchus, l'aiguière qui rappelle le lavement des mains de Ponce Pilate, le cœur symbole de l'amour du Christ pour sauver les hommes, les dés utilisés par les soldats pour tirer au sort la tunique du Christ, le soleil rappelant qu'il s'est voilé à la mort du Christ et enfin le coq qui évoque le triple reniement de l'apôtre Pierre.

Recherchées pour leur valeur sur le marché de l'art, les croix en fer forgé sont rares et sont souvent remplacées par des croix en fonte. Pour l'anecdote, ajoutons également que la petite croix en bois qui a donné son nom à la Croisette à Cannes n'existe plus…

MALCHUS

Serviteur du grand prêtre Caïphe, Malchus était sur le point d'arrêter Jésus, au jardin des Oliviers, lorsque Pierre lui coupa l'oreille droite d'un coup d'épée. Jésus le guérit aussitôt.

LA PIERRE TROUÉE

8

Route du Clot-de-Dué 06670 Saint-Martin-du-Var
• Accès : depuis le village de Saint-Martin-du-Var, prendre la nationale 202 vers Nice et tourner à gauche vers les Condamines et le quartier Saint-Joseph. Monter par la route des Condamines sur 1,7 kilomètres. Prendre à gauche la route des Maquisards sur 1,4 kilomètres. Au croisement, prendre à gauche la route de la Croix-de-Claude sur 600 mètres. Prendre à droite la route du Clot-de-Dué. À l'intersection vous êtes arrivé à la pierre.

Un mystérieux mégalithe

Dressée au bord de la route, une curieuse pierre mesurant un peu plus d'un mètre de hauteur sur une quarantaine de centimètres est percée d'un trou parfaitement cylindrique de 20 centimètres de diamètre. Elle porte le nom de « pierre trouée » ou « peire pertuaù » en nissart. Aucune explication n'est parvenue jusqu'à nous.

AUX ALENTOURS :

L'ALLÉGORIE DE LA PAIX

9

Square Léo-Mauran 06670 Saint-Martin-du-Var

En 1957, la municipalité de Saint-Martin-du-Var commandait à Roland Brice, élève de Fernand Léger, une allégorie de la paix. Composée d'un panneau mural en céramique et d'un bassin en mosaïque, l'œuvre constitue aujourd'hui un véritable intrus dans ce village bien ordonné. Elle représente un visage d'enfant et une colombe réalisés dans des coloris auxquels la palette de Fernand Léger nous a habitués.

L'ENSEIGNE DU MARÉCHAL-FERRANT VÉTÉRINAIRE

10

Place de la Forge 06910 Roquesteron
Rendez-vous pour la visite :
M. Gilles Passeron-Seybald • Tél. : 04 93 05 94 60 ou 06 80 14 02 19
M. Alain Dalmasso • Tél. : 06 80 30 57 30 • Mail : alain02.dalmasso@wanadoo.fr

« Alziary Napoléon maréchal-ferrant vétérinaire praticien ». Cette merveilleuse enseigne, restaurée, était celle du maréchal-ferrant du village de Roquesteron. Après avoir ouvert sa forge à cette adresse en 1798, celui-ci obtint un certificat lui permettant d'exercer le métier de vétérinaire praticien. À l'intérieur, l'ensemble des outils et instruments de la forge, comme le soufflet et les marteaux, ont été conservés. En 1917, pour des raisons de sécurité, la forge a déménagé à l'extérieur du village. L'Association du Four à pain et du Pressoir (voir contacts ci-dessus) tente de sauvegarder le patrimoine du village et propose des visites commentées et gratuites de la forge, du four à pain, du pressoir, de l'ancienne boucherie, du moulin à huile et de l'échoppe du cordonnier.

LE CIPPE (*) DE ROQUESTERON

11

Rue de la Voie-Romaine 06910 Roquesteron

Encastrée en pierre de remplissage dans un mur de la rue de la Voie-Romaine, une dalle funéraire d'un mètre de hauteur porte les sigles d'un centurion (militaire romain commandant 100 soldats) et d'un décurion (10 soldats) ainsi qu'un poignard et un croissant.

(*) Un cippe est un monument funéraire signalant la présence d'une tombe et comportant une inscription.

LE MUSÉE DES MÉTIERS D'AUTREFOIS

12

3250, route de Gilette 06830 Gilette
• Tél. : 04 92 08 96 04 et 06 80 45 12 08
• Ouvert de mai à septembre de 9h à 19h, d'octobre à avril de 10h à 17h30, le lundi sur RV seulement
• Entrée : 4 €

Le musée de l'homme à tout faire

Créé par Pierre-Guy Martelly, qui y fait régulièrement des démonstrations du métier de forgeron, l'étonnant musée des Métiers d'autrefois présente les outils et les instruments des professions disparues.

Selon les objets présentés, la réaction des visiteurs peut être très variable : les instruments du dentiste d'antan, par exemple, véritable collection d'objets de torture, permettront à certains d'apprécier les progrès indéniables de la chirurgie dentaire ou glaceront le sang des plus sensibles.

De façon très intéressante, le fondateur du musée a aussi recréé des ateliers à partir d'authentiques outils ou machines, comme en témoigne l'atelier de réparation automobile. Quelques pièces provenant de l'avion d'Auguste Maïcon sont également présentées. Cet aviateur est adulé par les habitants de la Côte d'Azur. Et pour cause : le 24 août 1919, celui-ci réussit l'exploit de passer sous l'arche du pont du Var, haute de 6 mètres, avec son avion mesurant 4 mètres de hauteur... Mieux encore, après avoir opéré un demi-tour, Maïcon renouvela sa performance. Il fut dès lors surnommé le « Lindbergh niçois ». À l'époque, l'événement, filmé et photographié, fit beaucoup de bruit et aujourd'hui les clichés de cet exploit sont exposés dans le musée.

Tout naturellement, c'est un avion posé sur un pré en pente qui signale aux passants l'entrée de ce musée incontournable.

LA PIERRE DU « BOUTAU »

13

Place de la Liberté
06670 Levens

"Nous sautons sur le ventre de Grimaldi !"

Signalée par un panneau explicatif, une curieuse pierre émerge du sol, place de la Liberté. Après lecture, on comprend pourquoi la place s'appelle ainsi…

Au début du XVIIe siècle, Annibal Grimaldi, gouverneur de Nice, est soupçonné de trahison envers la Savoie. Après plusieurs péripéties, il sera condamné pour crime de lèse-majesté, de rébellion et de félonie, et condamné par contumace à la peine capitale. S'étant enfermé dans son château de Tourrettes-Revest, il sera étranglé par les forces savoyardes.

Les habitants de Levens, qui suivaient de près les événements, profitèrent de la situation pour se révolter. Leur seigneur, César Grimaldi, cousin d'Annibal, craignant de subir le sort de son parent, partit se mettre à l'abri dans son château de Cabris. Les Levenssois saisirent l'occasion pour investir le château de Levens, le démolirent et se déclarèrent alors commune libre. La commune fut même reconnue par le duc de Savoie, Charles-Emmanuel, qui donna à Levens le titre de « comtesse d'elle-même ».

Pour marquer cette victoire, les Levensois posèrent cette pierre, dite du « Boutau » (littéralement la pierre sur laquelle on saute) et la personnifièrent en en faisant le ventre virtuel de César Grimaldi. Aujourd'hui encore, lors de leur fête patronale (le 2 septembre), ils commémorent cet événement en piétinant la pierre tout en criant « Nous sautons sur le ventre de Grimaldi ! ». Cette coutume est évidemment modérément appréciée à Monaco…

AUX ALENTOURS :

L'ANNEAU D'ÂNE

14

10, avenue Docteur-Faraut
06670 Levens

Juste après le parking de l'esplanade Louis-Roux, l'avenue Docteur-Faraut conduit à la place de la République, centre de vie du village. Tout de suite sur la gauche, une porte attire l'attention : elle possède un linteau décoré, dédié à l'ecclésiastique qui habitait dans cette maison, « la Maioun dou Padre » (la Maison du Père). À côté de la porte, un simple anneau de fer, scellé dans le mur, est surmonté d'un joli carreau en émail qui représente un âne et porte l'inscription : « Càu estacà doun voi lou mestre » (il faut attacher l'âne où veut le maître). Notons qu'à Levens le patois est appelé levenssois et diffère du nissart par ses influences gavottes (alpines).

LE TABLEAU *L'ENFER ET LE PARADIS* 15

Chapelle des pénitents-Blancs
06420 La Tour
Demander la clé à la mairie
Un commentaire audio accompagne la visite

« *Des ressuscités sortent de leurs caveaux* »

Décorée en 1491 par les peintres niçois Nadal et Brevesi, la chapelle des Pénitents-Blancs de La Tour est un passage obligé pour l'amateur d'insolite. Si les murs latéraux présentent des scènes de la passion du Christ et si au plafond sont représentés les évangélistes, la décoration du chevet est la plus spectaculaire. Un retable y est encadré de deux scènes du Jugement dernier : l'enfer et le paradis, en haut desquels les ressuscités sortent de leurs caveaux.

À gauche, saint Pierre s'apprête à ouvrir la porte de la Jérusalem céleste à des hommes et femmes qui attendent sur un escalier dans leur plus simple appareil. Un ange les guide vers leur destin. La serrure de la chapelle elle-même est par ailleurs décorée de deux pénitents…

À droite, dragons, monstres, léviathans et démons en tous genres préparent les damnés de la terre aux souffrances de l'enfer. Les corps sont déjà striés de rouge sous les fouets des tortionnaires. L'entrée de l'enfer est représentée par la gueule d'un monstre (probablement un léviathan) dans laquelle s'engouffrent les humains pas encore tout à fait conscients du (mauvais) sort qui les attend.

LE LÉVIATHAN

Le léviathan (de l'hébreu *liwjatan*) est un monstre marin évoqué dans la Bible, au Livre de Job, dont le nom désigne un monstre colossal. Selon certaines versions, c'est également le nom donné à un des démons principaux de l'enfer. Au Moyen Âge, il est souvent représenté sous la forme d'une gueule ouverte qui avale les âmes.

AUX ALENTOURS :

LA MAISON KULACINSKI 16

Grand Place 06420 La Tour

Du nom de ses nouveaux propriétaires, la maison Kulacinski est un ancien hôpital du Saint-Sépulcre qui présente une étonnante façade peinte en trompe-l'œil. Si le bâtiment remonte au XVe siècle, la décoration semble avoir été effectuée au cours du mandat présidentiel de Sadi Carnot (1887-1894), son buste étant peint en haut du premier étage.

Sous les arcades sur lesquelles est construite la maison, on aperçoit une ancienne frise datant du XVIIIe siècle qui illustre les articles vendus ici, au temps où le rez-de-chaussée abritait une épicerie-mercerie-bazar. Des articles de ménage et de table en poterie et en étain y sont ainsi représentés. Enfin, sur le montant de droite des arcades, se trouve une inscription en grec dont la traduction est : « Hélas, il faut mourir ».

LES PÉNITENTS

En Provence et sur la Côte d'Azur, de très nombreuses chapelles témoignent de l'importance des confréries de pénitents dans la société jusqu'à la Révolution. Apparus au début du XIIIe siècle, les pénitents semblent devoir leur existence à la proclamation de la fin des pénitences publiques (principalement les processions de flagellants) par l'Église catholique : ceux-ci prendront désormais sur eux les pêchés des autres.
Leur mission consistait surtout à soulager l'angoisse des prisonniers condamnés à mort ou à ramasser les morts sur la voie publique. Il arrivait parfois qu'entre confréries, les pénitents en viennent à se disputer un corps inerte, car en effet, si la victime n'était pas indigente, ils se faisaient payer la prestation d'enterrement.
Les différentes confréries se distinguaient par la couleur de leurs robes (qui servait également de linceul). La première qui se créait dans une ville optait pour la couleur blanche et avait prééminence sur les autres, notamment lors des processions où elle se plaçait en tête du cortège. On trouvait ensuite les pénitents noirs qui étaient le plus souvent en charge du relevage des morts sans famille dans les rues, de l'organisation des obsèques pour les indigents et de l'accompagnement psychologique des condamnés à mort. Les confréries suivantes choisissaient ensuite des couleurs sans significations particulières : on trouvait ainsi des pénitents bleus, rouges ou gris, qui exerçaient tous la même activité sociale.
Les pénitents disaient également respecter la règle de l'anonymat, concrétisée par la cagoule qu'ils portaient et qui ne laissait entrevoir que leurs yeux. Enfin, dernier attribut commun : la corde, qui symbolisait l'élévation et la discipline.
Interdites en 1792, les confréries vont souvent « glisser » dans la franc-maçonnerie. Aujourd'hui, certaines confréries se sont reconstituées, principalement dans les grandes villes (à Nice par exemple), et sont très actives. Des processions ont lieu lors de la Semaine sainte, au cours desquelles leurs crécelles annoncent les offices en lieu et place des cloches, muettes ces jours-là.
Enfin, à Gorbio, pour la Fête-Dieu, la « procession des limaces » voit converger des pénitents de diverses confréries qui parcourent le village éclairé par la seule lumière de coquilles d'escargots dans lesquelles brûlent des mèches trempées dans l'huile.

Pour en savoir plus : Maurice Aghulon, *Pénitents et francs-maçons de l'ancienne Provence*, Fayard.

LES FRESQUES DE PATRICK MOYA

17

Chapelle Saint-Jean-Baptiste
Quartier Vallonet
06420 Clans
• Demander la clé à l'office de tourisme, 8, place de la Collégiale
• Tél. 09 63 66 09 78 • officetourismeclans@orange.fr

« Une œuvre controversée

En 2003, lorsqu'on décida de restaurer la chapelle Saint-Jean-Baptiste, longtemps laissée à l'abandon, la décoration intérieure de l'édifice fut confiée au Niçois Patrick Moya. Pour s'acquitter de sa mission (bénévole), l'artiste s'est donc inspiré des prestigieux fresquistes du XVIe siècle, notamment Giovanni Canavesio, Giovanni Baleison et Andrea da Cella, qui parcoururent les vallées pour décorer chapelles et églises de fresques à vocation pédagogique.

Si Moya a manifestement repris le principe narratif des scènes juxtaposées, le traitement de l'œuvre s'écarte radicalement des canons de l'art religieux ; l'artiste a en effet pris certaines libertés en racontant la vie de saint Jean-Baptiste, à laquelle il a mêlé quantité de personnages imaginaires. De plus, on constate que tous les hommes représentés dans la chapelle sont des autoportraits : Moya s'est photographié, parfois nu, dans des poses diverses, il a utilisé un cliché de son visage jeune pour figurer celui de l'ange, et même le tirage d'un scanner de son propre crâne pour représenter la Mort…

Cette démarche, on s'en doute, a suscité de vives réactions. Aussi la journaliste Florence Canarelli, qui a consacré plusieurs livres et articles au « cas Moya » (titre de l'un de ses ouvrages), a-t-elle interrogé l'artiste sur les raisons qui l'ont incité à reproduire sa propre image, nue de surcroît, sur les murs d'une chapelle catholique. Patrick Moya s'en est expliqué ainsi : « Depuis toujours, les artistes prennent un modèle humain pour représenter le Christ : Michel-Ange faisait poser ses petits amis. Souvent aussi, les modèles étaient des marginaux : alors pourquoi ne pas me prendre moi-même ? Au fond, je défends le principe catholique de la représentation du modèle humain, je suis en réalité fidèle à la tradition ! »

LES PEINTURES MURALES DE L'ÉGLISE SAINTE-MARIE

18

Collégiale Notre-Dame-de-l'Assomption
8, place de la Collégiale, 06420 Clans
• Tél. 09 63 66 09 78 • officetourismeclans@orange.fr
• Accès accompagné aux peintures : s'adresser à l'office de tourisme

“ *Une représentation d'éléphant dans une abside romane*

C'est en 1137 que l'église Sainte-Marie de Clans, dont l'existence est attestée depuis le XIe siècle, fut érigée en collégiale. De son architecture romane originelle, il ne subsiste aujourd'hui qu'une abside semi-circulaire, située derrière le chœur, que les profondes transformations apportées au monument, du XVIe siècle à la Révolution, ont réduite à la fonction d'annexe.

En 1952, une vieille pompe à incendie se trouvait encore entreposée dans l'ancienne abside. En la déplaçant, on accrocha par mégarde l'une de ses parois... Sous l'enduit de chaux apparurent alors les couleurs vives d'une fresque médiévale oubliée : deux cavaliers, aidés de chiens et d'un rabatteur, y chassaient le cerf.

La scène, datant probablement du début du XIVe siècle, peut paraître incongrue dans le cadre d'un sanctuaire. Mais plus surprenante, peut-être, est la représentation d'un éléphant, tournant le dos au cerf attaqué par les chiens !

Pour comprendre la présence de ces thèmes d'apparence profane dans une abside, sans doute faut-il se plonger dans l'imaginaire médiéval et, en particulier, dans le genre populaire des bestiaires, dont le *Physiologos* donne un fascinant aperçu. On sait, en effet, que le cerf est l'un des animaux les plus fréquemment représentés au Moyen Âge, à la fois comme symbole du Christ et comme gibier, pour illustrer les épisodes de la vie des rois et des personnages célèbres : la chasse au cerf blanc, notamment, constitue l'un des motifs traditionnels des romans de la Table ronde et de la légende, plus tardive, de saint Hubert. Quant à l'éléphant, il n'est pas rare dans l'art roman (notamment sur les chapiteaux des colonnes), où il symbolise souvent le paradis originel, et donc la chasteté. Il apparaît même, à l'occasion, représenté en compagnie d'un cerf, comme dans une vignette illustrant le *Livre des simples médecines*, rédigé au XIIe siècle par Matthaeus Platearius (Paris, BNF, Département des Manuscrits, Français 12322, fol. 193).

La fresque, dans son état actuel, est trop lacunaire pour qu'on puisse déterminer si le peintre avait envisagé de lui donner un sens global, ou si ces éléments avaient été juxtaposés pour suggérer différentes vertus. On voit, cependant, que ces motifs sont sans doute moins profanes qu'il n'y paraît.

Enfin, on s'étonnera peut-être de la manière fantaisiste dont le pachyderme a été représenté dans la collégiale de Clans. Il faut toutefois garder à l'esprit que les peintres et sculpteurs de l'Occident médiéval ne pouvaient s'inspirer de l'animal lui-même, qu'il leur était impossible de rencontrer. Ils ne pouvaient donc qu'interpréter des descriptions textuelles, avec plus ou moins de bonheur !

LE *PHYSIOLOGOS*

Après la Bible, le *Physiologos* fut sans doute l'ouvrage le plus populaire au cours du Moyen Âge. Sa rédaction par un auteur originaire d'Alexandrie remonterait aux environs du IIe siècle de notre ère, mais il fut rapidement traduit en latin, ainsi qu'en plusieurs langues vernaculaires. Il s'agit d'un bestiaire qui, sous forme de courts récits, décrit différentes espèces animales réelles (lion, vautour, cerf, etc.) et légendaires (notamment la licorne, le griffon et le basilic), les associant à des notions abstraites tirées des Écritures : on a ainsi parlé de zoologie spiritualisée, ou de traité moralisé sur les propriétés des animaux. Ce genre prospéra jusqu'au XIIIe siècle, et donna lieu à de nombreuses variantes et adaptations.

AUGE
DE LA
DIME

L'AUGE DE LA DÎME

19

Rue du Four 06260 Puget-Rostang

Un vestige de la dîme

Signalée par un panneau rue du Four, sans quoi il est probable que personne ne l'aurait remarquée, se trouve une étonnante auge de la dîme, utilisée sous l'Ancien Régime pour mesurer cette contribution en nature aux charges du clergé.

LA DÎME

En France, le paiement de la dîme devint une obligation religieuse en 585 et une obligation civile sous Charlemagne (794). Frappant tous les possesseurs de terres et variant entre le onzième et le treizième des produits de la terre et de l'élevage, la dîme était versée aux autorités ecclésiastiques pour permettre à l'Église d'assurer la subsistance des ministres du culte, l'entretien des bâtiments du culte, des hôpitaux et l'assistance des pauvres. On appelait « portion congrue » la partie de la dîme reversée aux prêtres pour leur subsistance. La dîme a été supprimée sous la Révolution le 4 août 1789 en même temps que les privilèges.

AUX ALENTOURS :

UNE APPARITION DE LA VIERGE DANS LES ALPES-MARITIMES ? NOTRE-DAME-DE-LA-ROUDOULE

20

502, route de la Roudoule 06260 Puget-Théniers

Sur la route allant de Puget-Théniers à Puget-Rostang, un sanctuaire attire l'attention. Notre-Dame-de-la-Roudoule, appelée aussi oratoire Notre-Dame-de-Lourdes, est édifiée à l'endroit même où des apparitions de la Vierge auraient eu lieu au début du XXe siècle. Le samedi 20 mai 1916, Jeanne Martin et Adeline Biehler, deux fillettes âgées de 7 et 11 ans, gardaient des chèvres. C'est alors qu'elles auraient aperçu une « Dame blanche », entourée d'un halo lumineux. Cette « Dame blanche » leur aurait également fait des révélations à propos de soldats disparus depuis un certain temps en informant les fillettes que l'on aurait bientôt des nouvelles de ces poilus. Et curieusement, la prophétie se réalisa. Leur récit fut cependant mis en doute, mais… des miracles et des protections ne manquèrent pas de conforter ceux qui croyaient en leur sincérité.

LE BUSTE CACHÉ DE L'ABBÉ JEAN-PIERRE PAPON

21

14, rue Papon
06260 Puget-Théniers

Un abbé très particulier

Le buste de l'abbé Jean-Pierre Papon, à 7 mètres de hauteur, entre le deuxième et le troisième étage de sa maison natale, est tellement bien caché des passants que de nombreux habitants de Puget-Théniers ignorent même son existence. Il faut s'armer de jumelles ou d'un téléobjectif pour détailler cette sculpture installée au XIXe siècle.

Né en 1734 dans ladite maison, Jean-Pierre Papon étudia la philosophie et les belles-lettres. Mais c'est sa nomination à la tête de la bibliothèque de Marseille qui décidera de la grande affaire de sa vie : écrire l'histoire de la Provence et de ce que l'on n'appelait pas encore la Côte d'Azur car pour notre abbé, la Provence allait de Nice à Sisteron, de Marseille à Digne et de Fréjus à Avignon…

Si aujourd'hui on se penche rarement sur son *Histoire générale de la Provence* en quatre volumes, son *Voyage en Provence* (éditions La Découverte) demeure un guide incontournable de la région. Écrit dans un style à la fois clair et imagé, le livre a l'immense mérite de ne jamais pratiquer la langue de bois. Papon ne laisse rien passer, de la laideur de telle ville à la critique de ses habitants, de la rigueur du climat au rappel des catastrophes. Il fait des commentaires constructifs en suggérant ici de changer la largeur d'un canal ou ailleurs d'agrandir une rue. Son érudition et sa curiosité lui permettent d'évoquer la période romaine, la richesse minéralogique, la description des espèces animales ou l'inventaire de la flore locale. Bon vivant, notre abbé gourmet n'oublie aucun mets ni aucun vin des villes et villages visités. Mais c'est surtout son sens de l'anecdote et du détail insolite qui rend son ouvrage passionnant, caustique et humoristique, ce qui n'est pas l'apanage de tous les érudits.

AUX ALENTOURS :

LA BORNE FRONTALIÈRE

22

Devant l'office de tourisme a été replacée une borne qui marquait la frontière entre le Comté de Nice et la France. Elle se trouvait auparavant sur la ligne frontière qui suivait la rivière. Elle porte d'un côté la croix de Savoie (Nice faisait partie de la Maison de Savoie jusqu'en 1860) et de l'autre, la fleur de lys, emblème du Royaume de France.

Au numéro 4 de la rue Papon, on aperçoit sur des pierres au-dessus de la porte une mitre et une crosse, seuls vestiges de l'ancien couvent des Augustins, et insignes du prieur dont l'inconduite a entraîné la fermeture du couvent peu avant la Révolution.

Charles-Louis Napoléon III

LA GALERIE DES PRÉSIDENTS

23

Hôtel de Ville • 4300, avenue du Général-de-Gaulle 06710 Touët-sur-Var • Ouvert le lundi, mardi, jeudi, vendredi de 9h à 12h et de 14h à 16h et le mercredi et samedi de 9h à 12h • Entrée libre

« La galerie de la Marianne d'Or »

Malgré des atouts conséquents (un beau village perché, le fameux train des Pignes et un environnement rural exceptionnel), Touët-sur-Var ne parvenait pas à se faire connaître. Un beau jour vint l'idée de créer une galerie de portraits des 23 présidents de la République qui se sont succédé jusqu'en 2012. En 1997, la commune a tout simplement obtenu le merveilleux prix de la Marianne d'Or pour cette initiative. Chaque portrait officiel est présenté avec une biographie et un petit livret, en vente sur place au prix de 6,50 €.

LE CONCOURS DE LA MARIANNE D'OR

Le concours de la Marianne d'Or est le prix d'excellence des municipalités de France. Il récompense les communes de métropole et d'outre-mer pour leurs initiatives remarquables. Le prix a été créé en 1984 par le sénateur Edgar Faure et Alain Trampogliéri, ancien journaliste et conseiller municipal de Saint-Tropez à l'époque. La récompense, sous forme d'un buste en or du célèbre joaillier Cartier, est présentée dans un coffret rouge et or.

AUX ALENTOURS :

SOUS LA TRAVÉE LE TORRENT : L'ÉGLISE PAROISSIALE

24

Le Planet • Avenue Désiré-Niel 06710 Touët-sur-Var

Dans le haut village (parfois appelé « village tibétain »), au sol de la travée centrale de l'église, une trappe en bois se soulève facilement pour offrir une vue vertigineuse vers le ravin sur lequel a été construit l'édifice. Le torrent déferle sous les pieds de façon très inattendue.

LE SANGLIER D'ILONSE

25

Mairie d'Ilonse
Place Serret
06420 Ilonse
• Tél. : 04 93 02 03 49

En 1998, on découvrit dans le quartier Loirins à Ilonse, très beau village isolé au-dessus de la vallée de la Tinée, un rare sanglier gaulois datant du Ier siècle avant J.-C. L'objet en bronze martelé semble avoir été composé de plusieurs pièces qui s'assemblaient. Il en manquerait d'ailleurs quelques-unes, notamment les yeux, sans doute faits d'émail. L'animal est à l'arrêt, bien campé sur ses pattes et la hure (le museau) relevée. Dans la mythologie des Celtes Lug, le sanglier représentait le dieu suprême.

L'un des trois exemplaires de sanglier gaulois retrouvés en France

Seuls deux autres sangliers de cette période ont été retrouvés en France, l'un dans le Loiret et l'autre en Gironde. À Ilonse, on admire aujourd'hui un moulage de l'original (qui se trouve au musée archéologique de Cimiez à Nice) ainsi qu'une reconstitution de la statue.

Non loin, sur le mur du clocher de l'église du village, un étonnant compteur de coups de foudre est fixé à la base du clocher.

AUX ALENTOURS :

L'ENSEIGNE DU COIFFEUR

26

Place de l'Église
06420 Saint-Sauveur-sur-Tinée

Sur des linteaux de porte de la place de l'Église de Saint-Sauveur-sur-Tinée, des motifs attestent la profession des propriétaires de ces lieux, il y a presque 500 ans… Si, au-dessus de l'une des portes, on peut voir un mouton qui laisse à penser qu'un boucher occupait cette maison, le motif le plus insolite est sans doute celui représentant les deux outils de travail les plus indispensables aux coiffeurs : un peigne et une paire de ciseaux.

LA MACHINERIE DU CÂBLE TRANSPORTEUR DE ROURE

27

Village de Roure

> *Une machine pour lutter contre l'isolement en montagne*

L'isolement du village médiéval de Roure, perché à 1 100 mètres d'altitude, a longtemps contraint ses habitants à vivre en autarcie : s'il fallut attendre 1933 pour que la route d'accès parvienne jusqu'à Roure, le tronçon menant à la chapelle Saint-Sébastien ne fut achevé qu'en 1968.

Dès 1927, cependant, les Rourois avaient mis en place un système de double câble, d'une longueur de 1 850 mètres, porteur de wagonnets en bois d'une capacité de 450 kilogrammes, et actionné par un moteur électrique. Celui-ci fonctionna jusqu'en 1962, permettant d'assurer la descente de la production (lait, fromage et farine) et de remonter les provisions et le courrier. La gare inférieure, aujourd'hui disparue, se trouvait à une altitude de 498 mètres. Seule subsiste la station supérieure, située 584 mètres plus haut.

Bien que le transport de personnes ait été interdit sur cet ouvrage, le règlement fut parfois transgressé. Outre le cas d'un curé acheminé par wagonnet pour administrer une extrême-onction, on connaît l'exemple, plus pittoresque, d'un habitant téméraire qui fut surpris par un violent orage : l'alimentation électrique fut coupée par la foudre et le passager clandestin dut attendre, trempé, la fin des précipitations.

AUX ALENTOURS :

L'ANCIEN TREMPLIN À SKI DE BEUIL

28

Quartier La Condamine 06470 Beuil-les-Launes

Si la première compétition de ski dans les Alpes-Maritimes eut lieu à Peïra-Cava en 1909, ce n'est qu'après la Première Guerre mondiale que se développèrent des stations de montagne offrant des équipements pour la pratique des sports d'hiver. C'est en grande partie grâce au chevalier Victor de Cessole, photographe, humaniste, érudit et passionné de montagne que le site de Beuil sera mis en valeur et se verra doté d'un tremplin de ski, encore visible aujourd'hui. Celui-ci fut inauguré en 1930, à l'occasion d'une compétition à laquelle participa Marcel Payot, champion de France de saut à ski de l'époque.

Le ski nordique regroupe toutes les disciplines de ski d'inspiration scandinave : le ski de fond, le saut à ski, le combiné nordique et le biathlon.

UNE PEINTURE DE CERVANTÈS

29

Chapelle du couvent des Trinitaires
Route de Demandols
06660 Saint-Étienne-de-Tinée
• Accès accompagné aux peintures : s'adresser à l'office de tourisme, rue des Communes de France (tél. 04 93 02 41 96)
saint-etienne@stationsdumercantour.com

Quand Cervantès perdit sa main gauche à la bataille de Lépante

Dans l'ancien couvent des Trinitaires, fondé en 1343 à Saint-Étienne-de-Tinée, se trouve une chapelle dédiée à Notre-Dame du Bon Remède *. C'est là qu'une fresque, surmontée d'une Vierge à l'Enfant, dépeint la célèbre bataille de Lépante, qui opposa la marine ottomane à la flotte chrétienne le 7 octobre 1571 (voir ci-dessous, page 188).

Cette représentation, d'une fraîcheur remarquable, frappe surtout par son anachronisme : la fresque, en effet, date de 1685, et le peintre s'est inspiré des bateaux à haut bord contemporains du règne de Louis XIV, au lieu de représenter les galères turques et les galéasses vénitiennes qui s'étaient affrontées plus d'un siècle auparavant.

On note aussi, sur le premier des panneaux inférieurs, le portrait en pied de don Juan d'Autriche, qui commandait la coalition chrétienne. Le prince espagnol apparaît au premier plan, cachant la main gauche de Miguel de Cervantès, placé derrière lui. Or, on sait que c'est au cours de cette bataille que l'auteur de *L'Ingénieux Hidalgo Don Quichotte de la Manche* perdit l'usage de sa main gauche (« pour la gloire de la droite », dira-t-il plus tard) et reçut le surnom de « manchot de Lépante ».

Enfin, les deux panneaux suivants présentent un intérêt particulier. Le premier figure le même Juan d'Autriche, agenouillé devant le supérieur des Trinitaires, à qui il remet de précieuses offrandes ; quant au suivant, il montre deux Trinitaires rachetant aux musulmans une statue de Notre-Dame du Bon Remède, tombée entre leurs mains… L'une des vocations des « frères aux ânes » n'était-elle pas de payer la rançon des prisonniers chrétiens ?

* « Remède » est une déformation du latin *redimere*, qui signifie « racheter ». Les mots « rédimer » et « rédemption » procèdent de la même étymologie.

POURQUOI Y A-T-IL, À SAINT-ÉTIENNE-DE-TINÉE, UNE RUE DES COMMUNES DE FRANCE ?

En août 1929, un terrible incendie détruisit une grande partie de Saint-Étienne-de-Tinée. Le village, cependant, n'avait pas les moyens financiers de reconstruire les maisons parties en fumée. Aussi le maire, Maurice Rovery, décida-t-il de lancer une souscription dans toutes les communes de France… Et c'est en reconnaissance de leur générosité, qui permit la renaissance du village, qu'une voie y fut nommée « rue des Communes de France ».

L'ORDRE DES TRINITAIRES

Au tournant du XIIIe siècle, les Maures occupaient le sud de la péninsule Ibérique et les pirates musulmans hantaient la Méditerranée, capturant les chrétiens pour les réduire en esclavage ou en obtenir rançon. Tandis que les royaumes catholiques tentaient d'organiser une contre-offensive militaire, deux ordres religieux furent créés, à quelques années d'intervalle, dans le but de racheter aux musulmans les chrétiens emprisonnés, et de leur porter assistance : l'ordre des Trinitaires (voir ci-dessous) et l'ordre des Mercédaires, fondé en 1218 par le drapier Pierre Nolasque.

En dépit des réformes qui ont ponctué leur longue histoire, ces deux ordres existent toujours : aujourd'hui encore, ces hommes et ces femmes viennent en aide, partout dans le monde, aux malades et aux prisonniers.

C'est en 1194 que saint Jean de Matha et saint Félix de Valois fondèrent l'ordre de la Très Sainte Trinité pour la Rédemption des captifs, qui fut confirmé par le pape Innocent III en 1198. Appelés aussi « Mathurins » (du nom de leur couvent parisien, situé près d'une chapelle dédiée à saint Mathurin) et « frères aux ânes » (car leur règle, à l'origine, leur interdisait de voyager à cheval), les Trinitaires divisaient leurs revenus en trois parts égales : un tiers servait à l'entretien des religieux, un autre au rachat des captifs, et le dernier à l'hospitalité. Dès le début du XIIIe siècle, l'ordre connut un succès considérable, notamment grâce à ses nombreux hôpitaux : 50 ans après sa fondation, il possédait déjà plus de 600 maisons, et s'était solidement implanté en Espagne.

LE SCÉNOPARC ALPHA DE SAINT-MARTIN-VÉSUBIE

30

Le Boréon 06450 Saint-Martin-Vésubie
• Tél. : 04 93 02 33 69 • www.alpha-loup.com
• Ouvert tous les jours de mi-avril à fin octobre (horaires selon la saison)
• Tarif individuel : 12 € adulte et 9 € enfant (2 € de réduction si réservation en ligne)

Loup y es-tu ?

Le remarquable parc Alpha* du hameau du Boréon, à une dizaine de minutes de Saint-Martin-Vésubie, n'est pas exactement un zoo à proprement parler : ce n'est pas le public qui vient voir les loups, ce sont les loups qui décident s'ils veulent bien venir voir le public… Vivant dans des enclos variant de 2 à 5 hectares selon les espèces, les loups sont en effet ici en semi-captivité. Malgré ces réserves, et pour peu que l'on se renseigne sur les heures où l'on nourrit les animaux, il y a de très fortes chances d'observer un ou plusieurs loups à une dizaine de mètres à peine.

L'environnement naturel est exceptionnel et la conception du parc a été très soignée afin de privilégier la qualité de vie des animaux. La visite se fait sans contrainte et chacun peut se déplacer et observer à son rythme. Les trois affûts et leurs baies vitrées permettent une proximité avec les loups sans que ceux-ci en soient affectés.

Trois « scéno-visions » d'une qualité extraordinaire (sur les thèmes du pastoralisme, de la science et, bien sûr, de l'imaginaire) expliquent le comment et le pourquoi des mythes et de la réalité du loup.

Il semblerait même que le contenu de ces séquences ludiques et pédagogiques ait créé un consensus aussi bien auprès des éleveurs de moutons que des « amis » des loups. La précision est importante car la réapparition naturelle du loup italien, en novembre 1992 dans le vallon de Mollière (gardée secrète jusqu'à mi-1993), a provoqué des réactions remontant jusqu'au plus haut niveau de l'État. L'éradication du loup dans les années 1930-1940 avait en effet fait oublier le danger qu'il représentait et sa réapparition dans un monde où les moutons ont remplacé les vaches n'a pas été vécue de gaieté de cœur par tous les éleveurs.

Pendant l'hiver 2005-2006, cinq naissances de louveteaux ont eu lieu dans le parc.

* Le nom Alpha (première lettre de l'alphabet grec) a été choisi pour le parc car ce terme désigne pour les scientifiques l'animal dominant de la meute.

LA MADONE DE LA CHAPELLE NOTRE-DAME-DE-FENESTRE

31

06450 Saint-Martin-Vésubie • À 12 km, accès par la RD94
• Église Saint-Martin • Rue de l'Église 06450 Saint-Martin-Vésubie
• Chapelle des Pénitents-Blancs • Rue du Docteur-Cagnoli dite rue Ducale 06450 Saint-Martin-Vésubie• Horaires à consulter auprès de l'office de tourisme de Saint-Martin-Vésubie, place Félix-Faure • Tél. : 04 93 03 21 28

> ***Sculptée par saint Luc, la statue aurait été rapportée par Marie-Madeleine***

Suite à une conjonction de faits insolites et miraculeux, les pèlerinages de Notre-Dame-de-Fenestre sont parmi les plus importants des Alpes.

Un épisode de la rivalité entre la France et l'Italie serait à l'origine du nom Fenestre. Des Italiens, voulant s'approprier la statue de la Madone de la chapelle, la dérobèrent et l'emmenèrent dans leur église. Mais la Madone, ne l'entendant pas ainsi, aurait regagné son sanctuaire par ses propres moyens, empruntant un raccourci à travers la montagne et laissant cette ouverture en forme de fenêtre dénommée la « fenestre » ou « la porte du ciel ».

Une autre hypothèse fait appel à la terminologie latine, « *fines terrae* » (la fin des terres) évoquant la frontière.

La statue, sculptée dans du cèdre du Liban, aurait été exécutée par saint Luc lui-même, puis rapportée en Provence par Marie-Madeleine.

Construite par les Bénédictins, la chapelle passa aux mains des Templiers qui leur succéderont en 1136. Si la chapelle subit quatre incendies catastrophiques, chaque fois, la statue en ressortit indemne. En 1789, par exemple, lorsque les révolutionnaires brûlèrent les ex-voto, la statue, cachée chez un particulier, échappa aux flammes.

Les miracles répertoriés sont nombreux et le plus célèbre d'entre eux est la guérison de Marie-Jeanne-Baptiste de Savoie-Nemours le 15 août 1668. Chaque été, la sculpture est amenée à la chapelle de Notre-Dame-de-Fenestre où, aujourd'hui encore, Français et Italiens se retrouvent lors de pèlerinages. En hiver la statue regagne théoriquement l'église Saint-Martin, mais actuellement et jusqu'à une date encore non définie, la Madone est visible dans la chapelle des Pénitents-Blancs (voir page 109), juste derrière l'office de tourisme, dans la rue Ducale.

AUX ALENTOURS :

LA MAISON DU COIFFEUR

32

Rue du Docteur-Cagnoli dite rue Ducale

La maison du coiffeur, qui date du Moyen Âge, est un exemple de bâtiment mixte servant de logement et de local pour l'activité professionnelle. C'est un coiffeur qui occupait précédemment les lieux, d'où l'appellation de la maison.

LA CHAPELLE SAINTE-CLAIRE

33

Place Saint-Jean
06450 Venanson

La vie de saint Sébastien en bande dessinée

Au milieu du village de Venanson, d'où l'on a une vue magnifique sur la vallée, il est difficile de manquer la petite chapelle Sainte-Claire (appelée aussi chapelle Saint-Jean ou Saint-Sébastien). Pour la visiter, il suffit d'en demander la clé à l'épicerie ou au restaurant Bella Vista qui se trouvent sur la même place.

Si l'extérieur de la chapelle ne paie pas de mine, l'intérieur est superbe, entièrement décoré de fresques de Jean Baleison. Exécutées au XVe siècle, elles évoquent la vie et la mort de saint Sébastien de façon splendide. Des détails, très crus, sont assez surprenants : la mise au cloaque du saint par ses bourreaux et la sortie du cloaque à la demande de sainte Lucine pour lui donner une sépulture plus digne.

La frise la plus intéressante a malheureusement été en grande partie effacée. On pouvait y voir la cavalcade des vices, dont ne subsiste que la paresse, représentée par un prince monté sur un âne.

La chapelle de Venanson est l'une des nombreuses chapelles de l'arrière-pays des Alpes-Maritimes, toutes aussi insolites par leurs décors, et le traitement des thèmes. Il s'agissait alors d'enseigner la religion et la morale à une population qui, pour la plupart, ne savait pas lire, d'où la profusion de ces fresques, bandes dessinées de l'époque, destinées à raconter, de manière simple et imagée, le contenu de l'enseignement religieux.

SAINT SÉBASTIEN

Né à Narbonne en 250 après J.-C., Sébastien gagna la confiance de l'empereur Dioclétien, mais fut dénoncé comme chrétien et fut transpercé de nombreuses flèches (une scène abondamment représentée au cours des siècles). Sébastien alla ensuite se présenter miraculeusement devant l'empereur, les flèches à la main, et osa lui reprocher sa conduite envers les chrétiens, d'où son deuxième supplice par bastonnade qui entraîna cette fois sa mort.

L'ÉGLISE SAINT-MICHEL-DU-GAST

34

Place des Anciens-Combattants
Quartier La Bourgade
06450 Roquebillière
• Mado Nésic Perichon organise des visites guidées passionnantes, fortement recommandées • Tél. :04 93 03 45 62

Une église ésotérique

Mieux connue sous l'appellation d'église des Templiers, l'église Saint-Michel-du-Gast contient une somme impressionnante de symboles ésotériques, maçonniques, templiers et hospitaliers. Transmise aux Hospitaliers de Saint-Jean de Jérusalem en 1141, elle fut reconstruite en 1533. Sur le mur en bas à droite du clocher, un 666 est précédé d'un « 1 » récent qui aurait été tout simplement rajouté par un participant à un rallye automobile en 4x4... Les colonnes seraient de réemploi et d'origine romaine et la porte d'entrée est surmontée d'une croix templière. Le splendide baptistère en pierre de lave du Queyras est orné d'une croix à six branches qui symboliserait l'homme, les anges, les Séraphins (voir page 85), le monde animal, le monde végétal et le monde minéral, avec Dieu au centre.

La quatrième travée à gauche abrite un surprenant tableau de l'Apocalypse avec un très grand nombre de symboles maçonniques. Chaque détail a été placé avec une signification précise et l'œuvre bénéficie d'une certaine renommée auprès des frères. Au mur de la dernière travée à gauche, un tableau représente sainte Hélène, la mère de l'empereur Constantin, et sur le côté, Marie-Madeleine avec un enfant... Autre élément insolite, le soleil sculpté sur l'un des chapiteaux reçoit la lumière du soleil le jour de l'équinoxe de printemps.

Enfin, le clou de la visite est l'ouverture d'un long coffre au fond de l'église, dans lequel apparaît un Christ gisant, terrifiant de réalisme. Il aurait été « moulé » sur le corps d'un véritable être humain. Mado prétend qu'elle a vu des miracles se réaliser devant cette représentation hyperréaliste.

L'ORDRE DE MALTE

L'ordre souverain militaire hospitalier de Saint-Jean de Jérusalem, de Rhodes et de Malte, plus communément appelé ordre de Malte, était le second ordre militaire de Terre sainte après les Templiers. L'acte fondateur de l'ordre a été la création d'un hôpital pour les pèlerins à Jérusalem, vers 1080. Aujourd'hui, c'est une organisation catholique souveraine à vocation humanitaire. Son siège se trouve à Rome, Via dei Condotti. Le siège et le palais de l'Aventin jouissent d'un statut d'extraterritorialité qui permet à l'ordre d'entretenir des relations d'État à État avec 94 nations. L'ordre est également reconnu par l'Organisation des Nations Unies où il dispose d'un observateur permanent. Pour plus de détails, voir chez le même éditeur le guide *Rome insolite et secret*.

Le Broc
Bézaudun-les-Alpes
Castagniers
Coursegoules
Route des
Mgne du Chiers
1085
Carros-Village
Aspremont
Carros
St-Barnabé
963
Baou de St-Jeannet
Gattières
St-Jeannet
Colomars
Col de Vence
800
St-Roman-de-Bellet
Courmes
Plan-du-Bois
Cascade
Vence
Tourrettes-sur-Loup
La Gaude
St-Isidore
1248
La Baronne
La Madeleine
St-Antoine
St-Paul
Corniche du Var
Magnan
La Colle-sur-Loup
St-Laurent-du-Var
Loup
(Le Rouret)
St-Pons
Cagnes-s-Mer
St-Augustin
(Roquefort-les-Pins)
Le Colombier
NICE CÔTE-D'AZUR
Opio
Le Plan
Villeneuve-Loubet
Cros-de-Cagnes
Valbonne
Villeneuve-Loubet-Plage
Biot
Sophia-Antipolis
Marineland
Baie des Anges
ANTIBES
Les Bréguières
Mougins
Vallauris
Jardin Thuret
Le Cannet
Golfe-Juan
Plau de la Garoupe
Juan-les-Pins
Golfe Juan
Cap d'Antibes
La Bocca
Pnte de la Croisette
CANNES
Golfe de la Napoule
Napoule
Monastère
Île Ste-Marguerite
Île St-Honorat
Îles de Lérins
La Galère
de l'Esquillon
l'Esterel

CANNES, ANTIBES, SAINT-PAUL-DE-VENCE ET L'ARRIÈRE-PAYS

LA TOUR DES DANYS

❶

10, rue de Cannes 06110 Le Cannet
• Accès : la tour se trouve sur une propriété privée, mais le propriétaire laisse l'accès libre à l'extérieur

« Quand Prosper Mérimée ne comprend pas bien le provençal... »

Alors que Prosper Mérimée, de passage en inspection du patrimoine, demandait à une vieille femme quel était le nom de la tour qu'il voyait devant lui, celle-ci, ne parlant que le provençal, lui répondit : « Ah Moussu Es habitado per aqueu brigand d'Agnelin s'enebrio chasque jou. » (Ah Monsieur ! Elle est habitée par ce brigand d'Agnelin qui s'enivre chaque jour)

Prosper Mérimée n'ayant pratiquement compris qu'un seul mot, celui de « brigand », baptisa la tour « tour des Brigands ».

Ce nom convenait tout à fait à l'édifice dont la porte d'entrée se situe à trois mètres du sol et dont aucun escalier ne permet de faire communiquer les trois niveaux : il semble que l'on accédait aux étages par des échelles. Une porte au niveau du sol a été récemment rajoutée.

On sait aujourd'hui que cette tour, qui date du milieu du XVe siècle, fut construite par les moines de Lérins. Elle servait à fermer l'entrée de la ville et son caractère défensif est attesté par ses mâchicoulis et l'absence d'ouverture. Son véritable nom est issu de l'ancienne appellation de ce quartier : le hameau des Danys. La tour, carrée, mesure 9 mètres de hauteur et 5,35 mètres de largeur. L'épaisseur des murs à la base est d'environ 70 centimètres.

AUX ALENTOURS :

LA PAROISSE SAINTE-PHILOMÈNE

❷

Boulevard Sadi-Carnot 06110 Le Cannet

La paroisse Sainte-Philomène est curieusement consacrée à une sainte qui ne fait plus partie du calendrier. Devenue sainte par un décret du pape Grégoire XVI le 13 janvier 1837, sa fête fut fixée au 11 août. Mais en 1961, Philomène fut en effet rayée de la liste des prénoms de baptême par la Sacrée Congrégation des Rites qui considéra que la légende forgée sur la jeune Romaine était fausse. Celle-ci date du XIXe siècle : en mai 1802 à Rome, au cours de fouilles entreprises dans la catacombe de sainte Priscille, on découvrit trois tuiles tombales sur lesquelles on pouvait lire : « Pax tecum, Philumena » (Paix à toi, Bien-aimée). Le squelette qui reposait là était celui d'une jeune fille d'environ 15 ans au côté de laquelle fut trouvée une fiole brisée ayant contenu du sang, rite habituel des premiers Chrétiens. Un prêtre de Mugnano, près de Naples, insista pour exposer ces reliques qui furent à l'origine de très nombreux miracles.

C'est sur les conseils de Jean-Marie Vianney, plus connu sous le nom de Curé d'Ars, que l'abbé Bovis, curé de la ville, nomma ainsi cette nouvelle église destinée à remplacer l'église Sainte-Catherine qui devenait trop petite.

LA CELLULE DU MASQUE DE FER AU FORT ROYAL

3

Musée de la Mer, îles de Lérins
• Embarcadère : quai Leaubeuf
• Horaires du musée : de janvier à mars et d'octobre à décembre de 10h30 à 13h15 et de 14h15 à 16h45 ; fermé le lundi. D'avril à mi-juin et de mi-septembre à fin septembre de 10h30 à 13h15 et de 14h15 à 17h45 ; fermé le lundi. De mi-juin à mi-septembre de 10h30 à 17h45 ; ouvert tous les jours • Plein tarif : 3,50 € • Tarif réduit : 2,20 €

> ***Le masque de fer, arrière-grand-père de Napoléon ?***

La cellule du masque de fer est l'attraction majeure du musée de la Mer. Ce mystérieux prisonnier, dont le masque était de cuir ou de velours et non en fer, fut enfermé de 1687 à 1698 dans une cellule que l'on peut visiter. C'est Voltaire qui popularisa ce personnage en émettant l'hypothèse qu'il était le frère du Roi-Soleil. L'imagination des auteurs s'est alors envolée : ministre du duc de Mantoue puni pour indiscrétion diplomatique, prêtre de la maison du roi enfermé pour avoir interféré dans ses affaires de cœur, fils naturel d'Anne d'Autriche et Mazarin, gendre du médecin de Louis XIII qui aurait été mis au secret pour ne pas dévoiler la stérilité du roi… Et pour agrémenter la légende, un enfant né du masque de fer pendant sa captivité aurait été confié à une famille corse qui, persuadée qu'il venait d'une « bonne-part » (Bona Parte), l'aurait surnommé Buonaparte. Le masque de fer ne serait alors autre que l'arrière-grand-père de Napoléon…

Peu de visiteurs, en revanche, connaissent les manuscrits d'Andrew MacDonagh, qui fut emprisonné 12 ans dans cette cellule en 1777. Lors de la restauration des peintures murales de la cellule, on retrouva dans un trou scellé à 2,20 mètres du sol, une liasse de billets signés MacDonagh, un Irlandais d'origine, qui fut promu capitaine dans l'armée française puis emprisonné à la suite d'un imbroglio d'héritage auquel il semblait étranger. Libéré à la Révolution, il soutiendra la cause de l'indépendance de l'Irlande. Ses écrits sont principalement des pamphlets contre ceux qui l'ont entraîné à croupir dans ce cachot. Les fac-similés de ces billets sont exposés dans une vitrine, dans le couloir attenant à la cellule.

D'autres prisonniers plus ou moins célèbres ont fréquenté le fort Royal. Un mémorial est ainsi dédié à six pasteurs protestants qui y moururent en 1687. Le comte de Monteil détenu depuis 32 ans refusa sa libération en 1790, il s'y trouvait très bien… Enfin, le plus connu est l'ex-maréchal Bazaine qui, à 60 ans, réussit à s'évader au moyen d'une corde à nœud tenue par le lieutenant-colonel Wilette (qui fut condamné à six mois de prison pour cette complicité) et fut recueilli par un canot qui l'attendait.

LE FOUR À BOULETS DE LA POINTE DU DRAGON

4

Pointe du Dragon
Îles de Lérins
• Embarcadère : quai Leaubeuf
• Accès : au débarcadère sur l'île, se diriger tout droit puis légèrement à droite jusqu'au croisement de la large allée du Dragon. La prendre sur la droite et aller jusqu'à son terme où un panneau indique le four

Tirer à boulets rouges

Quatre fours à boulets, sur la dizaine qui existe encore en France, se trouvent sur les îles de Lérins : deux sont sur l'île Saint-Honorat et les deux autres sur celle de Sainte-Marguerite. Construits sur ordre du jeune général Bonaparte, nommé inspecteur des batteries de la côte après avoir fait la preuve de ses qualités d'artilleur pendant le siège de Toulon fin 1793, ils complétaient la défense de la zone.

Le four de la pointe du Dragon est en assez bon état pour que l'on en comprenne aisément le fonctionnement. Guidés par des rainures, les boulets froids étaient entassés dans le conduit en pente du four alors que le foyer latéral, où l'on maintenait un feu d'enfer, envoyait ses flammes dans le conduit, en direction de la cheminée. Après une heure de mise en température, on obtenait toutes les dix minutes un boulet rouge vif qui faisait ainsi s'embraser instantanément les voiles et le bois des navires visés.

Les canonniers utilisaient des ustensiles spécifiques telles que des pinces à boulets pour charger les canons. Les tirs étaient ainsi réglés : « mettre et tasser la charge de poudre, disposer un bouchon de foin mouillé ou de terre glaise, viser, introduire le boulet rouge avec des pinces et mettre le feu ».

Le four n'est qu'un des éléments composant la batterie du Dragon qui contrôlait une partie de l'accès naval à la baie de Cannes. Elle permettait un tir croisé avec la batterie des Braves Gens sur l'île de Saint-Honorat.

AUX ALENTOURS :

LE CANON « INCONNU »

5

Découvert en 1995 à 41 mètres de profondeur au nord de l'île de Sainte-Marguerite, un canon, exposé aujourd'hui à l'entrée du fort, porte le curieux nom de l'« Inconnu ». C'est un classique canon de siège, riche d'une iconographie royale (Louis XIV) et d'une devise célèbre : « ultima ratio regum » (le dernier argument des rois).

LE BANC DU JARDIN DU MUSÉE DE LA CASTRE

6

Place de la Castre
06400 Cannes
• De juillet à août : tous les jours de 10h à 19h • De septembre à juin : de 10h à 13h et de 14h à 17h (18h en avril, juin et septembre) fermé le lundi
• Plein tarif : 3,50 € - tarif réduit : 2,20 €
• L'accès au jardin du musée est libre

« Un banc en marbre pour le fils hémophile de la reine d'Angleterre

Dans le jardin du musée de la Castre, un texte étonnant est gravé sur un banc en marbre blanc : « Peace which the world cannot give. Érigé par la reine Victoria à la mémoire de son cher fils, le prince Léopold, duc d'Albany, décédé à la villa Nevada le 28 mars 1884. Heureux sont dès à présent les morts qui meurent au Seigneur (Apocalypse XII.V.13) ».

Le 7 avril 1853 naissait Léopold, quatrième fils et huitième enfant de la reine Victoria d'Angleterre. Très vite on s'aperçut qu'il était hémophile et que sa vie serait bridée par cette maladie. Passionné des sciences et amateur d'art, il eut beaucoup de difficultés à convaincre sa mère de le laisser aller étudier à Oxford. C'est là qu'il rencontra finalement Alice Liddell, fille du doyen de l'université, qui inspirera son ami Charles Dogson, plus connu sous le pseudonyme de Lewis Carroll, pour *Alice au Pays des Merveilles*.

À son hémophilie s'ajouta l'épilepsie, ce qui n'améliora en rien son quotidien déjà difficile. Après plusieurs années, il obtint finalement, malgré les réticences de sa mère, le titre de pair en devenant duc d'Albany. Il épousa Hélène, fille de la princesse de Waldeck, qu'il séduisit, dit-on, en lui chantant une romance italienne. De cette union naîtra Alice, prénom choisi non pas pour rappeler l'œuvre de Carroll mais en souvenir de l'une de ses sœurs.

En 1884, il séjourna à Cannes à la villa Nevada et assista au carnaval depuis le cercle nautique où il fit un faux pas en glissant sur le sol en tuiles. Cet incident qui peut paraître anodin déclencha en réalité, en raison de son hémophilie, une hémorragie cérébrale qui l'emporta dans la nuit suivante. Comme il n'était pas question de faire savoir qu'un enfant de la reine Victoria pouvait être atteint d'une maladie héréditaire, l'écho de Cannes expliqua laborieusement et dans un style ampoulé que le duc d'Albany « n'avait pas d'épiderme, de telle sorte que ses chairs enveloppées dans un derme léger, pouvaient être atteintes au moindre choc ».

L'HÉMOPHILIE

L'hémophilie est une anomalie constitutionnelle de la coagulation. Les deux manifestations cliniques les plus caractéristiques de la maladie sont les hémorragies dans les articulations (hémarthroses) et dans les muscles (hématomes).

LES CARIATIDES DE LA RUE D'ANTIBES

7

101, rue d'Antibes
06400 Cannes

« *Les premiers seins nus de la Côte d'Azur*

Les premiers seins nus apparurent bien avant le début des années 1960 sur les plages de Saint-Tropez : dès 1882, des femmes exhibaient déjà leurs attributs sur les immeubles de Cannes. C'est sur la place Vauban, au début du nouveau boulevard Carnot et au 101, rue d'Antibes que les Cannois purent voir pour la première fois des sculptures (œuvres de Pellegrini) montrant ce que tout le monde cachait à l'époque. Le scandale fut énorme.

Ces cariatides n'étaient pourtant que des reproductions de sculptures antiques, à l'image de celles que l'on voit sur le baldaquin de l'Érechthéion, sur l'Acropole à Athènes (voir l'encadré « atlantes et cariatides », page 181).

NATURISME ET NUDITÉ : LA CÔTE D'AZUR EN PREMIÈRE LIGNE

Si le premier club naturiste français (le Sparta Club) fut ouvert par Kienné de Mongeot en 1926, ce sont les docteurs André et Gaston Durville qui lancèrent la pratique en 1930 en ouvrant Héliopolis, sur l'île du Levant (une des îles d'Hyères), le premier village où il était possible de vivre nu.

Rappelons une différence importante : les naturistes tiennent à partager avec les autres une manière de vivre et un état d'esprit alors que les nudistes vivent seuls ou en cercle très restreint et pratiquent pour leur confort.

En 1964, le film *Le Gendarme de Saint-Tropez* eut pour effet de populariser la mode du monokini, les seins nus, en stigmatisant l'aspect ridicule de la répression exercée.

Aujourd'hui, on compte en France 225 clubs et associations pour un total de 85 000 licenciés.

Pour séjourner dans un club ou un centre de vacances naturistes, il faut être affilié à la Fédération Française de Naturisme.

Contact : FFN 5, rue Regnault 93500 Pantin. Tél. : 01 48 10 31 00.

Attention néanmoins : l'article 222-32/section III du code pénal assimile le nudisme à l'exhibitionnisme et de ce fait à un outrage public à la pudeur. Aujourd'hui son application est très rare, mais certaines communes interdisent la pratique par arrêté municipal (risque d'amendes).

LE LUSTRE DE L'ÉGLISE NOTRE-DAME DE BON VOYAGE

8

Église Notre-Dame de Bon Voyage, Angle des rues Notre-Dame et Buttura
06400 Cannes
• Ouverte du lundi au samedi de 9h à 12h30 et de 14h30 à 18h30, le dimanche de 10h à 11h30 et de 16h à 18h • Accueil ouvert du lundi au samedi de 10h à 11h30 et de 16h à 18h • Il est possible de demander au sacristain d'éclairer le lustre. Une offrande pour l'église sera alors appréciée

« Une église éclairée comme un casino »

Suspendu au-dessus du chœur de l'église paroissiale qui fait face au Palais des Festivals, un lustre détonne par son style. Il n'a, en effet, pas été conçu pour ce sanctuaire, mais pour la grande salle de jeux de l'ancien casino municipal !

Construit en 1863 dans la rue des Serbes, celui-ci fut en effet transformé quatre ans plus tard en hôtel de luxe (le Beau-Rivage). Le lustre, qui ne servait plus, fut donc offert à l'église, que l'on envisageait alors de reconstruire, le bâtiment original ayant été détruit quelques années plus tôt afin d'en édifier un autre, plus vaste.

La petite chapelle construite sur le même site au XVIe siècle, pour protéger les habitants de Cannes de la peste bubonique, porta le nom de Notre-Dame des Sables (du fait de sa proximité avec les dunes de sable), avant de devenir Notre-Dame du Bord de Mer, chère aux pêcheurs des environs. Au XIXe siècle, elle fut vendue puis rachetée par la ville, et reçut le nom de « Notre-Dame de Bon Port ». Enfin, au milieu du XIXe siècle, l'expansion de la ville de Cannes imposa la construction d'une église proportionnée au nombre croissant des fidèles.

Si la première pierre, bénie par l'évêque de Fréjus (diocèse dont dépendait la ville), fut posée en 1868, la guerre de 1870 stoppa les travaux qui ne reprirent qu'en 1883. Faute de moyens, ils ne furent jamais achevés : il manque en effet un clocher et les deux tours sur la face ouest, le déambulatoire du côté est, ainsi que l'abside et le presbytère. Selon les plans initiaux, cette église devait d'ailleurs s'étendre davantage et atteindre la rue des Belges, mais ces développements furent plusieurs fois remis à une date ultérieure, sans jamais aboutir.

En dépit de ces difficultés, la nouvelle église, placée sous la protection de Notre-Dame de Bon Voyage, fut ouverte au culte le 2 novembre 1879. Elle devint paroisse en 1920, et c'est en 2001 qu'elle intégra la paroisse Saint-Nicolas de Cannes, qui comprend les 6 églises et 5 chapelles de la ville.

Aujourd'hui, sa superficie lui permet d'accueillir quelque 600 personnes assises, et jusqu'à 1 100 en tenant compte des tribunes ouvertes. On note, par ailleurs, que le chœur a été entièrement refait à l'occasion de la consécration de l'église, le 21 novembre 2004… Et que le lustre du casino municipal s'y trouve encore.

Jean Marais

LA TOMBE DE JEAN MARAIS AU VIEUX CIMETIÈRE DE VALLAURIS

9

Allée du Souvenir-Français 06220 Vallauris
• Horaires d'ouverture : du 1er mars au 31 octobre : 7h30, du 1er novembre au 28 février : 8h • Horaires de fermeture : du 1er septembre au 30 avril : 17h30, du 1er mai au 31 août : 18h • La tombe est fléchée à l'entrée du cimetière. Elle se trouve à 150m de l'allée prolongeant l'entrée

« La Belle et la Bête »

La tombe de Jean Marais est une réalisation très surprenante conçue par l'acteur lui-même. Elle est inspirée du film de Jean Cocteau *La Belle et la Bête*, dans lequel Jean Marais joue le rôle de la Bête. Encadrée de deux masques à l'effigie de l'acteur dans le film, la tombe est surmontée d'un sphinx aux cornes de cerf et à la queue de sirène. En parallèle de sa carrière d'acteur, Jean Marais s'était installé à Vallauris et y avait ouvert une galerie en 1975. Il s'est éteint le 8 novembre 1998.

AUX ALENTOURS :

ESPACE JEAN-MARAIS

10

3, avenue des Martyrs-de-la-Résistance 06220 Vallauris
• Tél. : 04 93 63 46 11 • Ouvert du mardi au samedi de 10h à 12h30 et de 14h à 18h • Entrée libre

Exposition permanente de céramiques, sculptures, peintures, photos, vidéos.

L'INVENTEUR DE LA CÔTE D'AZUR VENAIT DE LA CÔTE D'OR

C'est dans une impasse (généreusement appelée avenue), entre la médiathèque et la voie ferrée, que l'on peut admirer, de l'extérieur, la villa de famille où vécut une partie de sa vie « l'inventeur » de la Côte d'Azur. Une plaque visible depuis la rue a été placée en 1988 pour le centenaire de l'appellation.

Né le 29 mars 1830 à Dijon, Stephen Liégeard avait sa carrière toute tracée, son père étant maire de la ville. Il fit son droit et fut nommé sous-préfet à Briey (Meurthe-et-Moselle) en 1859 puis à Carpentras (Vaucluse), où il eut pour voisin un certain Alphonse Daudet qui en fera le personnage principal d'une nouvelle des *Lettres de mon moulin : Le sous-préfet aux champs*. En 1887, en plein hiver, il décida avec un ami de se rendre vers le sud. Arrivé à Hyères devant cette mer et ce ciel si bleus, si purs, si beaux, il s'exclama en référence à son pays natal (la Côte d'Or) : « Côte d'Azur » ! Dès son retour à Paris, il écrivit son livre phare *Côte d'Azur*. Publié en 1888, l'ouvrage obtint le prix littéraire Bordin attribué par l'Académie française. Le mal était fait...

De plus en plus présent à Cannes, Stephen Liégeard s'impliqua dans la vie locale, pour la défense de la ville, et y relança la Société scientifique et littéraire. Il mourut à la villa Les Violettes le 29 décembre 1925. Sur la plaque qui honore sa mémoire, l'on aurait pu ajouter sa devise : « Il est beau d'être grand, être bon est meilleur. »

La plaque de la villa Les Violettes :
Avenue Stephen-Liégeard 06400 Cannes

L'ATELIER DE EÏCHI AWOKI

11

15, rue de la Pompe
06600 Antibes

Ainsi soit Staël

C'est par admiration pour Nicolas de Staël, voire par vénération, qu'Eïchi Awoki, un artiste peintre japonais, a quitté son pays et est venu installer son atelier tout près de celui du maître, dans la Commune Libre du Safranier (voir encadré). Sur sa fenêtre, quelques petites affiches et extraits d'articles résument brièvement sa démarche. Il suffit de sonner pour qu'il vous ouvre la porte de son atelier minuscule mais impressionnant d'ingéniosité : un escalier très pentu fait de demi-marches asymétriques permet par exemple d'accéder au premier étage.

La peinture d'Eïchi est largement inspirée par l'œuvre de Nicolas de Staël et, selon toute vraisemblance, il s'est installé à quelques mètres de son dernier atelier pour capter ses ondes. Tous les matins, la première promenade d'Eïchi le conduit d'ailleurs devant la maison Ardouin, où une plaque rappelle le séjour du maître.

NICOLAS DE STAËL (1914-1955)

C'est en 1954 que ce peintre français d'origine russe (né en 1914 à Saint-Pétersbourg) s'installe à Antibes dans la maison Ardouin située sur les remparts en bord de mer, promenade Amiral-de-Grasse. Orphelin très tôt, exilé, il va se réfugier dans la peinture. S'il étudie auprès de Fernand Léger, c'est Braque qui l'influencera le plus profondément. Après avoir passé le début de la guerre dans la Légion étrangère, Nicolas de Staël résidera à Paris puis à Ménerbes dans le Lubéron. Pendant sa période antiboise, il peindra plus de 300 toiles de paysages, marines, nus et natures mortes dont la plus célèbre restera *Le grand concert*. Nicolas de Staël mit brutalement fin à sa vie le 16 mars 1955 en se jetant de la fenêtre du deuxième étage de son atelier.

LA COMMUNE LIBRE DU SAFRANIER

Cette association, établie dans le même esprit que la Commune Libre de Montmartre ou que la Commune Libre des Templiers à Saint-Raphaël (voir page 189), a pour but de maintenir les traditions locales et de préserver les liens entre les habitants du quartier. L'origine du nom Safranier est incertaine. Elle pourrait venir de la carrière de safre (pierre friable fréquente dans la région) qui se trouvait à cet endroit, ou faire référence au safran, partie du gouvernail des bateaux. Le quartier est aujourd'hui balisé par des plaques de couleur orange et jaune.

LE BANC DE KAZANTZAKI

12

Place du Safranier 06600 Antibes

« *Je ne crains rien, je n'espère rien, je suis libre* »

Installé à Antibes en 1948, Nikos Kazantzaki y écrira deux de ses chefs-d'œuvre : *La liberté ou la mort* et *La dernière tentation du Christ.* Il aimait venir méditer et trouver l'inspiration sur le banc de la place du Safranier. Juste derrière, sur une plaque fixée au mur, on peut d'ailleurs lire l'épitaphe de sa tombe en Crète : « Je ne crains rien, je n'espère rien, je suis libre ».

NIKOS KAZANTZAKI

Né à Héraklion en Crète, en 1883, Nikos Kazantzaki vivra la révolte du peuple crétois contre l'occupant turc. Il étudie le droit à Athènes et la philosophie à Paris sous l'égide de Bergson. Après avoir écrit une thèse sur Nietzsche, il se lance dans l'exploitation minière dans le sud du Péloponnèse avec un certain Georges Zorba, une expérience qui donnera naissance à son livre le plus célèbre *Alexis Zorba* qui paraîtra en 1943 et qui sera porté au cinéma en 1964 sous le titre de *Zorba le Grec*. Pour l'anecdote, ajoutons que le sirtaki (composé par Mikis Theodorakis) n'est pas une danse authentiquement traditionnelle de Grèce : créée pour le film, elle a néanmoins largement contribué à son succès.

LE SANCTUAIRE DE LA GAROUPE

13

Colline de la Garoupe Cap-d'Antibes 06600 Antibes
• Ouvert de 10h à 12h et de 14h30 à 19h (à 17h l'hiver)
• Les ex-voto sont visibles sur le site du sanctuaire : http://garoupe.free.fr

« Un pèlerinage, deux oratoires et plus de 250 ex-voto »

Au sommet du Cap-d'Antibes, paradis des milliardaires, l'humble mais magnifique chapelle de la Garoupe offre au visiteur des moments uniques de contemplation, de méditation et de découvertes insolites.

Après avoir admiré la sublime vue panoramique à 360 degrés, on trouve à gauche de la chapelle l'oratoire de Sainte-Hélène, dédié à celle qui fut la mère de l'empereur Constantin. Pour des raisons de sécurité, sa statue est à présent à l'intérieur du sanctuaire.

À quelques pas se trouve également l'oratoire de Notre-Dame-des-Amoureux, créé par l'illustrateur Raymond Peynet qui vécut longtemps à Antibes où un musée lui est d'ailleurs consacré.

L'élément le plus insolite reste néanmoins l'exceptionnelle collection d'ex-voto de la chapelle : des tableaux principalement du XIXe siècle, des tapisseries, des photos, des dessins, des maquettes de bateaux, des broderies, le tout porteur d'une charge émotionnelle intense. Citons notamment une photo en noir et blanc représentant la procession de la patronne des marins sur laquelle est inscrit à la main : « En souvenir de mon oncle, premier porteur à droite de la Vierge de Bon-Port » (chaque année, le premier jeudi de juillet, dix marins aux pieds nus conduisent la statue à la cathédrale d'Antibes et la ramènent au sanctuaire le dimanche suivant).

Mais l'ex-voto le plus étonnant du sanctuaire est peut-être celui qui a été apporté en procession par le conseil municipal au grand complet, après l'effondrement, lors d'un bal, du plancher de la salle des délibérations, le 19 février 1822, ne faisant « que » 19 blessés mais aucun mort. Il représente de manière naïve cet événement avec les danseurs qui passent à l'étage inférieur. Le plus connu, enfin, reste celui du bagnard, datant de 1812, qui remercie la Vierge pour avoir favorisé son évasion des galères...

Musée Peynet et du Dessin humoristique
Place nationale 06600 Antibes • Tél. : 04 92 90 54 30 • Fax : 04 92 90 54 31
• museepeynet@ville-antibes.fr
• Plein tarif 3 €. Tarif réduit 1,50 €. Gratuit pour les moins de 18 ans
• Ouvert toute l'année sauf les lundis et le 25 décembre, de 10h à 12h et de 14h à 18h

N
1815 1965
LA VIEILLE GARD
XDX
LES IMMORTELS

LA PLAQUE NAPOLÉONIENNE DE LA CHAPELLE DU SAINT-ESPRIT

14

Chapelle du Saint-Esprit
Rue du Saint-Esprit
06600 Antibes

Une curieuse plaque de style égyptisant

En 1965, une plaque commémorative fut apposée sur la chapelle du Saint-Esprit : c'est là, en effet, que les premiers émissaires de Napoléon furent emprisonnés, alors que l'empereur s'apprêtait à reprendre pied en France après son exil à l'île d'Elbe. Le « vol de l'Aigle », qui le conduisit jusqu'à Paris et marqua le commencement des Cent-Jours, aurait donc dû commencer à Antibes, mais la vingtaine de soldats qu'il avait envoyée sous le commandement du capitaine Lamouret s'était heurtée au refus des autorités antiboises. Aussi Napoléon, le 1er mars 1815, fut-il contraint de débarquer au Golfe-Juan. La ville d'Antibes, quant à elle, fut gratifiée par Louis XVIII de la mention « Fidei Servandae Exemplum 1815 » (exemple mémorable de fidélité 1815), qu'elle ajouta à son blason.

Curieusement, la plaque de la chapelle du Saint-Esprit fait aussi allusion à la campagne d'Égypte (1798-1801), antérieure au sacre de l'Empereur.

Ses contours évoquent en effet ceux de la « pierre de Rosette », découverte en 1799 par un soldat de Bonaparte (on sait que l'étude de ce fragment de stèle permit à Champollion de percer, en 1822, les secrets des écritures hiéroglyphique et démotique). On remarque également que le monogramme « N » (pour « Napoléon »), placé au-dessous d'une grenade stylisée, domine deux autres rubriques délimitées par des lignes horizontales – rappelant ainsi les trois sections de la même pierre.

Dans la deuxième de ces rubriques, la date du 1er mars 1815, suivie de la mention de l'année 1965, précède l'inscription « LA VIEILLE GARDE » : cette expression désigna l'unité d'élite de la Garde impériale de la Grande Armée durant les guerres napoléoniennes.

Le sens de la rubrique suivante est moins évident. On y trouve d'abord les trois lettres « XDX », dont la présence demeure inexpliquée. Puis suivent la mention « LES IMMORTELS », ainsi que trois prismes dessinés, celui du centre étant plus grand que les autres. Ces figures géométriques représentent évidemment les pyramides de Gizeh, au pied desquelles la légende place l'une des plus fameuses batailles du général Bonaparte. Quant aux « Immortels », l'expression désignait à l'origine la garde personnelle des empereurs perses. L'argot de la Grande Armée a repris cette désignation en l'expliquant, de manière moins élogieuse, par le fait que la Garde impériale assistait aux batailles sans y prendre part !

PRIES DIEV,
POVR LES AMES DV
PVRGATOIRE
ET ELLES PRIERONT POVR VOVS
NICOLAS

LE MONUMENT DES ÂMES DU PURGATOIRE 15

Chemin des Âmes-du-Purgatoire
06600 Antibes

« Priez pour elles et elles prieront pour vous »

Encastré dans les clôtures d'un quartier résidentiel, à l'angle du chemin des Âmes-du-Purgatoire et de la route de Grasse, un monument commémore un épisode douloureux de l'histoire d'Antibes.

En 1536, Charles-Quint avait entrepris d'envahir la Provence pour verrouiller les axes routiers reliant Marseille à Gênes. Atteignant Antibes, il en commença le siège : le 17 juin, après avoir accumulé des réserves alimentaires, de l'eau et des armes, les Antibois fermèrent les portes de la ville. Mais l'arrivée de don Fernand de Gonzague, à la tête de 3 000 cavaliers, 101 pièces d'artillerie, 10 000 fantassins espagnols, 1 500 italiens et 4 000 allemands, mit rapidement la ville en position difficile ; d'autant qu'à cette armée se joignirent bientôt cinq galères d'Andrea Doria (dont deux furent coulées par les bombardes d'Antibes), qui interdirent toute tentative de sortie en mer des assiégés.

Un mois plus tard, le 17 juillet 1536, la ville fut prise et soumise au pillage. Profitant de la confusion, Gaspard de Grimaldi réussit néanmoins à s'enfuir avec sa troupe et à prendre la direction de Grasse. C'est alors que 30 de ses hommes, constituant son arrière-garde, furent assaillis et abattus par les Impériaux, à deux kilomètres des remparts de la ville. Un oratoire fut donc érigé, à la demande du comte de Tende, à l'endroit où ces 30 Antibois furent enterrés.

Depuis lors, ce monument a subi tant d'altérations qu'il ne reste rien de la petite chapelle originale : rasé en 1560 par les huguenots, l'oratoire ne fut reconstruit qu'après 1705. On y incorpora alors une plaque de marbre provenant d'une tombe non identifiée, qui donna son nom au mémorial actuel, ainsi qu'au chemin et au quartier : sous une niche comportant une illustration religieuse sur céramique, une inscription indique en effet : « Priez Dieu pour les Âmes du Purgatoire et elles prieront pour vous ». Sous le texte, une tête de mort, deux tibias et des larmes sont suivis du nom incomplet du défunt, « Nicolas A », et de la date de 1702, correspondant sans doute au décès du propriétaire de la sépulture détruite.

Enfin, on note que l'oratoire fut encore modifié au cours du XXe siècle : en 1959, un vieux mortier à aïoli fut ajouté au monument, pour servir de bénitier !

D M

LA STÈLE DE SEPTENTRION

16

Musée d'Archéolugie
Bastion Saint-André
06600 Antibes
• Tél. : 04 93 95 85 98
• Mail : musee.archeologie@ville-antibes.fr • www.antibes-juanlespins.com
• Ouvert tous les jours sauf les lundis. Fermé le 1er janvier, le 1er mai, le 1er novembre et le 25 décembre
Du 16 septembre au 14 juin : de 10 h à 13 h et de 14 h à 17 h
Du 15 juin au 15 septembre : de 10 h à 12 h et de 14 h à 18 h
Nocturnes en juillet et août, les mercredis et vendredis jusqu'à 20 h
• Plein tarif : 3 €. Réduit : 1,50 €. Gratuit pour les moins de 18 ans

Une épitaphe énigmatique

Découverte il y a 400 ans, la stèle de Septentrion a été scellée au XVIIIe siècle dans la façade ouest de la mairie d'Antibes. Aujourd'hui c'est un moulage qui se trouve sur l'hôtel de ville tandis que l'original est exposé au musée d'Archéologie. La pierre est datée du IIIe siècle ap. J.-C.

Un texte émouvant y est gravé : « D M PUERI SEPTENTRIONIS ANNORUM XII QUI ANTIPOLI IN THEATRO BIDUO SALTAVIT ET PLACUIT », qui se traduit ainsi : « Aux Dieux Mânes de l'enfant Septentrion âgé de douze ans qui, à Antibes, dans le théâtre, dansa deux jours et plut ». Le nom de Septentrion évoque la constellation de la Grande Ourse qui compte sept étoiles et la partie supérieure de la stèle est ornée judicieusement de sept cyprès de tailles diverses. Ce nom a aussi été porté par un autre danseur célèbre, un affranchi de Marc-Aurèle (121-180 apr. J.-C). Il ne s'agit pourtant pas du même personnage : une coutume répandue, en effet, voulait que l'on s'inspire des noms des « vedettes » du passé.

Dans la partie inférieure de la stèle, une décoration a été interprétée comme étant un vase contenant deux feuilles de lierre. Il s'agit plus probablement de la trousse de toilette de l'enfant, fermée par deux lacets.

LE GALET DE TERPON

Une autre curiosité du musée est un long galet de serpentine, de forme phallique, qui porte l'inscription grecque suivante : « Je suis Terpon, serviteur de l'auguste Aphrodite, que Cypris récompense de sa faveur ceux qui m'ont placé ici ». L'objet, trouvé par hasard en 1866, renvoie aux origines grecques de la cité, mais on ne peut écarter l'hypothèse qu'il soit venu d'ailleurs. Le nom de « Terpon » est utilisé habituellement pour évoquer l'amour et le plaisir des sens, « Cypris » étant un qualificatif utilisé parfois pour décrire Aphrodite, déesse de l'amour, des plaisirs et de la beauté. Aphrodite a pour équivalent Vénus dans la mythologie romaine. On peut en distinguer deux conceptions différentes : celle du plaisir de la chair, et celle de l'amour spirituel, pur et chaste.
Plusieurs hypothèses ont été avancées quant à la fonction de ce galet : socle de statue, enseigne phallique, pierre sacrée ou ex-voto...

N
O
S
E
NE
TOU

LA PROPRIÉTÉ DE MONSIEUR ET MADAME FARINELLI

17

Villa Le Pin, 593, chemin du Plan 06410 Biot
• Tél. : 04 93 65 05 33 • Visite gratuite sur rendez-vous
• Cette œuvre est située dans une propriété privée et ne peut se visiter qu'avec l'accord de son propriétaire. Prévenir ou demander à l'office de tourisme de Biot de le faire pour vous. Éviter l'heure de la sieste. Respecter les lieux, ne pas amener d'animal et surtout tenir la main aux enfants
• Accès : depuis le village, prendre la route d'Antibes et tourner à gauche, juste avant de traverser la rivière La Brague. Longer la rivière et prendre le chemin du Plan jusqu'au moment où il retourne en direction du village

« *Italo au pays des merveilles*

Ancien maçon et tailleur de pierres, Italo Farinelli a pris sa retraite il y a une vingtaine d'années. En voulant ranger les pierres qui restaient de ses différents chantiers et qui encombraient son jardin, Italo eut la superbe idée de les utiliser de manière décorative. Peu à peu, avec une passion et une patience infinies et malgré son âge avancé, il a construit un véritable village miniature.

En soi, l'ensemble est déjà original, mais les « habitants » de ce village lui donnent un ton encore plus particulier. Des nains de jardin cohabitent avec des verreries de Murano, une gueule de tigre naturalisée côtoie des personnages de film, des monstres, des santons, des soldats, des oiseaux, des objets non identifiés… Un véritable conte de fées.

AUX ALENTOURS :

LE MAUSOLÉE DE LA CHÈVRE D'OR

18

Chemin de la Chèvre-d'Or 06410 Biot • Accès : depuis le village, prendre la route d'Antibes et tourner à droite, juste après avoir traversé la rivière La Brague, dans le chemin de Vallauris. Après trois épingles à cheveux en côte, prendre à droite à la fourche. Le mausolée se trouve sur la droite de la route. Un panneau spécifie que le stationnement est interdit autour du mausolée

Monument totalement improbable en ce lieu, le mausolée de la Chèvre d'Or domine les pins de ses neuf mètres de haut. Datant du IIe ou IIIe siècle après J.-C., cette monumentale tombe romaine est entourée d'autres tombes en « tegulae » (en tuiles de toiture). Aucune autre information n'est malheureusement disponible sur la personnalité de celui qui est honoré ni sur ceux qui sont enterrés autour.

Le nom de « Chèvre d'Or » a été donné en référence à une légende née ici même. On dit que le soir, devant une anfractuosité connue des bergers, une chèvre aux cornes d'or attire le passant par ses bonds capricieux. Entraîné dans la grotte, de tunnels en galeries, le quidam perd ses repères et se retrouve seul, délaissé par l'animal. Il trouvera un trésor fait de lingots d'or, de perles et de monnaies d'or, mais mourra de soif et de faim, perdu dans le tréfonds du labyrinthe. Cette légende s'inspire d'une anecdote authentique. En 714, un Sarrasin surnommé « le roi de Majorque » enterra dans ladite grotte son trésor, fruit de ses rapines en Provence. Contraint de fuir la région, il abandonna son précieux bien mais laissa un plan d'accès gravé sur une clochette en argent (ou en or).

LE CADRAN SOLAIRE DE L'ÉCOLE DES MINES 19

École nationale supérieure des Mines de Paris
Avenue Albert-Einstein
Les Lucioles
Sophia-Antipolis 06560 Valbonne
• Accès : le cadran se trouve juste avant l'accueil de l'école

« Au solstice d'été et à l'équinoxe d'hiver, le soleil trace les mots « solstice » et « équinoxe » sur le sol

En 1980, l'École nationale supérieure des Mines de Paris lançait un concours pour la conception d'un cadran solaire à implanter à l'entrée de son site de Sophia-Antipolis. Jean Salins, professeur à Marseille, emporta le concours contre 170 concurrents. Il définit son projet de la façon suivante : « Cadran de plein air, en béton et acier, il est constitué d'un mur concave dont les lignes génératrices sont parallèles à l'axe du monde. Des fentes pratiquées dans cette structure permettent de lire, aux heures piles, le temps solaire local vrai sur des lignes tracées au sol. »

L'aspect le plus spectaculaire du cadran est malheureusement assez rare à observer. Grâce à des lettres de l'alphabet creusées en pochoir dans l'acier, le soleil marque le solstice d'été et l'équinoxe d'hiver par une projection au sol qui dure environ un quart d'heure à midi vrai. Ces jours-là, les mots « SOLSTICE» ou « ÉQUINOXE» s'inscrivent en lettres majuscules sur le sol.

Même si, depuis, les arbres ont poussé et projettent des ombres parasites et si la mousse oblige à poser au sol des pages blanches pour mieux observer l'affichage des lettres, des étudiants viennent de loin pour observer le phénomène.

On peut voir des photos spectaculaires prises pendant l'équinoxe et le solstice sur le site http://perso.wanadoo.fr/cadrans.solaires/cadrans/cadran-mines.html

SOPHIA-ANTIPOLIS

En 1969, le sénateur Pierre Laffitte et un groupe de personnalités scientifiques créent une association en vue de promouvoir une Cité internationale de la sagesse, des sciences et des techniques sur un plateau de 2 400 hectares arboré entre Nice, Antibes et Grasse. Sophia-Antipolis était née. Sophia vient du prénom de l'épouse de l'initiateur du projet et Antipolis est l'antique nom d'Antibes. À ce jour, plus de 1 200 entreprises et plus de 25 000 employés sont basés sur la technopole. Centres de recherche, universités, grandes écoles, enseignes prestigieuses ont donné à la Côte d'Azur une image complémentaire de très haute technologie.

UNE MAISON INDIVIDUELLE EN PLEIN COEUR DE MARINA BAIE DES ANGES

20

Marina Baie des Anges
1001, avenue de la Batterie
06270 Villeneuve-Loubet

L'irréductible Gaulois

Tous ceux qui connaissent le complexe immobilier de Marina Baie des Anges ont dû se poser la même question : « Comment cette maison individuelle a-t-elle pu demeurer là, complètement cernée par les quatre gigantesques pyramides ondulantes de Marina ? » La réponse est simple : les propriétaires ont toujours refusé de vendre leur parcelle aux promoteurs de la célèbre résidence.

En 1960, Lucien Nouvel, riche entrepreneur de l'industrie pharmaceutique, décida d'investir dans l'immobilier de loisir, et acheta 16 hectares de terrain à Villeneuve-Loubet, entre le bord de mer et la voie ferrée. Malheureusement pour lui, l'un des propriétaires, Louis Giraud, refusa de vendre sa maison, un ancien dépôt d'armes datant du début du XVIIe siècle et mentionné comme « magazin » - avec un Z - d'armes sur la carte de Cassini publiée en 1815.

Commençait alors un long bras de fer entre les promoteurs et l'irréductible propriétaire. Pressions en tout genre alternèrent avec propositions financières élevées, mais rien n'y fit. Un jour, on frisa même l'incident grave lorsque, excédé, Louis Giraud sortit son fusil.

Quand les travaux du premier immeuble (l'Amiral) commencèrent, les deux entreprises responsables des travaux entrèrent en conflit et se refusèrent mutuellement le passage. L'une d'elles dut alors négocier le passage avec Louis Giraud qui accepta, mais demanda des contreparties. Rappelons que la rumeur de la cabine de péage installée au passage des camions n'est qu'un mythe et que les compensations furent payées en nature : remblai, béton et matériaux de construction.

En 1970 l'Amiral est livré et en 1993, la résidence est achevée avec le dernier immeuble, le Baronnet. Les deux autres immeubles, le Commodore et le Ducal avaient été terminés avant le Baronnet et avaient ainsi perturbé l'ordre voulu à l'origine : les initiales ABCD devaient désigner les bâtiments dans l'ordre.

Aujourd'hui, c'est le statu quo et les descendants de Louis Giraud empruntent la servitude de passage qui leur permet de regagner leur « magazin de la Marine » et leur petite annexe, malicieusement appelée « Marinette »... Autour d'eux, 1 300 logements qui n'ont finalement pas attiré la clientèle sportive attendue mais plutôt des résidents permanents, majoritairement retraités.

L'HORLOGE DU MUSÉE D'HISTOIRE ET D'ART 21

Place de Verdun 06270 Villeneuve-Loubet (village)
- Tél. : 04 92 02 60 39
- Ouvert de 10h à 12h et de 15h à 17h, du lundi au vendredi
- Entrée gratuite

Une horloge dans un obus

Initiative privée de Christian Vialle, le musée d'Histoire et d'Art est consacré à l'histoire militaire de la Première Guerre mondiale à nos jours.

Exposés sur deux étages, des centaines d'insignes, de décorations, de maquettes, d'armes, d'uniformes, d'articles racontent les guerres du XXe siècle.

Parmi les curiosités du musée, une horloge insolite, en fonte et en cuivre, est intégrée dans un obus qui date probablement de 1915. Quatre baïonnettes torsadées encadrent cet obus.

L'ensemble évoque l'univers de Jules Verne et semble prêt à décoller pour la lune…

AUX ALENTOURS :

LA PELOTE PROVENÇALE 22

Le parking en face du musée (et de l'annexe de l'office de tourisme) est installé sur la place De Gaulle. En cherchant à y stationner (opération difficile), il est possible que vous soyez intrigué par un panneau indiquant l'ancien nom : « place du Jeu de Paume ». Et, si vous avez de bons yeux, vous pourrez voir, en haut de la façade de l'immeuble en face, un fronton de pelote provençale daté de 1920. Typiquement basque à l'origine, cette discipline était pratiquée à Villeneuve-Loubet, à Grasse et à Cannes. Issue de l'ancien jeu de paume, la pelote provençale s'appelait ici « paleta gomme » (avec une balle de caoutchouc dense, de 480 grammes) ou « paleta cuir » (avec une balle en cuir). 45 licenciés pratiquent toujours la pelote provençale à Villeneuve-Loubet, sur le fronton de pelote du gymnase Jean-Granelle, aux Plans, avenue des Plans.

LA PÉTANQUE AVEC DES BOULES CARRÉES 23

Montée de la Bourgade et rue Hyppolite-Guis, 06800 Cagnes-sur-Mer
Championnat du monde de pétanque carrée le 25 août

Les rues étant trop en pente, Cagnes inventa tout simplement la pétanque avec des boules carrées

En cette année 1980, Janot Delènne, membre actif du Cercle des Amis et ancien propriétaire de l'auberge de Cagnes, eut une idée : les rues du haut de Cagnes étant trop en pente et n'étant donc pas propices à la pétanque, il inventa tout simplement la pétanque avec des boules carrées !

Les règles sont sensiblement les mêmes qu'à la pétanque traditionnelle à ceci près que les parties se jouent avec des cubes en pin de couleurs différentes selon les équipes et que le bouchon (cochonnet) est un cube de bois non teinté. On joue les « pieds tanqués » (les pieds fixés au sol) en 13 points gagnants et le terrain est balisé sur les deux rues où ont lieu les parties, la montée de la Bourgade et la rue Hyppolite-Guis. On peut aussi bien jouer en descente qu'en montée et un championnat du monde a lieu chaque année le 25 août.

En France, Panissières près de Roanne, Arvieux dans le Queyras et Balleray dans le Morvan pour n'en citer que trois, pratiquent également ce « sport » qui privilégie surtout l'humour.

AUX ALENTOURS :

98, MONTÉE DE LA BOURGADE 24

La maison du numéro 98 montée de la Bourgade abrite, dans la ferronnerie de l'escalier, un « S ». Celui-ci fait référence au S de Simenon (Georges), l'inventeur du commissaire Maigret.

LA CHAPELLE NOTRE-DAME-DES-PILOTES 25

8, chemin Guillaumet

Passionné d'aviation, un architecte nommé Balin décida d'ériger une chapelle pour perpétuer la mémoire des aviateurs les plus célèbres de l'époque des débuts de l'aviation. Le 14 décembre 1958, Monseigneur Verder, évêque auxiliaire de Nice, posa la première pierre de la chapelle, sur le terrain jouxtant l'habitation de Monsieur Balin. Le 29 juillet 1959, une messe fut célébrée sur le chantier pour fêter le cinquantième anniversaire de la traversée de la Manche par Louis Blériot, mais les travaux, réalisés par le propriétaire et ses amis, prirent beaucoup de temps si bien qu'en 1979, après le décès de Balin, la chapelle fut laissée inachevée, avec parpaings apparents. Aujourd'hui l'axe de la chapelle reste judicieusement orienté vers l'aéroport de Nice dont on peut constater l'incessant trafic aérien. C'est aussi à la suite de cette initiative que les rues environnantes ont reçu des noms d'aviateurs célèbres comme Guynemer, Nungesser et Coli, Roland Garros, Mermoz ou Guillaumet.

LE PONT DES FRANÇAIS

26

Esplanade du Levant (dans le prolongement de la rue de l'Ancien-Pont)
06700 Saint-Laurent-du-Var

« Le fleuve Var servait de frontière entre la France et le Comté de Nice

De 1814 à 1860, lorsque la région passa sous contrôle du Piémont-Sardaigne, le fleuve Var (non répertorié comme l'un des cinq fleuves de France car en dehors du territoire de l'État à l'époque) servit de frontière entre la France et le Comté de Nice.

Un pont fut construit pour relier les deux rives du Var au niveau de la commune de Saint-Laurent-du-Var. Il fut naturellement appelé « pont des Français », comme l'atteste la borne encore visible aujourd'hui. Déplacée de quelques mètres et actuellement en bordure d'un grillage clôturant un parking un peu anarchique, la borne se trouve dans l'exact prolongement de la rue de l'Ancien-Pont. Cet ancien pont résista difficilement aux crues du Var et fut coupé plusieurs fois. Il perdit trois arches en 1848, quatre travées en 1852 et deux autres en 1855, ce qui conduisit à sa destruction définitive en 1857.

LE FLEUVE VAR

Le Var est un fleuve dont le nom veut dire « cours d'eau » en langue ligure. Il prend sa source à Entraunes à 1 800 mètres d'altitude et rejoint la mer Méditerranée entre Nice et Saint-Laurent-du-Var après un parcours de 120 kilomètres.

Le Var a donné son nom au département dont il était la limite orientale. Aujourd'hui ce fleuve ne coule plus dans le département du Var mais principalement dans le département des Alpes-Maritimes et effleure les Alpes-de-Haute-Provence à Entrevaux.

Le Var a un niveau habituellement bas, mais est réputé pour ses crues soudaines et son débit peut passer en quelques heures de 100 m^3/s à 1 000 m^3/s, voire beaucoup plus en cas de crue exceptionnelle.

LE CANON DE LACAN

27

Bastion du Dauphin
Porte Nord
06570 Saint-Paul-de-Vence

Un canon plein de noyaux de cerises

Si le canon pointé vers les visiteurs qui pénètrent dans le village de Saint-Paul-de-Vence est bien connu, peu connaissent son histoire et sa légende.

Authentique canon du XVIe siècle rapporté par l'armée de François Ier à Saint-Paul en 1544 après la bataille de Ceresole d'Alba (Piémont), cette pièce d'artillerie faisait partie des 14 canons pris à l'ennemi au cours du combat. L'armée française comptait en effet un petit contingent de Saint-Paulois, dont un capitaine d'artillerie nommé Lacan qui, après la victoire, rapporta le canon à Saint-Paul en guise de trophée de guerre. Le canon prit le nom de son propriétaire et vint renforcer la défense des nouveaux remparts.

À la fin du XVIe siècle, « l'affaire du canon », symbole de la longue rivalité opposant Vence et Saint-Paul, fit grand bruit : afin « d'atteindre et rabaisser l'orgueil de Saint-Paul », les habitants de Vence fomentèrent le projet de venir subtiliser le canon de Lacan, symbole de fierté pour les Saint-Paulois. Une Saint-Pauloise qui habitait Vence eut vent du complot et avertit les autorités de son village natal : il fut alors décidé de tendre un piège aux Vençois. Quand, en pleine nuit, ces derniers approchèrent de l'entrée du village pour dérober le canon, les Saint-Paulois, qui avaient chargé celui-ci de noyaux de cerises, mirent le feu aux poudres. Dans un fracas tonitruant, une pluie de noyaux s'abattit sur les pauvres Vençois. Tachés de rouge, ces derniers crurent être blessés et s'enfuirent dans une panique générale.

Encore racontée par les anciens du village, cette histoire ne serait en fait qu'une légende.

PARCEVAL

L'INSCRIPTION « PAR CE VAL »

28

11, la Placette
06570 Saint-Paul-de-Vence

« Deux grandes tragédiennes du siècle des Lumières

En remontant la rue Grande depuis la célèbre fontaine de Saint-Paul, on atteint la Placette, sur laquelle une porte attire le regard par l'inscription gravée qui la surmonte : « PAR CE VAL ». Cette devise signale l'emplacement de la demeure d'une des plus anciennes familles de Provence : les Alziari, devenus co-seigneurs de Roquefort au début XVIIIe siècle. On ignore le sens exact de cette formule, qui semble extraite d'une version du Salve Regina contenant les invocations : « En longs gémissements nos cœurs s'en sont allés, par ce val de misère où pleure notre rêve ». On sait, cependant, que c'est sous le pseudonyme de Saint-Val (ou Sainval) que deux sœurs Alziari de Roquefort connurent le succès en tant que sociétaires de la Comédie-Française.

L'aînée, Marie-Pauline-Christine (1743-1830), débuta en 1766 et fut l'une des tragédiennes les plus appréciées de Voltaire, qui écrivit à son sujet : « Elle a ce qu'on n'a plus au théâtre, les larmes ». Toutefois, malgré le grand talent qu'ils lui reconnaissaient, les critiques lui reprochaient sa laideur. Une rivale, Rose Vestris, sut tirer avantage de cet inconvénient et, grâce à ses appuis politiques, parvint à évincer Mlle Saint-Val aînée, qui fut dès lors contrainte de poursuivre sa carrière en province. Lorsqu'elle revint à Paris, les mots acides des critiques l'affectaient encore : jusqu'à sa mort, elle ne parut plus que couverte d'un voile. Sa sœur cadette, Marie-Blanche (1752-1836), partageait le même talent, mais se distinguait de son aînée par un physique agréable. Dès ses débuts en 1772, la critique la qualifia aussitôt de « petite enchanteresse ». Voltaire partageait cet avis : « Je suis homme à mourir de chagrin de n'avoir rien pu faire qui soit digne d'elle », écrivit-il. Quant à Beaumarchais, il lui donna à créer le rôle de la comtesse dans le *Mariage de Figaro*. Au début du XIXe siècle, Mlle Saint-Val cadette se retira près de son pays natal, dans l'île de Saint-Honorat, qu'elle avait achetée.

Les sœurs Saint-Val, que le succès avait considérablement enrichies, n'oublièrent cependant pas leurs racines : des actes de donation témoignent de leur générosité envers leur père, « demeurant ordinairement à Saint-Paul-lez-Vence ».

LE SALVE REGINA : UN HYMNE À LA VIERGE MARIE QUI DONNA NAISSANCE À L'HYMNE DE LA CORSE

Les hymnes à la Vierge Marie connus sous le nom de « Salve Regina » [Salut, ô Reine], ou simplement de « Salve », appartiennent au genre de l'antienne : il s'agit de refrains chantés avant et après un psaume. La première version du Salve Regina aurait été composée au XIe siècle. Cette prière donna lieu à plusieurs variantes et adaptations, dont la plus célèbre, aujourd'hui, est certainement le « Dio vi Salvi Regina », composé vers 1675 par le père jésuite Francesco de Geronimo : augmenté d'un couplet en langue corse, ce chant est devenu en 1735 l'hymne de l'Île de Beauté.

FANNY

LA FANNY DU CAFÉ DE LA PLACE

29

Café de la Place
Place De Gaulle
06570 Saint-Paul-de-Vence

La Fanny de Saint-Paul-de-Vence a été sculptée par César

Tout comme la place des Lices à Saint-Tropez, la place De Gaulle à Saint-Paul-de-Vence, avec son jeu de boules et son Café de la Place, est l'une des plus prestigieuses aires de jeu de pétanque au monde.

Pour ceux qui connaissent un peu les règles de ce jeu inventé à la Ciotat (voir chez le même éditeur le guide *Provence insolite et secrète*), il y a deux façons de perdre une partie : une manière « normale » avec un écart de points avouable et une manière particulièrement honteuse où le perdant n'a marqué aucun point. Ce score de 13 à 0 se nomme « faire Fanny ». La tradition veut ensuite que le perdant, sous les rires moqueurs des vainqueurs, aille « baiser Fanny ». Ladite Fanny se présente en général comme une scène de guignol, hébergée par le local du club bouliste ou, comme ici, par le café situé au bord du jeu de boules. L'un des gagnants va écarter les rideaux et laisser apparaître une paire de fesses féminines recouvertes d'un court jupon blanc sur lesquelles les perdants doivent alors déposer un baiser. La particularité de la Fanny du Café de la Place est d'avoir été créée par le célèbre sculpteur César et d'avoir été inaugurée le 2 septembre 1975 par Lino Ventura, qui fut, avec Yves Montand, l'un des joueurs les plus assidus.

Pour accéder à la Fanny à l'intérieur du Café de la Place, il est apprécié de prendre une consommation. Vous ne le regretterez pas : la terrasse est le meilleur poste d'observation du village et les prix sont raisonnables compte tenu de cet emplacement de premier ordre. Compter 8 € pour une salade niçoise et 2,20 € pour un verre de rosé.

L'office de tourisme de Saint-Paul-de-Vence organise des initiations à la pétanque sous la férule d'un maître en pétanque saint-paulois. Tarif : 8 € par personne. Inscription et renseignements :
Office de tourisme de Saint-Paul-de-Vence
2, rue Grande 06570 Saint-Paul-de-Vence
• Tél. : 04 93 32 86 95 • Mail : tourisme@saint-pauldevence.com
• www.saint-pauldevence.com

L'ORIGINE DE LA FANNY

La coutume de « baiser Fanny » viendrait de... Savoie. La serveuse d'un café de la ville du Grand-Lemps en Isère s'appelait Fanny et se laissait embrasser sur la joue pour consoler les perdants humiliés d'un 13 à 0. Le jour où se présenta le maire (contre qui elle avait semble-t-il une dent) qui venait de subir l'humiliante défaite, elle lui refusa ses joues et lui présenta ses fesses. Celui-ci ne se démonta pas et lança la tradition.

DEUX COLONNES ANTIQUES OUBLIÉES

30

Place du Grand-Jardin et place Godeau
06140 Vence

Deux colonnes à la une

Désormais intégrées dans le paysage de Vence, deux colonnes antiques jumelles, taillées dans le granit gris de l'Estérel, ne se remarquent presque plus.

L'une est située place du Grand-Jardin, devant l'office de tourisme, et l'autre place Godeau à l'arrière de la cathédrale. Selon certains, ces deux colonnes étaient destinées à orner un arc de triomphe érigé à Castellane, à la limite des territoires de Marseille et de Vence, à l'occasion de la réfection de la route reliant les deux villes. Pour d'autres, elles faisaient partie d'un temple dédié au dieu Mars, qui se trouvait à l'emplacement de l'actuelle cathédrale. Selon les inscriptions gravées sur leurs socles, elles auraient été offertes par les Marseillais aux Vençois au début du IIIe siècle après J.-C., sous l'empire de Caracalla, pour célébrer une longue tradition de relations commerciales entre les deux puissantes cités amies. L'initiateur du monument serait un certain Lulius Honoratus, procurateur de l'empereur, ancien centurion et gouverneur des Alpes-Maritimes.

Par la suite et comme cela se pratique couramment, les colonnes furent réutilisées et servirent de support à une voûte du chœur de la cathédrale. En 1765, à la suite de son agrandissement, les colonnes furent laissées à l'abandon. L'une d'elles fut alors mise à contribution pour soutenir le toit de l'ancienne poissonnerie. En 1910, la poissonnerie fut détruite et en 1966, on attribua à la colonne le rôle décoratif qu'elle remplit à merveille sur la place du Grand-Jardin. La seconde colonne, quant à elle, fut rapidement utilisée en ornementation sur l'actuelle place Godeau.

Curieusement l'allusion au dieu Mars évoquée par ces colonnes conduit parfois à un contresens quant au nom de la place Antony-Mars, en bordure des anciens remparts de la ville. Antony Mars était un dandy vençois, compositeur d'opérettes au temps de la Belle Époque, qui n'a rien à voir avec le dieu de la guerre ni avec le diminutif en vogue aujourd'hui pour désigner Marseille.

LE DONJON DU MALVANS

31

Quartier du Malvans 06140 Vence
• Accès : compter environ une heure aller-retour, et équipez-vous de chaussures de marche, le sentier étant empierré et accidenté. Depuis le centre-ville, emprunter en voiture la route de Grasse et de Tourettes-sur-Loup. À 1,5 kilomètre, prendre à droite le chemin des Cambreniers. Sur la droite en montant, près d'un portail, l'amateur d'insolite ne manquera pas cette niche avec un ours et l'indication « Berlin : 1 685 km ». Le chemin grimpe et on laisse la voiture avant que le revêtement en goudron ne disparaisse. Montée raide jusqu'à la chapelle. Le donjon se trouve juste à côté

« Le château de la reine Jeanne ?

Datant du XIIe siècle, le donjon du Malvans faisait probablement partie d'un hameau fortifié abandonné à la fin du Moyen Âge, sans doute à la suite d'une épidémie de peste.

Comme bien d'autres ruines dans la région, celle-ci porte le nom de château de la reine Jeanne. Une légende tenace et magnifique rattache en effet la souveraine à ce lieu. La reine, plus préoccupée de galanterie (pour dire les choses avec sobriété…) que de bonne gestion de son royaume, serait venue séjourner ici autour de l'année 1350. La nuit de Noël, elle se morfondait de ne pas avoir vu Aubépin, son page préféré, la rejoindre, quand ce dernier se présenta. Fou de jalousie, l'un des courtisans qui était présent poignarda son jeune rival sous les yeux de sa Majesté. Quelques années plus tard, alors que la reine Jeanne était revenue au château du Malvans, déserté depuis le drame, celle-ci découvrit un buisson d'aubépine à l'endroit exact où Aubépin avait été poignardé. Aux douze coups de minuit, l'arbuste se colora de mille fleurs rouges… Depuis, la légende veut que, toutes les nuits de Noël, un buisson d'aubépines se couvre de fleurs dans les ruines du donjon du Malvans.

LE REINE JEANNE

Fille de Charles, duc de Calabre et de Marie de Valois, Jeanne 1re (1326-1382), dite la reine Jeanne mais également comtesse de Provence, de Forcalquier et du Piémont, régna sur Naples, la Sicile et Jérusalem. Elle ne parlait cependant pas le latin, ce qui la privait de toute compréhension des actes qu'elle signait… D'une grande beauté et d'un esprit remarquable, elle avait un appétit sexuel insatiable, se maria plusieurs fois et finit étranglée par son cousin Charles de Duras. Elle ne vint qu'une seule fois en Provence (à Avignon) où chaque ville et village prétend l'avoir hébergée dans ses murs…

LA STATUE D'EUGÈNE SUE

32

Place Eugène-Sue 06480 La Colle-sur-Loup

> **« Eugène Sue me regarde... Je t'aime**

Sculptée par Théo Giordan, un artiste local, pour le centenaire de la mort d'Eugène Sue et inaugurée en 1954, la statue de l'écrivain rappelle les origines colloises de sa famille. Elle fut inaugurée par Simone Signoret en raison d'une histoire savoureuse… Simone Signoret et Yves Montand passaient l'essentiel de leurs vacances au mythique hôtel de La Colombe d'Or à Saint-Paul-de-Vence, juste en face de La Colle, qu'ils traversaient souvent pour se rendre à l'hôtel. En 1950, Yves Montand enregistrait le fameux sketch *Le télégramme* dans lequel il dicte à la préposée de la Poste la célèbre phrase :

« La statue est toujours à la même place, Eugène Sue me regarde…
– Eugène, comme le prénom ?
– Oui…
– Ensuite ?
– Sue… Eugène Sue
– Épelez. »

Un an plus tard, il célébrait son mariage avec Simone Signoret à Saint-Paul.

EUGÈNE SUE (1804-1857)

Descendant d'une famille de médecins originaire de La Colle-sur-Loup, Eugène Sue deviendra chirurgien dans la Marine et en démissionnera six ans plus tard. À partir de 1931, il habite à Paris où il fréquente Alexandre Dumas, Honoré de Balzac et Stendhal. Bénéficiaire d'un important héritage, il vit de ses rentes et écrit ses premières œuvres, pièces de théâtre et romans maritimes, d'aventure, de mœurs et historiques. Ce sont cependant ses feuilletons tels que *Les mystères de Paris* et *Le Juif errant* qui lui assureront une immense renommée. En 1844, il quitte Paris pour Orléans et se lance dans la politique. Situé très à gauche de l'échiquier politique, il est arrêté pendant le coup d'état de Napoléon III et s'exile définitivement à Annecy où il mourra en 1857.

Détail insolite, la date de naissance d'Eugène Sue varie selon ses biographes et pas moins de six dates différentes ont été avancées : 17 janvier 1803 selon l'un de ses éditeurs Maurice Lachâtre, 1er janvier 1803 pour Alexandre Dumas, 1er janvier 1801 pour Eugène de Mirecourt (auteur prolifique et principal détracteur d'Alexandre Dumas qu'il accusait de faire écrire ses œuvres par des « nègres »), 10 décembre 1804 pour le journaliste Paul Ginisty et 8 février 1804 pour Francis Lacassin (essayiste inventeur de la formule « 9e art » pour désigner la bande dessinée). Selon Jean-Louis Bory (critique de cinéma et écrivain, personnage qui s'est fait connaître par l'émission mythique *Le masque et la plume*), Eugène Sue serait né le V pluviôse An XII de la République, soit le 26 janvier 1804.

AUX ALENTOURS :

UN CACHOT SUR LA RUE

33

26, rue de la Victoire
06480 La Colle-sur-Loup

Dans le beau village de La Colle-sur-Loup, une porte banale est signalée par un curieux petit panneau : « Ancienne prison ». En faisant coulisser le lourd verrou, la porte s'ouvre sur un couloir très étroit, au bout duquel se trouve une couchette en planches. On imagine que le séjour en ces lieux devait être particulièrement pénible. Malgré l'appellation « prison », il semble plutôt que nous soyons en présence d'une « salle de dégrisement » où l'on pouvait isoler un individu que l'abus d'alcool avait rendu un peu trop agressif. Cette cellule servait donc d'annexe à la prison de Saint-Paul-de-Vence dont dépendait le quartier des « Colles » (coteaux), La Colle-sur-Loup n'étant devenue commune autonome qu'en 1792.

A
I.N.R.I.

LES FRESQUES DE LA CHAPELLE SAINT-JEAN 34

Chapelle Saint-Jean
Route de Saint-Jean
06140 Tourrettes-sur-Loup

La reconversion de Ralph Soupault

En 1959, Ralph Soupault, dessinateur assigné à résidence à Tourrettes-sur-Loup, proposa ses services pour peindre les murs de la chapelle Saint-Jean. Libéré par anticipation pour raison de santé, il avait été condamné à 15 ans de travaux forcés pour collaboration. Avant et pendant la guerre, il avait en effet mis son talent au service des pires causes de l'époque. Il fut nommé responsable du PPF (parti populaire français créé par Doriot) de Paris, dont les membres, vêtus de noir, faisaient le salut nazi. Après sa libération prématurée, Soupault se recycla dans les illustrés pour la jeunesse et, sous le pseudonyme de Jean-François Guindeau, dessina dans *Cœurs Vaillants* ainsi que dans *Fripounet et Marisette*. Hergé lui-même, ne connaissant pas le passé de Soupault, le recommanda au rédacteur en chef du journal *Tintin*.

Les fresques de la chapelle représentent des scènes bibliques et des moments de la vie villageoise. Leur originalité, outre le style naïf, est de dépeindre les véritables habitants du village. Aujourd'hui, les Tourretans peuvent ainsi retrouver les visages d'amis, de parents ou de grands-parents disparus.

Sur la fresque de l'Arche de Noé apparaît également le personnage de Lanza del Vasto, créateur des Communautés de l'Arche. Ce disciple de Ghandi vécut à Tourrettes où il fonda la première de ces communautés en 1948 avec certains de ses adeptes. Enfin, au-dessus de la porte de la chapelle, une fresque rappelle que les violettes sont une spécialité du village.

LANZA DEL VASTO

Joseph Lanza del Vasto (29 septembre 1901 à San Vito dei Normanni, Italie - 5 janvier 1981 à Murcie, Espagne), de son vrai nom Giuseppe Giovanni Luigi Enrico Lanza di Trabia, fut philosophe, poète et artiste (sculptures et dessins). Il est surtout connu pour avoir créé les Communautés de l'Arche qui fonctionnent selon le modèle des ashrams en Inde et se donnent pour but l'exercice, la prière et le travail. En 1936 il partit en Inde rencontrer Gandhi et, aux sources du Gange, dans l'Himalaya, reçut sa mission : « rentre et fonde ». De la Palestine au Larzac, de la guerre d'Algérie à la bombe atomique, Lanza del Vasto s'impliqua alors dans un combat non-violent ponctué de grèves de la faim. Son livre *Le pèlerinage aux sources* (éditions Denoël, 1943) fut un best-seller.

Col de Valferrière
Mgne de l'Audibergue
Caussols
Gges du Loup
1169
Napoléon
1642
D 6085
44
1553
Plateau de Caussols
D 12
Gourdon
D 563
Escragnolles
Pas de la Faye
(981)
Col de Ferrier
1039
1335
Le Bar-sur-Loup
20
Belvre de Baou Mourine
St-Vallier-de-Thiey
1245
Magagnosc
Baume Obscure
780
Mons
16-19
Col de la Lèque
D 5
Col du Pilon
GRASSE
695
D 4
Châteauneuf-Grasse
Grottes de St-Cézaire
24-26
D 7
Cabris
D 37
Spéracèdes
D 13
Plascassier
21
Le Tignet
22
23
St-Cézaire-sur-Siagne
Peymeinade
Callian
D 2562
St-Jacques
Mouans-Sartoux
15
D 9
D 6185
Fayence
3m3
Montauroux
Siagne
Tourrettes
14
Moulin-Vieux
La Roquette-sur-Siagne
D 19
D 562
Auribeau-sur-Siagne
D 563
56
Pégomas
D 56
Tanneron
N.-D.-de-Peygros
St-Jean
Lac de St-Cassien
Massif du Tanneron
516
D 109
St-Paul-en-Forêt
41
Mandelieu-la-Napoule
40
39
Esterel
L'Église
Golfe
Bagnols-en-Forêt
13
Les Adrets-de-l'Esterel
D 6007
La Napoule
376
Théoule
32
D 6098
E 80
514
MASSIF DE L'ESTEREL
Mt Vinaigre
Pic de l'Ours
A 8
N 7
492
Pnte de l'Aiguille
Miramar
D 4
Zoo
10
38
N.-D. de Jérusalem
Pic d'Aurelle
322
Le Trayas
Canaver
37
D 37
La Tour-de-Mare
Pic de Cap Roux
453
Puget-sur-Argens
D 100
Valescure
Agay
D 559
Pnte de l'Observatoire
4m2
St-Raphaël
Anthéor
1-7
Fréjus
8
9
10
12
Le Dramont
D 8
D 559
Fréjus-Plage
Sémaphore
D 7
Boulouris
Cap du Dramont
Étang de Villepey
Golfe de Fréjus
11
Corniche de l'Esterel
St-Aygulf
Col de Bougnon
154
242
Les Issambres

FRÉJUS, SAINT-RAPHAËL, GRASSE ET ALENTOURS

LE PORT ROMAIN DE FRÉJUS

❶

- Visite guidée par Philippe Cantarel, guide à l'office de tourisme de Fréjus
- Renseignements et inscriptions :

Office de tourisme de Fréjus, 249, rue Jean-Jaurès 83600 Fréjus
- Tél. : 04 94 51 83 83 • Mail : tourisme@frejus.fr • www.frejus.fr

« Le seul port romain de France encore visible

Pour les amateurs d'antiquité romaine, Fréjus est une ville incontournable. Ce sont en général les arènes, le théâtre et l'aqueduc qui ont la faveur des visiteurs. L'importance de Fréjus au temps des Romains tient pourtant en premier lieu à son port.

Alors que les ports de la façade sud de la Gaule sont grecs, Forum Julii fut le point d'ancrage de la flotte romaine. D'une superficie de 17 hectares, le port accueillit les 300 galères prises par Octave à la flotte d'Antoine, allié de Cléopâtre, lors de la bataille d'Actium au large de la Grèce, en 31 avant J.-C.

Le circuit consiste à faire le tour de l'enceinte de ce port aujourd'hui comblé : la visite commence par la porte d'Orée qui n'est pas une porte mais sans doute un arc des thermes du port. La butte Saint-Antoine, elle, est une zone vierge de constructions récentes en plein cœur de Fréjus où l'on suppose que le préfet maritime avait son logement de fonction. Le cloaque (égout) est nettement perceptible au milieu des ruines et débouche dans le boulevard Séverin-Decuers. Enfin, le chemin de la lanterne d'Auguste mène logiquement à ce curieux monument qui n'est très probablement pas un phare comme il fut supposé auparavant mais l'entrée du port dont la hauteur aurait pu être utilisée comme mire pour permettre aux pilotes de s'aligner de loin dans l'axe de sa passe.

Le plus insolite des vestiges du port reste la bitte d'amarrage, au bout du chemin de la lanterne d'Auguste. Taillée dans de l'esterellite (porphyre bleu autrefois extrait de l'Estérel), cette bitte comporte à sa base la trace des frottements des cordages ayant usé la pierre et sert aujourd'hui de bloc dissuasif au parking sauvage.

S'il est possible d'emprunter sans guide le chemin de la lanterne d'Auguste, il serait dommage de se priver de la compétence et de l'humour de Philippe Cantarel, guide à l'office de tourisme.

AUX ALENTOURS :

L'HEXAÈDRE FUNÉRAIRE DE LA RÉSIDENCE EDEN PARK

❷

Résidence Eden Park, Rue Jean-Carrara 83600 Fréjus

Lors de la construction de la résidence Eden Park, dans les années 1980, une tombe romaine fut découverte. Démontée pierre par pierre et remontée quelques mètres plus loin pour être conservée en l'état, elle est visible dans le jardin librement accessible de la résidence. Elle contenait une urne funéraire en forme d'hexaèdre et une partie de sa surface est recouverte de marbre blanc.

PROMENADE SUR LES VESTIGES DU BARRAGE DE MALPASSET

3

Sortie de l'autoroute A8 n°38 Fréjus-Centre. Au premier rond-point (de Galagon), prendre à gauche direction Malpasset. Faire 5 kilomètres et laisser la voiture au parking juste après les piles du pont de l'autoroute. Une baraque d'initiative privée vend un guide avec l'historique du barrage et propose d'accompagner les promeneurs. Prendre le chemin et compter une heure aller-retour pour aller au pied du barrage

« En 1959, le barrage de Malpasset déversa 50 millions de mètres cubes d'eau sur Fréjus...

Le 2 décembre 1959 à 21h13, une série de craquements sourds alerta la population des alentours de Fréjus. Le barrage de Malpasset venait de céder et de lâcher une vague de 50 millions de mètres cubes d'eau sur 40 mètres de haut qui déferla à la vitesse de 70 km/h vers la ville. La catastrophe fit 423 victimes et André Coyne, l'ingénieur qui avait conçu le barrage, décéda six mois plus tard.

Il semble que ce ne soit pas la conception du barrage de type barrage-voûte, réputé pour sa solidité (même si en l'occurrence il s'agissait d'un ouvrage à voûte mince) qui a causé la catastrophe mais plutôt la fragilité des roches sur lesquelles s'appuyait l'édifice. En cet hiver 1959, des pluies torrentielles avaient rempli la retenue trop rapidement pour permettre un contrôle efficace du niveau. Par ailleurs, le chantier du pont de l'autoroute sur la rivière empêchait d'inonder le lit du Reyran.

Cinquante années se sont écoulées, et pourtant, aujourd'hui encore, au détour d'un méandre apparaissent soudain des blocs de béton de plusieurs tonnes, restes du barrage, véritable plaie béante semblant s'accrocher désespérément à la roche blessée. La nature autour du Reyran a repris ses droits et semble indifférente au drame passé.

Deux autres circuits permettent de voir les ruines du barrage de Malpasset. Ils sont décrits dans un document fourni par l'office de tourisme de Fréjus.

Office de tourisme de Fréjus
249, rue Jean-Jaurès 83600 Fréjus
• Tél. : 04 94 51 83 83 • Mail : tourisme@frejus.fr • www.frejus.fr

LA MOSQUÉE MISSIRI

4

Rue des Combattants-d'Afrique-du-Nord, RD4, 83600 Fréjus
• La mosquée n'est pas accessible (grillages, barbelés) mais est visible de l'extérieur

> « Une mosquée construite par les tirailleurs sénégalais

L'initiative des soldats indochinois servant dans l'armée française qui avaient construit une pagode pour pouvoir pratiquer leur culte (voir page 183) fut imitée un peu plus tard par les tirailleurs sénégalais de confession musulmane.

Achevée en 1930, la mosquée est la copie, en un peu plus petit, de la mosquée Missiri de Djenné, ville du Mali dans la moyenne vallée du Niger. Elle vit le jour grâce au capitaine Abdel Kader Madenba qui n'hésita pas à aller se plaindre auprès du colonel Lame : « Les Annamites ont leur temple, les Malgaches leur théâtre, mais pour nous, les Sénégalais, rien. » L'environnement de la mosquée fut même agrémenté de cases africaines et de fausses termitières réalistes…

AUX ALENTOURS :

LES ATLANTES DE LA RUE SIÉYÈS

5

53, rue Siéyès 83600 Fréjus

Lorsque l'on emprunte la rue Siéyès à Fréjus, il est difficile de rater l'extraordinaire porte encadrée de deux immenses atlantes supportant des charges de portefaix (l'appellation des dockers à cette époque). Contrairement à la norme, ces atlantes ne supportent pas de balcon, l'édifice n'en comportant pas. Construit au XVIIe siècle par le lieutenant général de l'amirauté de Fréjus, François Vaixière (lieutenant de 1665 à 1687), cet hôtel particulier a aussi la particularité de posséder des atlantes dits « engainés », leur partie inférieure étant prise dans une gaine.

Enfin, un examen attentif de cet encadrement de porte exceptionnel surprend davantage : le visage qui se trouve juste au-dessus du centre de la porte ressemble plus à un faune (créature incarnant la force vitale de la nature se référant au satyre grec) qu'à un humain « normal », et… il tire la langue.

ATLANTES ET CARIATIDES

Il est d'usage d'appeler atlantes les statues d'hommes et cariatides celles de femmes. Les atlantes font référence à Atlas, dieu qui portait le monde sur ses épaules.

Les cariatides, elles, doivent leur nom aux femmes de Caryes, ville de Grèce dans le Péloponnèse. S'étant alliés aux Perses lors des guerres médiques (entre la Perse et la Grèce), les habitants de cette ville furent exterminés par leurs compatriotes. Leurs femmes furent réduites en esclavage et condamnées à porter de lourds fardeaux.

Selon une autre hypothèse, le nom de cariatides, du grec *karuatides*, proviendrait du fait que les femmes de la ville de Karue avaient été enlevées à la destruction de la ville et avaient servi de modèle à des statues.

LA PAGODE BOUDDHIQUE HÔNG HIÊN

6

13, rue Henri-Giraud 83600 Fréjus
• Tél. : 04 94 53 25 29 • Mail : pagodehonghien@yahoo.com
• Ouvert tous les jours, y compris les week-ends et les jours fériés. Du 2 avril au 31 octobre, de 10h à 19h ; du 1er novembre au 1er avril, de 10h à 12h et de 14h à 17h
• Tarif : 2 € par personne

Le plus grand bouddha couché d'Europe

Si l'on se penche sur le passé militaire de Fréjus, la présence d'une pagode bouddhique dans cette ville n'a en fait rien de surprenant. Lorsque la France enrôlait dans son armée un grand nombre d'hommes originaires des colonies, il n'était pas évident de les préparer à combattre dans un environnement climatique si éloigné de leur région d'origine. Fréjus servait alors de transition entre les climats souvent chauds et humides des possessions coloniales et celui, glacial, des champs de bataille. C'est ainsi que nombre de Vietnamiens venus combattre aux côtés des Français pendant la Première Guerre mondiale séjournèrent ici.

Afin de trouver sur place un lieu de culte correspondant à leurs croyances, les soldats du 4e régiment d'infanterie coloniale décidèrent en 1917 de construire la pagode Hông Hiên. Transformée et agrandie en 1972, celle-ci est située tout près du Mémorial des guerres en Indochine où reposent les corps rapatriés, depuis 1987, des civils et militaires morts en service commandé en Indochine.

La visite permet de se promener uniquement dans le jardin, l'accès à l'intérieur étant réservé aux pratiquants bouddhistes. La statue la plus spectaculaire est le bouddha allongé (le plus grand bouddha couché d'Europe), long de 10 mètres et construit en béton. Le long des chemins, des personnages de la mythologie bouddhique accompagnent le promeneur et surprennent par leurs couleurs très vives. Enfin, la cloche monumentale domine le passant du haut de ses 2,50 mètres et de son poids de deux tonnes.

LA CRYPTE DE L'IMMEUBLE « LE KIPLING » 7

305, avenue Aristide-Briand 83600 Fréjus
• Visites : en juillet et en août, les jeudis à 10h, 11h30 et 16h30 ; de septembre à juin, les mercredis à 14h et 15h30
• Tarif : 4 € (12 personnes maximum)
• Inscriptions au Musée archéologique, Place Calvini 83600 Fréjus ; tél. 04 94 52 15 78 • Renseignements : Service du Patrimoine de Fréjus ; tél. 06 37 67 73 73 ; animation.patrimoine.frejus@wanadoo.fr

Un gigantesque vivier d'époque romaine

En 1998, une demande de permis de construire dans le périmètre de la ville romaine de Fréjus nécessita une fouille préventive, qui ne donna rien. Dix ans plus tard, en 2008, un nouveau permis de construire ayant été obtenu, un autre diagnostic archéologique fut entrepris à titre de précaution : ce projet prévoyait en effet de creuser 50 centimètres plus profondément que le précédent. Cette fois, les recherches permirent de découvrir un immense vivier d'époque romaine, d'une contenance de 500 m^3.

Pierre Excoffon, archéologue à la ville de Fréjus et directeur adjoint du service du patrimoine, fut le responsable du projet et de la fouille. Grâce à la bonne volonté du promoteur, ainsi qu'à l'engagement de la ville et de l'État, il a démontré qu'il était possible de conserver des vestiges et de les mettre à la disposition du public sans que cela nuise à la réalisation d'un grand projet immobilier : depuis juillet 2013, une crypte ponctuée de piliers de béton permet en effet de visiter cet ancien vivier, coiffé d'un immeuble contemporain.

Le vivier, entièrement conservé, se présente sous la forme d'un bassin de plus de 500 m^3 creusé dans le rocher, traversé par trois arches et raccordé à la mer par trois canaux. On note, par ailleurs, qu'une martelière en bois a pu y être restaurée. Ce dispositif, qui était destiné à boucher l'un des canaux, est aujourd'hui présenté dans la crypte.

D'après sa forme et son agencement, il est probable que le vivier ait été conçu à la place d'un ancien puits-citerne : son architecte aurait donc adapté sa configuration à celle de la structure préexistante, ce qui donna lieu aux aménagements particuliers que l'on découvre aujourd'hui. Ceux-ci permirent de stocker, et peut-être d'élever, des poissons vivant dans un milieu où se mêlaient eau de mer et eau douce.

Les fouilles ont aussi montré que l'ouvrage fut comblé, probablement avant la fin du Ier siècle de notre ère. Cet endroit est ensuite devenu un site d'habitat, puis une zone artisanale de traitement du murex (coquillage marin dont on extrayait une teinture, la « pourpre de Tyr »), à la fin de l'Antiquité. Un puits et une tombe témoignent encore de la fréquentation des lieux au VIe siècle… La zone fut finalement abandonnée et ne connut plus d'occupation jusqu'au XVIIe siècle, époque à laquelle un second puits y fut aménagé.

Photographie P. Groscaux (CCT/AMU/CNRS) - © Ville de Fréjus

MENHIRS, DOLMENS ET PIERRE GUÉRISSEUSE À SAINT-RAPHAËL

8

Un menhir guérisseur

Saint-Raphaël compte un certain nombre de vestiges préhistoriques pas toujours faciles à trouver dans ce paysage très urbanisé. Quatre d'entre eux, datant de la période néolithique (il y a entre 6 000 et 2 300 ans), méritent une visite.

Le menhir d'Aire-Peyronne est un bloc de porphyre rouge de 2 mètres de haut gravé de 200 cupules. Ces trous creusés de main humaine seraient les plus anciens signes que l'homme ait tracés sur la pierre. Autrefois, ce monolithe était appelé « la pierre guérisseuse », des propriétés bienfaisantes lui ayant été attribuées depuis des siècles. On raconte à l'inverse qu'une jeune femme, docteur en médecine, se fit photographier assise sur le sommet du menhir avec le sourire narquois de ceux « qui n'y croient pas ». Elle fut prise le lendemain de douleurs lancinantes et inexplicables à l'endroit même où elle avait été en contact avec la pierre...

Le menhir des Veyssières, au rond-point de Veyssières, au début du boulevard Kennedy, est légendé par un panneau : « Monument cultuel en grès permien, érigé à l'époque chalcolithique, il y a 4 500 ans ».

Après diverses péripéties dont un déplacement à Draguignan, l'autre menhir des Veyssières a aujourd'hui regagné Saint-Raphaël. Il est dans la cour du musée d'Archéologie sous-marine et de Préhistoire. Une tête humaine et un serpent sont sculptés sur l'une de ses faces.

Enfin, le dolmen de Valescure est composé de six grandes dalles sans table et se trouve dans le jardin de l'hôtel Latitudes. Il suffit de se présenter à la réception et l'on vous indiquera aimablement le chemin.

En breton dolmen signifie « table de pierre » et menhir « pierre longue ».

Menhir d'Aire-Peyronne : RD100, 83700 Saint-Raphaël
• Accès : depuis le rond-point de l'Aspé (à côté du cimetière du même nom), prendre la RD100 (route en impasse) en direction de la carrière du grand Caous. À la carrière, compter 1,5 kilomètre. D'un petit col partent deux chemins l'un à gauche, l'autre à droite, fermés par des barrières. Le menhir est sur le chemin de droite à quelques mètres.
Menhir des Veyssières : Rond-point de Veyssières 83700 Saint-Raphaël
• En bordure du rond-point
Deuxième menhir des Veyssières : Musée archéologique de Saint-Raphaël, Place de la Vieille-Église 83700 Saint-Raphaël, Tél. : 04 94 19 25 75
• Ouvert du mardi au samedi, de 9h à 12h et de 14h à 18h • Entrée libre
Dolmen de Valescure : Hôtel Latitudes, Boulevard Darby-Valescure, 83700 Saint-Raphaël • Tél. : 04 94 52 68 00

LES MARGUERITES DE LA BASILIQUE NOTRE-DAME-DE-LA-VICTOIRE-DE-LÉPANTE

9

Place du Parvis-Jean XXIII Boulevard Félix-Martin 83700 Saint-Raphaël
• Visite guidée : La Belle Époque à Saint-Raphaël, Circuit des belles demeures
• Renseignements et inscriptions à **l'office municipal de tourisme**
Quai Albert-Ier BP 210, 83702 Saint-Raphaël Cedex
• Tél. : 04 94 19 52 52 • Mail : information@saint-raphael.com

Une marguerite en guise de signature

La taille imposante de la basilique Notre-Dame-de-la-Victoire-de-Lépante représente bien l'état d'esprit de Saint-Raphaël à la fin du XIXe siècle. Achevé en 1883 dans un style néo-byzantin, l'édifice porte son nom à la demande de Pierre Aublé, son architecte. Issu d'une vieille famille lyonnaise, celui-ci naquit cependant à Rhodes, île qui joua un rôle dans la célèbre bataille de Lépante (voir encadré). Celle-ci fut remportée en 1571 par la coalition des pays chrétiens sauf la France. Pierre Aublé faisait partie de cette génération d'ingénieurs chargés de surveiller au Moyen-Orient les grands chantiers coloniaux. À son retour en France, il fut recruté par Félix Martin, maire de Saint-Raphaël, qui avait pour ambition de faire de la ville une nouvelle et prestigieuse station balnéaire, renvoyant ainsi Fréjus à ses ruines romaines. Pierre Aublé, par nécessité, devint architecte et construisit, outre la basilique, plus de 150 villas (dont seules 40 subsistent). Leurs constructions se ressemblent et sont de style dit « para-palladien » en référence aux villas classiques de l'architecte italien de la Renaissance, Palladio. Aublé utilisait largement les colonnades, les loggias, les escaliers et les motifs antiques et ornait les corniches de frises peintes.

À l'instar de nombreux architectes, Pierre Aublé tint à apposer sa signature sur ses édifices. Il le fit de manière subtile : dans chacune de ses constructions, on retrouve une ou plusieurs marguerites, fleur qui fut également le prénom de son épouse…

Ici, les marguerites sont en mosaïque et ornent le sol de la travée centrale.

LA BATAILLE DE LÉPANTE

Cette bataille pour l'hégémonie en Méditerranée opposa la flotte chrétienne, composée des navires espagnols, vénitiens, génois, pisans, ainsi que de ceux des Chevaliers de Malte, à la flotte ottomane.
La bataille fut une déroute totale pour la flotte turque qui perdit 260 navires sur les 300 qui la composaient, 30 000 hommes et 39 étendards.
La France, alliée de l'empire ottoman, connut alors une défaite. Cet événement explique pourquoi il n'y a pas de rue de Lépante dans les villes françaises... sauf à Nice, ville italienne jusqu'à son rattachement à la France en 1860.

LA COMMUNE LIBRE DES TEMPLIERS

10

Mairie de la Commune Libre des Templiers
54, rue des Templiers
83700 Saint-Raphaël
• Tél. : 06 80 73 04 43

« *Une commune plutôt loufoque*

Depuis 1998, il existe à Saint-Raphaël une commune libre qui ne semble pas vouloir opter pour le séparatisme mais plutôt pour instaurer dans la ville un état d'esprit fortement marqué par la loufoquerie. Adhérente de la Charte des Communes Libres dont font partie Belleville et Montmartre à Paris, la « CLT », comme on l'appelle ici, s'est donnée pour mission d'initier les étrangers aux rites locaux et de dilater la rate de ses concitoyens.

Parmi les nombreuses manifestations organisées par la CLT notons d'abord la Transat en sanitaire, course nautique dont le règlement stipule que l'embarcation doit être une baignoire. Une autre compétition très prisée est la course des lits où les pilotes, nécessairement allongés, n'ont pas le droit de dormir. Et bien sûr, il ne faut pas manquer de signaler le fameux concours de boules carrées (voir page 163 Cagnes-sur-Mer) où les gagnants ne tournent pas toujours rond !

Toutes ces manifestations ont pour finalité commune une grande convivialité partagée dans les banquets qui concluent invariablement ces compétitions burlesques. Mais l'association propose également une véritable activité pédagogique puisque des cours de langue provençale ou de galoubet (flûte traditionnelle provençale) ont lieu chaque semaine. Notons cependant que parmi ces activités « sérieuses » se glissent des disciplines un peu plus décalées comme les ateliers de travail pour la construction d'engins non-identifiés (baignoires flottantes, vélos sans roue, autruches, etc.).

La « Commune » a marqué son territoire autour de la rue des Templiers (qui doit son nom au fait qu'elle se trouve devant l'église des Templiers) et quelques plaques de rue attestent son existence réelle. L'une d'elles se moque même gentiment des plaques officielles qui rendent hommage aux héros de la Résistance.

Détail de la façade du local de l'association

L'ÎLE D'OR

11

83700 Saint-Raphaël

> *L'île Noire de Tintin ?*

En découvrant l'île d'Or, située à quelques encablures du rivage à l'est de Saint-Raphaël, au niveau de la plage du Dramont, un lecteur assidu de Tintin pensera immanquablement à la couverture de l'album *L'île Noire* d'Hergé, mais d'autres associent plutôt l'île Noire au phare de Morlaix en Bretagne.

Vendue aux enchères par l'État en 1897, l'île d'Or a été adjugée à un certain Monsieur Sergent pour 280 francs. On raconte qu'après une bouillabaisse très arrosée, ce dernier la joua aux cartes et la perdit. C'est son nouveau propriétaire, le docteur Auguste Lutaud, qui construisit la tour sarrasine, sur un plan carré, alors que la grande majorité des tours de la région étaient, conformément au modèle génois, de forme ronde. En 1912, son œuvre réalisée, le docteur Lutaud s'autoproclama « roi de l'île d'Or » sous le nom d'Auguste Ier. Il frappa monnaie et émit des timbres. Après sa mort (ses cendres se trouvent sur l'île, face au large), monsieur François Bureau, officier de marine, acheta l'île en 1961. Il périt en faisant son tour du propriétaire quotidien à la nage.

L'île est aujourd'hui toujours privée et ses propriétaires, lorsqu'ils y résident, hissent un pavillon pour indiquer que la tour est habitée. Aucune desserte de l'île n'est assurée et les propriétaires demandent à ceux qui y débarqueraient cependant de ne pas y laisser des papiers gras et autres déchets.

AUX ALENTOURS :

UN VOLCAN SUR LA PLAGE : LES ROCHERS DE LA BATTERIE DES LIONS 12

Chemin du littoral 83700 Saint-Raphaël

• Accès par le parking juste après le port de Santa-Lucia. Les rochers se trouvent au tout début du chemin piétonnier du littoral

Les îlots du « Lion de terre » et du « Lion de mer », que l'on peut observer au début du chemin du littoral, possèdent des motifs géométriques surprenants. Ces prismes, qui ressemblent à des tuyaux vus de profil ou à un mur de pierres régulières vu de face, sont en fait des blocs de lave solidifiée, l'activité volcanique de la région (il y a quelque 60 millions d'années) ayant fait s'échapper de la lave à travers des cheminées. Cette pierre appelée « trachyte » est cousine de la rhyolite (voir page 192 la carrière de meules en rhyolite de Bagnols-en-Forêt).

LA TAILLERIE DE MEULES DE BAGNOLS

13

GR51, 83600 Bagnols-en-Forêt
• L'office de tourisme de Bagnols-en-Forêt peut fournir un plan ainsi qu'un fascicule consacré aux meules et à la technique du broyage des grains et des olives. • Accès : compter environ 2 heures aller-retour à pied pour visiter la taillerie de meules. De bonnes chaussures sont conseillées. Pour accéder au site depuis Bagnols-en-Forêt, prendre la RD47 vers la chapelle Notre-Dame. Se garer sur le parking du cimetière juste après la chapelle et suivre la large piste interdite au trafic automobile. 900 mètres après, tourner à droite à l'embranchement fléché « Tailleries de meules et col de la Pierre de Coucou ». Au col, tourner à droite en empruntant le GR51 et monter en suivant le panneau indiquant la carrière de meules. Après une bonne montée, les premières meules apparaissent à droite et à gauche du GR.

Un site millénaire

Le site de la taillerie de meules de Bagnols est particulièrement émouvant. Les meules en cours d'extraction ont été laissées sur place, sur leur gangue rocheuse, comme si les carriers avaient été surpris en plein travail et avaient dû l'interrompre précipitamment. Une dérivation du GR sur la gauche conduit à un balcon dominant Fréjus et le rocher de Roquebrune. C'est là que se trouvent les deux plus « belles » meules en rhyolite* : d'un diamètre de 60 centimètres, elles datent de l'époque gallo-romaine et étaient destinées à des moulins à grain familiaux. La plupart des autres meules visibles, d'un diamètre de 90 à 160 centimètres, étaient utilisées dans des moulins à huile ou à blé. On trouve aussi des cuvettes de meules prélevées, qui peuvent être considérées comme leur « négatif ».

Le site a été exploité jusqu'au Moyen Âge, probablement jusqu'en 1393, année pendant laquelle le village a été déserté pour cause d'épidémies et de pillages. La production aurait repris du XVe au XVIIIe siècle. C'est l'importation massive de meules venant d'Espagne (on les appelait les « Barcelone »), de Hollande et de Savoie, qui causa l'arrêt définitif de l'exploitation de la taillerie de Bagnols. De moins bonne qualité car en pierre plus tendre, elles duraient moins longtemps, mais coûtaient six fois moins cher…

*La rhyolite est une pierre volcanique dont la variété amarante constitue la roche majeure du massif de l'Estérel. Elle est équivalente au granit en dureté.

Office de tourisme de Bagnols-en-Forêt
575, Grande Rue, 83600 Bagnols-en-Forêt
• Tél. 04 94 40 64 68 • www.ot-bagnols.com

AUX ALENTOURS :

L'AQUEDUC DE FONDURANE

14

Chemin de Fondurane 83440 Montauroux

• Accès : prendre le chemin de Fondurane qui part de la RD562 au niveau des pompes funèbres Collomi et du magasin de bricolage Ciffréo Bonna. Aller jusqu'au parking où se trouve un panneau d'information sur la réserve biologique de Fondurane. Laisser la voiture et revenir en arrière sur la route jusqu'à une petite rambarde sur la gauche. L'aqueduc passe juste en dessous et disparaît ici en souterrain. La densité de la végétation et l'absence totale d'entretien nécessiteraient une machette pour se frayer un chemin, mais l'on voit bien une section d'une largeur d'environ un mètre et l'entrée du souterrain qui va se perdre dans le lac de Saint-Cassien.

L'aqueduc de Fondurane est l'aqueduc primitif de Fréjus (Forum Julii) qui acheminait en ville l'eau de la source de La Foux. Par la suite, le débit de cette source devint insuffisant pour une ville en pleine expansion ce qui conduisit à la captation de la source de la Siagnole à Mons (voir page 197). C'est juste un peu avant la section qui est visible, que l'aqueduc de la Siagnole faisait sa liaison avec celui de La Foux, le lieu exact n'ayant jamais pu être découvert. Il n'est pas non plus exclu que d'autres aqueducs secondaires encore inconnus aient contribué à alimenter l'aqueduc principal.

LE COCHON PORTE-BONHEUR

15

Tour de l'Horloge
Rue du Château
83440 Callian

> ***Un cochon poli par des milliers de mains***

Callian, magnifique village typique du Var, est construit en colimaçon autour d'un château médiéval (privé) remanié au XVIIe siècle. L'une des deux tours de l'édifice abrite une horloge qui lui a donné son nom. À sa base, une porte dont on ne remarque pas forcément l'ornementation du linteau arbore une tête de cochon. Son groin a été poli par les milliers de mains qui l'ont caressé car, comme l'atteste un petit panneau accroché à côté, le museau porterait bonheur :

« Ô toi qui viens de loin,
Si tu frottes mon groin,
À coup sûr, très grand bien
À jamais sera tien ».

En 1958, Henri Briffaut, précepteur de Baudouin roi des Belges, du temps où ce dernier était jeune prince, eut un coup de foudre pour les ruines du château de Callian. Il se porta acquéreur de celui-ci et le restaura avec respect et goût, ce qui lui valut plusieurs récompenses. Peintre, écrivain et sculpteur, Henri Briffaut a également placé çà et là quelques exemplaires de sa création : animaux imaginaires disposés le long de ses remparts, sortes de gargouilles oniriques contemporaines mais aussi, devant la petite porte du château, rue de Lyle, un chevalier de pierre portant la croix potencée (voir encadré), ainsi que, évidemment, la tête de cochon réaliste de la porte de la tour de l'Horloge.

LA CROIX POTENCÉE

Appelée aussi croix de Jérusalem, la croix potencée représente les potences des premiers temps du christianisme. Elle fut adoptée comme insigne par les chevaliers hospitaliers de Saint-Jean de Jérusalem. Les scouts de France portent la croix potencée en souvenir du lieu où naquit le christianisme (Jérusalem).

LA BOUTIQUE « MONS ET MERVEILLES » 16

9, rue du Costillon 83440 Mons
• Tél. : 04 94 76 35 66
• Ouvert tous les jours sauf les jours où c'est fermé... mais c'est rare !

> *Le roi des allumettes*

Chez Mons et merveilles, les fabuleuses maquettes de bateaux en allumettes (usagées) du magasin, œuvres de Robert Audibert, impressionnent toujours.

C'est en 1948 qu'est née chez ce garçon, alors âgé de 11 ans, la passion des allumettes. Il construisit d'abord un chalet, qu'il montre encore avec émotion, puis un train, et s'attela ensuite à ses premiers bateaux. Aujourd'hui, après 58 ans de loisirs (comme il aime à le dire), il goûte une retraite active dans son magasin atelier où il continue à échafauder puis réaliser des projets de plus en plus fous. Toutes les maquettes sont fabriquées avec les seules allumettes usagées qu'il récupère auprès de tous ceux qui les gardent pour lui. Un peu de colle et le tour est joué, enfin presque… car pour réaliser la maquette de la frégate Hermione à l'échelle 1/75e, par exemple, Robert Audibert a tout de même travaillé près de 1 720 heures, utilisant 4 480 allumettes (rappelons qu'une reproduction grandeur nature de ce vaisseau est en construction à Rochefort).

On peut également contempler la maquette de l'Astrolabe – le bateau de La Pérouse –, du Clemenceau, de la Jeanne d'Arc, des trois caravelles de Christophe Colomb, le tout réalisé avec une précision stupéfiante, compte tenu de la matière première assez fruste qu'il utilise.

Son chef-d'œuvre incontestable reste néanmoins la maquette de son très beau village de Mons qu'il présente de jour comme de nuit à la lumière de l'éclairage public. Enfin, la pièce la plus insolite est probablement son autoportrait, saisissant.

AUX ALENTOURS :

LA ROCHE TAILLÉE 17
LE POINT DE DÉPART DE L'AQUEDUC DE FRÉJUS

RD56 83440 Mons
• Accès : depuis Mons, emprunter la RD56 en direction de Callian. La Roche Taillée se trouve à 8 kilomètres à gauche.

Si l'on connaît les spectaculaires vestiges de l'aqueduc qui reliait Mons à Fréjus (et que l'on visite à Fréjus), on connaît moins son point de départ. Près de la ville de Mons, à 40 kilomètres de Fréjus, les bâtisseurs de l'aqueduc, afin de franchir l'obstacle naturel constitué par une immense masse rocheuse, ont percé une brèche de 50 mètres de long sur 3 mètres de large et 10 mètres de haut. Le site est à la fois spectaculaire et émouvant : les empreintes laissées par les outils utilisés à la seule force du poignet sont encore visibles. Dans la partie centrale de ce « canal », un tunnel régule le débit de l'eau. L'objectif de l'aqueduc était d'acheminer l'eau de la Siagnole, dont la source est toute proche, jusqu'à Fréjus.

LE MOBILIER DE L'ÉGLISE PAROISSIALE NOTRE-DAME-DE-L'ASSOMPTION

18

Place de l'Église, 83440 Mons
• Pour la visite de l'église, contacter la maison du tourisme, place Saint-Sébastien ; tél. 04 94 76 39 54 ; o.t.mons@wanadoo.fr ; www.paysdefayence.com

Une église aux airs de cathédrale

Simple église paroissiale, l'église Notre-Dame-de-l'Assomption de Mons possède de façon surprenante plusieurs œuvres d'art de grande qualité : une partie d'entre elles provient en effet de l'ancienne cathédrale de Senez, dans les Alpes-de-Haute-Provence.

En 1790, en pleine tourmente révolutionnaire, le dernier évêque de Senez, monseigneur Ruffo de Bonneval, refusa en effet d'approuver la Constitution civile du clergé : la même année, la cathédrale de Senez perdit son statut, devenant une église paroissiale. Trois ans plus tard, les biens de l'évêché et de l'évêque furent vendus, ainsi que tout le mobilier précieux de l'ancienne cathédrale et du séminaire… Entre-temps, cependant, plusieurs retables et autels avaient été discrètement mis en sécurité, à Mons.

C'est ainsi qu'un splendide maître-autel dédié à Notre-Dame-du-Rosaire, daté de 1680, fut sauvé de la frénésie révolutionnaire.

Le retable dit « de saint Éloi », daté de 1715, connut le même sort. Le patron des forgerons y apparaît en compagnie de saint Jean-Baptiste et de sainte Agathe, qui porte ses seins suppliciés sur un plateau*. Au sommet du retable, deux anges encadrent un médaillon où figurent les attributs des saints représentés : un fer à cheval, une enclume, un marteau et des tenailles, ces dernières étant aussi l'attribut de sainte Agathe.

* Sur l'histoire de sainte Agathe, voir page 200.

Pour en savoir plus sur le patrimoine sacré du pays de Fayence : *Entre sacré et profane*, brochure éditée par le SIVOM du pays de Fayence, en vente dans les offices de tourisme - 1 €

LES BRAS VERS LE HAUT, POUR SYMBOLISER QUE LA GRÂCE N'EST DONNÉE QU'À UN PETIT NOMBRE D'ÉLUS ?

Un autre retable fut probablement commandé par l'évêque de Senez Jean Soanen (1647-1740), proche des jansénistes. Le Christ s'y distingue en effet par sa posture particulière : alors que le montant horizontal de la Croix est généralement représenté à la hauteur des épaules, il est ici placé au-dessus de la tête. Une théorie voudrait que l'angle formé par les bras du Christ symbolise les deux positions théologiques qui s'affrontaient alors dans le catholicisme : le Christ « orthodoxe », aux bras ouverts à tous, s'opposerait ainsi au Christ « janséniste », aux bras resserrés vers le Ciel, comme pour indiquer qu'il ne réservait sa grâce qu'à un petit nombre d'élus... Mais on a aussi postulé que cette dernière position était simplement plus conforme à la réalité de la Crucifixion. Dans ce sens, on remarque que les pieds du Christ « janséniste » sont juxtaposés et cloués séparément, ce qui n'est pas le cas sur les représentations moins réalistes, où les pieds superposés sont traversés par un seul clou.

Par ailleurs, on remarque que cette scène se détache sur un fond très sombre, bien que le soleil et la lune y soient représentés. Cette convention rappelle sans doute l'obscurcissement du soleil au moment de la mort du Christ : les évangiles synoptiques* rapportent en effet que les ténèbres envahirent la terre lorsque le Christ expira, de la sixième à la neuvième heure (soit de midi à trois heures).

Enfin, on note que les quatre saints représentés sous la scène sont pratiquement inconnus. Il s'agit de sainte Seconde, saint Olympius, saint Semerianus et saint Probus.

* Cette expression désigne les évangiles selon Matthieu, Marc et Luc, dont les similitudes sont grandes. L'évangile selon Jean, quant à lui, révèle une structure bien différente.

QU'EST-CE QUE LE JANSÉNISME ?

Au cours des XVIIe et XVIIIe siècles, le mouvement religieux lancé par l'évêque d'Ypres Cornelius Jansen (1585-1638) déchaîna les passions. À l'instar du protestantisme, le jansénisme entendait s'appuyer sur une étude rigoureuse des Écritures pour réformer l'Église catholique. En reprenant l'enseignement de saint Augustin, Jansen et ses disciples développèrent des positions théologiques niant le libre arbitre de l'homme, dont la nature était, selon eux, foncièrement pécheresse : d'après les jansénistes, seuls quelques élus étaient prédestinés à recevoir la grâce divine (thèse de la « prédestination gratuite »), et seule cette grâce divine pouvait les soutenir dans leur foi (thèse de la « grâce efficace »). Ces positions, opposées à l'orthodoxie, furent condamnées par les jésuites et jugées hérétiques par l'Église catholique romaine. Louis XIV fut, lui aussi, un adversaire acharné des jansénistes : en 1713, il fit raser l'abbaye de Port-Royal des Champs, principal bastion des « hérétiques »... Cependant, les idées jansénistes survécurent à ces persécutions, et furent même au cœur des révoltes parlementaires qui marquèrent le siècle des Lumières, contribuant ainsi à l'affaiblissement de l'Ancien Régime.

LES SEINS DES REMPARTS DE MONS

19

Camin dé l'Oulo (« chemin de la Marmite »)
83440 Mons

Une tradition venue de Sicile

Sur l'une des pierres des remparts de Mons, des seins sculptés rappellent l'attachement du village au culte de sainte Agathe de Catane.

Selon la tradition, cette jeune et jolie chrétienne fut, au IIIe siècle, désirée par un proconsul de Sicile nommé Quintien. Agathe, cependant, s'était vouée à Dieu corps et âme, et le Romain la fit envoyer dans une maison close dans l'espoir que la perte de sa virginité déciderait la belle à renoncer à ses vœux… Mais la jeune fille sortit de l'épreuve miraculeusement vierge. Le cruel Quintien fit alors arracher les seins d'Agathe avec des tenailles. Malgré l'intervention de l'apôtre Pierre, qui la visita en prison, la jeune fille succomba. Un an plus tard, lorsque l'Etna entra en activité, les habitants des environs invoquèrent Agathe qui arrêta l'écoulement de lave qui les menaçait… Depuis ce miracle, la sainte est devenue la patronne de Catane et de la Sicile, ainsi que celle des pathologies mammaires.

Son image aurait été rapportée à Mons en 1282 par le Provençal Guillaume III des Porcellets, seul rescapé des « Vêpres siciliennes »*, raison pour laquelle elle jouit aujourd'hui d'une grande popularité dans le village.

Une ancienne tradition liée à la sainte fut d'ailleurs ravivée dans les années 1970, par deux sœurs originaires de Mons : le « goûter de la sainte Agathe ». Le samedi 5 février, ou le premier samedi suivant cette date, les femmes du village, vêtues du costume traditionnel, assistent à la messe à 18h30 avant de se lancer dans une farandole. Elles se retrouvent ensuite autour d'un repas pour lequel le boulanger du village confectionne de petits pains en forme de sein. Enfin, après le dîner, elles vont frapper aux portes des hommes, et les conduisent au bal.

* Les « Vêpres siciliennes » désignent une révolte populaire de la Sicile contre la domination du roi français Charles d'Anjou, survenue le 31 mars 1282. Les Français y furent massacrés, et les Siciliens passèrent sous la protection du roi d'Aragon Pierre III.

LE BÉNITIER DES LÉPREUX

20

Chapelle Saint-Léonce
Quartier Vallonet, 06750 Valderoure
• Demander la clé à la mairie. Tél. 04 93 60 47 71

Une attestation de la lèpre dans la région

En pénétrant dans la chapelle Saint-Léonce, le visiteur s'étonnera peut-être de découvrir, du côté ouest, un bénitier en pierre encastré dans une ouverture située à trois mètres du sol.

Bien que cet ancien prieuré du XIIe siècle ait connu, au fil des années, de nombreux remaniements, il ne s'agit sans doute pas là d'une fantaisie d'architecte, mais d'un dispositif destiné aux lépreux. De tels aménagements n'étaient en effet pas rares dans l'architecture religieuse du Moyen Âge : certaines églises étaient pourvues de grilles derrière lesquelles les ladres pouvaient assister aux offices, et d'autres leur réservaient des portes latérales ou des bénitiers particuliers, placés à l'extérieur des sanctuaires.

Le cas de Saint-Léonce, cependant, est intéressant par sa configuration : le sol étant surélevé du côté de la façade occidentale du monument, il est possible, de l'extérieur, d'atteindre facilement le bénitier, et d'apercevoir, en contrebas, l'intérieur de la chapelle. On note également que l'emplacement du prieuré, construit en dehors du village, permettait de limiter les risques de contact entre les lépreux et le reste de la population – qui disposait, d'ailleurs, de son propre bénitier, scellé à l'entrée de la chapelle.

LA LÈPRE AU MOYEN ÂGE

À l'époque médiévale, le terme générique de « lèpre » désignait différentes maladies de la peau, et les sources mentionnent des lèpres rouges, noires ou blanches, dont les descriptions paraissent parfois fantaisistes au regard de nos connaissances actuelles. Le point commun de ces pathologies était la terreur qu'elles inspiraient : on ne savait en effet ni les guérir, ni les prévenir, et leur mode de transmission demeurait l'objet de spéculations. Faute d'explications rationnelles, les difformités des lépreux étaient considérées comme le signe par excellence du péché, et la prière constituait le seul traitement préconisé. À titre de précaution, les malades avérés étaient systématiquement mis à l'écart de la société et des agglomérations : aux XIe et XIIe siècles, de nombreuses maladreries (ou léproseries) furent ainsi fondées en périphérie des grandes villes.

LES PUITS DE LA VIERGE

21

Chemin des Puits
06530 Saint-Cézaire-sur-Siagne

« D'anciens puits romains ?

En dessous du village de Saint-Cézaire-sur-Siagne, l'œil est attiré par un groupe de neuf puits à eau. Quatre d'entre eux sont couverts par une voûte hémisphérique et devaient sans doute être destinés à l'approvisionnement des hommes tandis que les autres, à margelle basse, entourés d'auges et équipés de crochets dans la pierre, servaient plutôt à abreuver les animaux. Auparavant appelé « puits romains » (même s'ils ont été restaurés entre les XVIe et XVIIIe siècles), le groupe de puits a été rebaptisé « puits de la Vierge » à l'occasion de l'édification d'une colonne dédiée à la Vierge en 1865.

Les puits sont alimentés par une nappe phréatique qui arrive parfois jusqu'à l'herbe en surface, ce qui expliquerait leur nombre pour « couvrir » la superficie de l'affleurement. C'est aussi pourquoi l'ensemble est visible mais inaccessible car protégé par un grillage.

AUX ALENTOURS :

L'ÉPITAPHE DE PROSPER MERLE

22

Vieux cimetière de Peymeinade
Rue Louis-Jeaume 06530 Peymeinade

Au fond à droite du vieux cimetière de Peymeinade, se trouve la tombe de Prosper Merle. Sur la dalle simple à deux pans, on lit l'épitaphe d'un citoyen ultra républicain : « Adieu citoyen, adieu. Rappelez-vous où un ami vous attend. Et n'oubliez pas mes dernières paroles : ni clergé ni empereur ni roi. Vive la République. Toutes les religions ne sont qu'un fanatisme superstitieux qui sert à exploiter le genre humain ; le vrai Dieu c'est la loi naturelle de l'infini qui a toujours existé et qui existera toujours. Ici dort du sommeil du juste le républicain Prosper Merle de Spéracèdes-la-Ravanelle. Né le 12 juillet 1838. Décédé le 25 novembre 1920 ; enterré civilement. »

UNE STATUETTE DE SAINT-ROCH

23

Place Gervais-Court 06530 Peymeinade

Place Gervais-Court, au-dessus de la porte de l'église du village, se trouve une statuette de Saint-Roch en plâtre polychrome. Le saint est représenté avec un bâton de marche (le bourdon) dans la main droite, montrant de sa main gauche le bubon de peste sur son genou, indiquant qu'il a survécu à la meurtrière maladie. Abritée dans une niche grillagée, cette représentation est assez courante dans le sud de la France, où le saint était très sollicité en protection des nombreuses épidémies qui ont décimé la région.
Face à l'église, le côté aveugle d'une jolie maison est en fait un étonnant trompe-l'œil.

LE PETIT MUR DES CONSCRITS

24

Angle de l'avenue Sidi-Brahim et de la rue Martine-Carol 06130 Grasse
• Le mur se trouve en face de l'arrêt de bus « Les Micocouliers » et du tennis de l'hôtel Mercure, dans le recoin qui part vers une maison privée.

> **« *D'émouvants témoignages de ceux qui partaient faire la guerre***

Il faut de bons yeux pour découvrir les petites marques gravées dans le mur en face de l'arrêt de bus « Les Micocouliers ». Dans cette avenue qui se trouve sur le chemin de l'une des casernes de Grasse, sur des écussons inversés, gravés dans la pierre, on peut lire les noms de ceux qui, faisant partie de la même classe, ont voulu laisser une marque de leur départ à l'armée ou… à la guerre. Une croix surplombée par un cœur sépare l'écusson en deux colonnes. Sur l'une des gravures apparaissent un cor et une trompette ainsi que les noms de ceux qui, compte tenu de la dureté de la pierre, ont sans doute mis un certain temps à effectuer ce travail.

AUX ALENTOURS :

LA MAISON TOURNAIRE : UN FAUX MONUMENTAL

25

Place de la Roque 06130 Grasse

Albert Tournaire, architecte niçois lauréat du grand prix de Rome au tempérament farceur, fit le pari de faire classer monument historique du XIVe siècle une fausse façade qu'il avait plaquée sur une maison du XVIIIe. Il réussit son coup puisqu'un arrêté du 21 octobre 1932 a validé le classement avec quatre siècles d'erreur.

LE NÉCESSAIRE DE VOYAGE DE MARIE-ANTOINETTE

26

Musée international de la Parfumerie
2, boulevard du Jeu-de-Ballon, 06130 Grasse
• Tél. 04 97 05 58 00 • Ouvert tous les jours du 1er au 30 avril, de 11h à 18h ; du 2 mai au 30 septembre, de 10h à 19h ; du 1er octobre au 31 mars, de 11h à 18h, fermeture le mardi ; fermé les 25 décembre, 1er janvier et 1er mai. Pour connaître les périodes de fermeture annuelle, qui varient chaque année, consulter le site www.museesdegrasse.com
• Plein tarif : 4 € - 5 € pendant les expositions temporaires
• Tarif réduit, pour les étudiants et les groupes : 2 € - 2,50 € pendant les expositions temporaires

L'affaire du coffret de la reine

Parmi les curiosités du Musée international de la Parfumerie de Grasse, le nécessaire de voyage de Marie-Antoinette se distingue par son caractère émouvant : depuis que la famille royale avait été contrainte de quitter Versailles pour le palais des Tuileries, le 6 octobre 1789, le roi et son entourage faisaient l'objet d'une surveillance étroite. C'est donc avec d'infinies précautions qu'on organisa l'évasion qui devait conduire Louis XVI jusqu'à la place forte de Montmédy, où l'attendait le marquis de Bouillé. Plusieurs intermédiaires se chargèrent ainsi d'organiser le voyage, le plus discrètement possible : la voiture, notamment, fut commandée par le comte de Fersen.

La reine, elle aussi, s'efforçait de dissimuler ses préparatifs. Elle déclara donc son intention d'offrir un nécessaire de voyage à sa sœur Marie-Christine, duchesse de Saxe-Teschen. En réalité, ces objets devaient accompagner Marie-Antoinette dans sa fuite… Mais, lorsque le coffret lui parvint, il fut jugé trop encombrant, et fut effectivement expédié à la duchesse (il est aujourd'hui conservé au musée du Louvre). La reine fit donc commander un second nécessaire, de dimensions plus réduites, et, précaution supplémentaire, elle demanda que les pièces d'argenterie ne soient pas marquées à son nom.

Mais la famille royale ne dépassa pas Varenne, où elle fut arrêtée dans la nuit du 21 au 22 juin 1791 : le nécessaire de Marie-Antoinette fut saisi, déposé au Mobilier Royal puis, en décembre 1794, porté à la Monnaie afin d'en fondre l'argenterie. On perdit ensuite sa trace jusqu'en 1985, date à laquelle il réapparut chez un collectionneur parisien. En comparant le contenu de ce nécessaire avec l'inventaire dressé à la Monnaie, on constate que 72 éléments ont disparu : il s'agit de petits objets, et surtout de pièces en argent, qui ont vraisemblablement été fondues.

LA PIERRE DE L'ENCAN

27

Rue de l'Encan
06620 Le Bar-sur-Loup

Un vestige des enchères à la chandelle

Contre une façade de la rue de l'Encan, au Bar-sur-Loup, se trouve une pierre rectangulaire creusée de quatre trous destinés à accueillir des chandelles : c'était là, en effet, que se pratiquait la « vente à la bougie ».

Ce type de vente aux enchères (dite aussi « vente à l'encan », le terme n'ayant pas, à l'origine, la connotation péjorative qu'on lui connaît aujourd'hui) remonte au XVe siècle. Il est encore pratiqué de nos jours, en particulier par les notaires liquidant des biens immobiliers. Le principe en varie légèrement selon les lieux et les époques : on utilise généralement des bougies à mèches très courtes qui, lorsqu'elles sont entièrement consumées (après 15 à 30 secondes), laissent échapper une fumée attestant leur extinction. À chaque enchère, une bougie est allumée. Si elle s'éteint sans nouvelle enchère, une deuxième bougie la remplace, puis une troisième, etc. Ce n'est qu'après l'extinction de deux chandelles consécutives, sans nouvelle enchère survenue pendant la durée de leur combustion, que l'adjudication est prononcée au plus offrant et dernier enchérisseur.

LA CANNE DU DONJON

28

Place Francis-Paulet
06620 Le Bar-sur-Loup

> *Scellée sur le donjon, la canne était une référence de mesure pour les habitants*

Haute de sept étages, la base du donjon du château (disparu) se dresse sur la place principale du Bar-sur-Loup. Déjà mentionnée en 971 dans un document de l'abbaye de Lérins, sa partie supérieure a été détruite à la Révolution pour effacer les traces de l'Ancien Régime. Si l'on observe le mur juste à gauche de la porte de l'office de tourisme, hébergé dans le donjon, on peut pourtant y voir un symbole fort, oublié des censeurs révolutionnaires : une canne, mesure en usage avant l'adoption du système métrique républicain, est scellée dans la paroi.

En 1235, les comtes de la seigneurie du Bar furent autorisés à battre monnaie et à établir leur propre système de mesure. Dans une France féodale où chaque seigneur réglait les mesures selon ses propres intérêts, la cacophonie des poids et mesures était réelle. L'utilité de présenter aux négociants ambulants l'étalon du lieu était essentielle et c'est ainsi que l'on exposa la canne du Bar afin que l'on puisse s'y référer.

La canne mesurait entre 1,71 mètres et 2,98 mètres dans le royaume de France mais autour de 1,98 mètres en Provence : 2,01 mètres à Marseille et 1,88 mètres à Nice quand celle du Bar-sur-Loup mesurait 1,80 mètres.

LE SYSTÈME MÉTRIQUE

C'est le 1er août 1793 que la Convention adopta le système métrique pour remplacer les unités de mesure de l'Ancien Régime. Celles-ci, caractérisées par leur archaïsme, provenaient d'us et coutumes locaux pluri-millénaires. Par ailleurs, les conversions d'une mesure à l'autre étaient complexes et dépourvues de toute logique, aussi était-il illusoire de se baser sur une unité « nationale » voire « européenne », ce qui était un handicap pour le commerce. Pour les mesures des distances, on comptait par exemple en points, pouces, lignes, toises, pied-de-roi, perche-du-roi ou perche ordinaire, arpents, lieues (anciennes, de Paris ou des Postes...).
Le 3 messidor an VII (22 juin 1799), les deux étalons en platine du mètre et du kilogramme furent déposés aux Archives. En 1875 fut également créée la CGPM (Conférence générale des poids et mesures) qui donna le nom de système international d'unités (SI) au système métrique décimal en 1960.

"L'école des filles"

LE RESTAURANT « L'ÉCOLE DES FILLES » 29

380, avenue Amiral-de-Grasse 06620 Le Bar-sur-Loup
• Tél. : 04 93 09 40 20 • Fax : 04 93 42 94 97
• contact@restaurantecoledesfilles.fr • www.restaurantecoledesfilles.fr
• Fermé dimanche soir, jeudi midi, lundi toute la journée

« Un restaurant dans une école

Installé dans le bâtiment de l'ancienne école des filles du village, le bien nommé restaurant « L'École des filles » a conservé sa décoration d'origine : murs chargés de tableaux, de cartes et de souvenirs de l'école laïque. Le patron vous racontera la vie de Célestin Freinet (voir ci-dessous) et vous servira une cuisine provençale et légère. Le restaurant a reçu le label « cuisine niçoise » : les raviolis à la daube, les farcis et la salade niçoise sont garantis conformes à la tradition.

AUX ALENTOURS :

L'ÉCOLE DE CÉLESTIN FREINET 30

Mairie
Place de la Tour 06620 Le Bar-sur-Loup

C'est dans l'école du village que Célestin Freinet (1896-1966) a expérimenté au début des années 1920 ce qui deviendra l'essentiel de sa pédagogie : la méthode Freinet. Sa salle de classe étant devenue une salle du conseil municipal, seule une plaque posée à l'entrée de la mairie témoigne de cette expérience.

LA PÉDAGOGIE FREINET

Célestin Freinet (1896-1966) a expérimenté au début des années 1920 dans son école du Bar-sur-Loup (voir plus haut) ce qui deviendra l'essentiel de sa pédagogie. Son enseignement favorise l'expression et la communication, le travail individualisé, l'autonomie, le tâtonnement expérimental (pédagogie de l'erreur), l'organisation coopérative de la classe (chacun peut y trouver un rôle à jouer) ainsi qu'une plus grande responsabilité de la part de l'élève. Il refuse le manuel et le « bourrage de crâne », fait connaître ses initiatives par la presse et tisse un réseau de correspondants. Son école est organisée comme une véritable communauté où les enfants appellent « papa » et « maman » le couple Freinet. Activités manuelles, participation à l'emploi du temps et rédaction d'un journal de classe font partie des innovations de la méthode. On retiendra notamment le principe suivant de Freinet : « On prépare la démocratie de demain par la démocratie à l'école. » Pour plus d'informations consulter le site Web : www.freinet.org. Célestin Freinet a également enseigné à Saint-Paul-de-Vence et à Vence où il a créé sa propre école privée.

UNE PEINTURE INSPIRÉE DU THÈME DE LA « DANSE MACABRE »

31

Église Saint-Jacques-le-Majeur
Rue de l'Église
06620 Le Bar-sur-Loup

La Mort à l'œuvre

Selon la légende, le seigneur de Bar aurait donné un bal en plein carême, et tous ses invités tombèrent morts : c'est pour illustrer ce châtiment céleste qu'une huile sur bois fut peinte au XVe siècle. Appartenant au genre artistique du Memento mori (« souviens-toi que tu mourras »), très en vogue du XIVe au XVIe siècle, l'œuvre, non signée, vient d'être restaurée et peut être admirée dans l'église paroissiale Saint-Jacques-le-Majeur du Bar-sur-Loup.

Dès la fin du Moyen Âge, on observe en effet une prise de conscience aiguë du caractère inéluctable de la mort : les crises économiques et sociales, les épidémies et les guerres avaient durement éprouvé l'Occident chrétien, et décimé sa population.

Dans ce contexte, le thème de la Danse macabre, développé principalement sous forme de fresques peintes dans les églises et les cimetières, se nourrissait

du constat que la mort frappait chacun, sans laisser à ses victimes le temps nécessaire à un dernier examen de conscience. Il s'agissait donc d'inviter les hommes à se concentrer sur la valeur de leur âme, plutôt que sur leurs intérêts terrestres. Les Danses macabres mettent ainsi en scène des personnages issus de toutes les catégories sociales : le pape comme le paysan, le roi comme la jeune fille, chacun dansant avec la Mort, représentée sous les traits grimaçants d'un cadavre.

Dans la paroissiale du Bar-sur-Loup, on remarque cependant que la Mort ne danse pas : pourvue d'un arc et d'un carquois, elle décoche ses flèches sur les vivants, qui forment une farandole au son d'un tambourin et d'un galoubet (flûte à bec à trois trous). Des diablotins noirs se tiennent d'abord sur la tête des futures victimes ; puis, aussitôt qu'un trait atteint un danseur, son âme le quitte et se trouve extirpée de son corps par des diables qui la donnent à peser à un ange (disciple de saint Michel), et qui enfournent les pécheurs dans la gueule du Léviathan. Enfin, sur la gauche du tableau, une foule considère les danseurs mourant l'un après l'autre, et semble tirer la leçon de la scène.

Le texte qui accompagne cette représentation, en vieux provençal, commence par ces vers : « Ô vous pauvres pécheurs, ayez grand souvenance que vous mourrez tantôt, n'en faites pas doutance. » Il développe ensuite le thème du jugement qui attend chacun, et met en garde le passant : « Car si vous entriez une fois en telle danse, vous en repentiriez sans profitance. »

LE PALAIS BULLES

32

33, boulevard de l'Esterel
06590 Théoule-sur-Mer
• www.palaisbulles.com
• Pour des visites en semaine (groupes de 10 à 20 personnes, sur rendez-vous – 20 € par personne) ou pour organiser un événement dans le Palais Bulles, contacter Jean-Pascal Hesse, 27, avenue de Marigny 75008 Paris ; tél. 01 42 66 95 53 jphesse@palaisbulles.com

« *Un palais inspiré de l'habitat troglodytique*

Œuvre de l'architecte hongrois Antti Lovag, l'étonnant Palais Bulles de Théoule-sur-Mer a été conçu entre 1975 et 1989 pour l'industriel lyonnais Pierre Bernard. Après la mort de son propriétaire, la résidence fut rachetée en 1991 par le célèbre couturier Pierre Cardin, qui en fit un lieu de réception. Il y adjoignit notamment une cuisine, un théâtre en plein air de 500 places et y exposa sa collection de mobilier, d'objets d'art et de design des années 1960 et 1970.

Cette immense villa, qui occupe une surface de 1 200 m^2 sur 8 500 m^2 de terrain, se singularise par une architecture procédant du style « maison bulle » : en concevant cet espace aux formes arrondies, éclairé par mille hublots, l'architecte s'est inspiré des grottes et de l'habitat troglodytique. L'absence de lignes droites, d'angles et même de pièces aux contours définis en fait un lieu que Pierre Cardin compare au corps d'une femme, « absolument sensuel ».

Le Palais Bulles comprend notamment une salle de réception d'une superficie de 500 m^2, pouvant accueillir 350 personnes assises, ainsi qu'un salon panoramique qui, avec ses ouvertures rondes, offre une vue magnifique sur la baie de Cannes.

La maison possède aussi 10 chambres dotées de piscines privatives dont la décoration a été confiée à des artistes contemporains : on y trouve notamment les réalisations de Patrice Breteau, Jérôme Tisserand, Daniel You, François Chauvin et Gérard Le Cloarec.

Pour en savoir plus : Jean-Pascal Hesse, *Le Palais Bulles*, Éditions Assouline, 2012

Flayosc
Camp militaire
La Bouverie
Trans-en-Provence
La Motte
Zoo
Le Muy
Lorgues
Ste-Roseline
le Canaver
Puget-sur-Argens
Taradeau
Les Arcs
Roquebrune-sur-Argens
Argens
Fréjus
Vidauban
fin 2007
Fréjus Plage
Forêt des Arcs
Les Baux
Étang de Villepey
Col de Valdingarde
St-Aygulf
Col de Bougnon
Col de Gratteloup
Cannet-des-Maures
Les Issambres
Val d'Esquières
San-Peïre-s-Mer
La Moure
Plan-de-la-Tour
La Garonette
Forêt de la Garde-Freinet
Autodrome du Var
La Nartelle
Col de Vignon
Cap des Sardinaux
Courruero
La Garde-Freinet
Ste-Maxime
Les Mayons
Roches Blanches
Beauvallon
Golfe de St-Tropez
St-Pons-les-Mûres
ST-TROPEZ
Grimaud
Port-Grimaud
Cap de St-Tropez
Col des Fourches
Les Salins
La Sauvette
Marines-de-Cogolin
Anse de Pampelonne
Cogolin
Col de Taillude
Pampelonne
Gassin
Monastère de la Verne
Ramatuelle
Moulins de Paillas
La Môle
Cap Camarat
La Croix-Valmer
Col de Collebasse
Forêt du Dom
L'Escalet
Les Pradels
Gigaro
La Bouillabaisse
Baie de Cavalaire
Cap Taillat
Col du Canadel
Rayol-Canadel-sur-Mer
Le Rayol
Cavalaire-sur-Mer
Cap Lardier
Col de Gratteloup
Col de Caguo-Ven
Domaine du Rayol
Aiguebelle
Cavalière
Bormes-les-Mimosas
Pramousquier
St Clair
Cap Nègre
Le Lavandou
Corniche des Maures
La Favière
Cap Bénat
MASSIF DES MAURES
ÎLES D'HYÈRES
Île du Levant
Heliopolis
Île de Bagaud
Port-Cros
Île de Port-Cros (Parc National)

SAINT-TROPEZ ET ALENTOURS

LE TEMPLE D'HERCULE DE CAVALIÈRE

1

Rue du Temple, Cavalière, 83980 Le Lavandou
• L'accès au temple est totalement déconseillé pour des raisons de sécurité et parce qu'il est situé sur une propriété privée. Pour s'en approcher, prendre à gauche au rond-point à l'entrée de Cavalière par le boulevard de l'Hubac-du-Bleu qui devient chemin de l'Hubac-du-Bleu, puis à gauche, la rue du Temple. C'est au bout de cette impasse, dans le lotissement de l'Hubac du Bleu que l'on voit le mieux le temple. En redescendant on croise une traverse à gauche qui amène aussi à un cul-de-sac. De là part un chemin fermé par une barrière rouge et blanche pour l'accès pompier qui mène sous le temple, mais n'y conduit pas

« Une rare construction néo-grecque »

Si de loin le temple d'Hercule au Lavandou semble plus vrai que nature, il ne date en fait que du début du XXe siècle. C'est à cette époque qu'Arthur Engelfred, ingénieur, amateur d'art et d'archéologie, entama des fouilles à Cavalière pour rechercher des traces de l'ancienne Alconis, comptoir grec dépendant de la colonie de Marseille. Il découvrit alors les fondations d'un petit temple antique sur lesquelles il décida d'établir son musée, copie d'un temple grec, regroupant ses trouvailles archéologiques. C'est un artiste lauréat du prix de Rome, dont malheureusement nous n'avons pu retrouver le nom, qui fournit les deux cariatides ornant la construction, copie plus ou moins fidèle du célèbre trésor de Sifnos édifié à Delphes en 525 avant J.-C.

Lorsque le musée se visitait encore, on dit que l'on pouvait y voir, outre le fruit de ses fouilles personnelles, une lanterne magique pour projeter sur les murs des scènes antiques, un salon de thé et la pierre d'Omphale dont le nombril dissimulé augmentait de 10 ans l'espérance de vie de celui qui le découvrait.

Aujourd'hui le temple se dégrade et aucun projet de restauration n'est en vue. Au Lavandou, où tout se décline visiblement par 12 (les 12 sables des 12 plages, les 12 fontaines), pourquoi ne pas lancer une thématique des « 12 travaux d'Hercule »… ?

AUX ALENTOURS :

LA CHAPELLE NOTRE-DAME-DE-CONSTANCE

2

Col de Caguo-Ven, D41, 83230 Bormes-les-Mimosas
• Ouvert tous les jours de 15h à 18h • Accès par deux chemins pédestres : l'un part du château et est bordé d'oratoires, l'autre part à un kilomètre du village, de la route de Collobrières (petit parking et panneau indiquant la chapelle). Dans les deux cas, compter une demi-heure de marche.

Au-dessus du très beau village de Bormes-les-Mimosas, dans les pins et les surgissements de roches en schiste, la chapelle Notre-Dame-de-Constance est aujourd'hui encore un lieu de pèlerinage très fréquenté : sur des cahiers d'écolier mis à la disposition des pèlerins, on y adresse ses voeux à la Vierge, comme cette étoile juive dessinée avec la mention « Merci de m'avoir acceptée » qui reflète bien l'impression œcuménique qui émane du lieu. Si certains messages sont poignants, tous portent la trace de la sincérité de ceux qui ont gravi la colline pour venir, peut-être plus près du ciel, écrire à la Vierge Marie. Il faut remercier l'association Sauvegarde Vieux-Bormes qui a permis la restauration de la chapelle.

LA CABANE DU CHÂTEAU DE VALMER

3

Hôtel-Restaurant Château de Valmer, Gigaro, 83420 La Croix-Valmer
• Tél. : 04 94 55 15 15 • Fax : 04 94 55 15 10
• www.chateauvalmer.com • Mail : info@chateauvalmer.com
• Tarif de la cabane : de 315 € à 515 € selon la saison

« Une chambre d'hôtel de luxe dans un arbre »

Près du village de la Croix-Valmer, sur la presqu'île de Saint-Tropez, le luxueux hôtel-restaurant Château de Valmer occupe l'ancienne maison de maître d'un domaine vinicole et rural du XIXe siècle. La plaquette de présentation de l'hôtel composée d'une vingtaine de photos parle d'elle-même. En plus des 42 chambres de l'hôtel, trois résidences sont disponibles : le Cabanon, le Mas provençal et, surtout, la superbe Cabane perchée.

Cette dernière, implantée dans un immense chêne centenaire, se trouve à une certaine distance de l'hôtel et permet ainsi de profiter pleinement du calme de la campagne et des vignes environnantes. La cabane, construite sur mesure, épouse les formes de l'arbre et laisse ses branches s'épanouir tout en traversant la terrasse. L'aménagement intérieur, de style rustique, cossu, est doté de tout le confort d'une hôtellerie de luxe. Sur la terrasse, mobilier de jardin et chaises longues invitent au repos, au calme et à la sérénité.

UNE CROIX DANS LE CIEL

La croix du col de la Croix, Carrefour des Feux
Au croisement des D559 et D93, 83420 La Croix-Valmer

Le nom du village de la Croix-Valmer vient d'un épisode historique que rappelle cette croix implantée dans un petit square au lieudit Col de la Croix. En l'an 312, l'empereur romain Constantin Ier quitta Arles pour aller combattre son rival Maxence qui s'était fait proclamer empereur à Rome. Chemin faisant, l'armée de Constantin établit un camp d'étape à l'emplacement de La Croix-Valmer. C'est là qu'aurait eu lieu l'apparition dans le ciel d'une croix accompagnée de ces mots : « In hoc signo vinces » (« Par ce signe, tu vaincras »). Impressionné par cette manifestation divine, Constantin se serait immédiatement converti au christianisme, convaincu qu'il s'agissait là du présage de sa victoire sur Maxence, qui eut finalement lieu au Pont Milvius, dans les faubourgs de Rome.

À l'emplacement même où aurait eu lieu cette apparition, la croix fut érigée en 1893. La Croix-Valmer a d'ailleurs adopté la phrase emblématique écrite dans le ciel comme devise de la commune.

Les historiens considèrent aujourd'hui que l'anecdote est trop belle pour être vraie et que Constantin ne se serait converti que plus tard au christianisme.

LE MUSÉE DU COQ

4

Demeure-Musée Sellier
46, rue Nationale, 83310 Cogolin
• Tél. : 04 94 54 63 28 • Mail : info@cogolin-provence.com
• Ouvert du mardi au samedi, du 1er juin au 30 septembre de 10h à 13h et de 15h à 18h30, du 1er octobre au 31 mai de 10h à 12h30 et de 14h30 à 17h30 • Entrée libre

Du coq au lin à Cogolin

Le musée du Coq est, comme son nom l'indique, consacré à ce gallinacé représenté sous les formes et avec les matériaux les plus divers (faïence, fer forgé, verre, bronze, étain, bois). Après la première salle, qui présente un rare coq (naturalisé) à quatre pattes, sont exposées les déclinaisons mondiales de la représentation de l'animal de basse-cour et son utilisation en politique, dans le monde de la publicité et du sport.

Rien de très étonnant à ce que ce musée soit situé à Cogolin, la ville devant son nom au célèbre animal : lorsque l'intendant de Néron, Torpes, fut décapité en 68 après J.-C. pour avoir refusé de renier sa foi chrétienne, on mit son corps dans une barque à l'embouchure de l'Arno (en Italie) avec à bord un coq et un chien. Lorsque la barque échoua sur les rives de ce qui devait devenir Saint-Tropez, le coq s'envola et vint se poser dans un champ de lin qui allait devenir Cogolin, déformation de coq-au-lin si l'on veut bien croire la légende…

L'identification du coq à la France provient du mot latin *gallus* qui signifie à la fois « coq » et « Gaule ». Si le coq apparut comme symbole national à la Révolution, il devint emblème national sous Louis-Philippe, en 1830, et fut surtout mis en exergue lors de la Première Guerre mondiale en opposition à l'aigle prussien. Si l'emblème aviaire est aujourd'hui officiellement remplacé par Marianne, il reste très présent dans l'imaginaire collectif.

AUX ALENTOURS :

LE MUSÉE MÉDIÉVAL ET TEMPLIER DE COGOLIN

5

• Entrée libre

À l'étage supérieur de la demeure Sellier, deux salles emplies de figurines grandeur nature aux riches costumes sont consacrées aux Templiers. 200 panneaux et de nombreuses maquettes permettent de tout savoir sur cet ordre à la réputation sulfureuse. C'est l'association Empreintes et Traditions du pays des Maures et de Provence qui est à l'origine de cette exposition permanente remarquable par son sérieux, sa documentation et son approche pédagogique.

PIPES COURRIEU

6

Fabrique et magasin à Cogolin
58/60, avenue Georges-Clemenceau 83312 Cogolin
• Tél 04 94 54 63 82 • www.courrieupipes.fr
• 99 € pièce

Un président par tête de pipe

Si Cogolin s'est fait une spécialité de la fabrication de pipes depuis le début du XIXe siècle, la maison Courrieu, elle, se singularise par une série de pipes représentant les récents présidents de la République ainsi que certaines personnalités politiques mondialement connues comme le président Obama ou Winston Churchill.

Les pipes de la maison Courrieu, dont les pipes présidentielles, sont taillées et sculptées à la main dans la bruyère du massif des Maures. Attention : contrairement à ce qui est souvent annoncé, ce n'est pas de la racine de l'arbre que l'on tire le bois pour concevoir des pipes, mais des tiges souterraines (les rhizomes). Des ébauches sont ensuite taillées et sont mises à bouillir plusieurs heures avant d'être séchées plusieurs années pour donner sa solidité à la pipe et atténuer l'agressivité du bois.

LE FORT FREINET

7

Le fort Freinet, 83680 La Garde-Freinet

• Accès : il y a deux itinéraires pour se rendre au fort Freinet. S'équiper de bonnes chaussures dans les deux cas. Pour le premier, quitter le village en voiture en direction de Grimaud par la RD558. Prendre la rue qui monte à droite après le terrain de boules jusqu'à un parking. Un sentier conduit à la Croix en 10 min. De là, suivre le balisage jaune jusqu'au fort. Autre option : garer sa voiture sur l'aire de la Planète, au nord du village et emprunter le chemin qui, au bout de quelques mètres, se sépare en deux. À gauche se trouve le chemin vers la Croix et tout droit le chemin vers le fort. À la fourche suivante prendre à gauche le chemin qui monte. Compter env. 25 min. pour atteindre le fort

Les Sarrasins à Saint-Tropez

Creusés dans le roc jusqu'à 8 mètres de profondeur, les fossés de protection du fort de la Garde-Freinet sont impressionnants. Le panorama est époustouflant et, d'un point de vue stratégique, l'on comprend pourquoi ce nid d'aigle dominant la région, du rocher de Roquebrune aux Maures, du Luc au Muy, de la mer aux contreforts des Alpes, avait séduit les Sarrasins.

De nombreux historiens, dont au moins quatre historiens arabes, ont vu en la Garde-Freinet l'ancien Fraxinet fondé vers l'an 880 par une vingtaine de Sarrasins dont le bateau s'était échoué dans le golfe de Saint-Tropez. Épaulés par des renforts venus d'Andalousie, les occupants de la citadelle se servirent du lieu comme base de lancement de leurs attaques des ports et villes de la région. C'est ainsi qu'auraient été brûlés et pillés Fréjus et Toulon, même si aujourd'hui certains archéologues mettent en doute cette hypothèse. C'est au prix d'une importante coalition à laquelle participèrent Guillaume de Provence, les comtes de Forcalquier et de Turin ainsi que le vicomte de Marseille, que l'occupation sarrasine cessa en 973. En 1589, le Maréchal de la Valette fit finalement détruire le fort pour que les ligueurs ne s'en servent pas comme refuge.

Aujourd'hui subsistent, outre les fossés, les restes d'une chapelle, d'un four, du château et d'une quarantaine de cabanes.

AUX ALENTOURS :

LA CROIX DES MAURES : « JUSQU'À LA FIN DE TES JOURS, TU AURAS LE CHRIST EN FACE DE TOI ! »

8

Haute de 6 mètres et située sur l'un des itinéraires menant au fort, la croix dite Croix des Maures aurait été érigée en 1900 dans l'axe de la place Neuve en face de la maison la plus imposante du village (aujourd'hui l'office de tourisme) dont le propriétaire était connu pour ses opinions anticléricales. Le curé de l'époque, commanditaire de ladite croix, aurait lancé à l'impie : « Jusqu'à la fin de tes jours, tu auras le Christ en face de toi ! »

MAURES ET SARRASINS

Les Maures étaient des Berbères vivant autour de l'actuel Maroc au VIe siècle avant J.-C. Après leur romanisation et leur christianisation, ils se convertirent à l'Islam au VIIIe siècle et occupèrent l'Espagne jusqu'en 1492. Le mot sarrasin fut employé pour désigner, depuis l'époque médiévale et le temps des croisades, les peuples de confession musulmane.

LE CERCLE DU LITTORAL

9

Place Gabriel-Péri, 83350 Ramatuelle • Tél. : 04 94 79 26 74
• Cercle privé • Adhésion : 10 € par an (après accord de la commission et parrainage de deux membres) • Il est également possible d'aller au Cercle si on est l'invité d'un membre : pour cela, aller chercher quelqu'un qui vous invite tout de suite et prendre une consommation en l'attendant.

« En entrant dans le cercle, je laisse à l'extérieur tout ce qui nous sépare et je conserve précieusement tout ce qui nous unit. »

Fondé en 1885, le Cercle du Littoral est la plus ancienne association de la commune. Son objectif était le suivant : « former une réunion d'hommes (les femmes en étaient exclues) de bonne compagnie, désireux de se voir et de se distraire tant par la conversation que par la lecture des journaux, de brochures et de livres divers (et par les parties de cartes…) ». Avantage non négligeable du cercle par rapport au traditionnel café, les consommations y sont bien moins chères puisque l'association n'a pas de but lucratif.

C'est dès la Révolution que naquirent les cercles en Provence. Tout d'abord cercles « bourgeois », dits cercles blancs, car cette classe sociale découvrait alors la liberté d'expression et pouvait s'adonner à une passion bien française : parler de politique ! Puis ce sont les cercles dits rouges qui se sont implantés avec, comme l'on s'en doute, des idées nettement plus à gauche.

À Ramatuelle, les associations qui représentaient chacune les deux couches sociales de la population alors différenciées, décidèrent de fusionner pour gérer un seul cercle auquel on attribua le nom neutre de Cercle du Littoral. D'où sa devise : « En entrant dans le cercle, je laisse à l'extérieur tout ce qui nous sépare et je conserve précieusement tout ce qui nous unit. »

Aujourd'hui, seuls 26 cercles subsistent dans le Var alors qu'il en existait plus de 300 à la fin du XIXe siècle.

AUX ALENTOURS :

10

À l'intérieur de l'église du village, à gauche sous une voûte, trois cadres rendent hommage aux équipages des trois sous-marins (Eurydice, Minerve et Sibylle) qui venaient déposer ou récupérer des agents secrets à la plage de l'Escalet (voir ci-contre).

L'ANDROUNO DE GASSIN : LA RUE LA PLUS ÉTROITE DU MONDE ?

On ne se lasse pas d'arpenter le village de Gassin : ses rues, ses passages, ses placettes et ses maisons restaurées avec goût. Tout se passe bien jusqu'à L'Androuno, cette rue (si on peut employer ce terme) qui passe (!) pour être la plus étroite de la planète sans que ce record ait encore été validé par le livre Guiness. Avouons qu'en cas de surcharge pondérale, la tentative est risquée : la distance entre les deux murs ne dépasse pas 29 centimètres par endroits. Le nom d'« androuno » viendrait de *andros* (homme) et *uno* (un), suggérant ainsi que l'on ne peut y passer qu'un seul à la fois.

LE MONUMENT DES SERVICES SPÉCIAUX

11

Square Alsfasser, 83350 Ramatuelle

Un hommage aux agents secrets

À Ramatuelle, commune éminemment touristique de la presqu'île de Saint-Tropez, un étonnant monument est dédié à la mémoire des quelque 300 agents secrets qui ont combattu l'ennemi pendant la Deuxième Guerre mondiale. Son appellation officielle inspire le respect : Mémorial des anciens des services spéciaux de la Défense Nationale (ASSDN).

Le choix de Ramatuelle fut assez naturel puisque c'est dans une calanque proche de la commune que les agents secrets ont pour beaucoup été débarqués depuis les sous-marins de l'armée de la France libre pendant la Seconde Guerre mondiale (Le Casabianca, L'Aréthuse, Le Marsouin, La Perle). Enfin, un certain nombre d'habitants de Ramatuelle faisaient partie de la résistance locale qui aida ces agents infiltrés à remplir leur dangereuse mission en territoire occupé.

Square Alsfasser (du nom d'Alphonse Alsfasser, un « chargé de mission » abattu par l'ennemi à Ramatuelle où il est enterré), les noms de ces agents de l'ombre apparaissent donc aujourd'hui, gravés sur le marbre du monument. Dessiné par l'architecte Gaston Castel, il fut exécuté par le sculpteur Marcel Courbier qui avait été l'ami de Jean Moulin.

GASTON CASTEL

Gaston Castel est né à Pertuis le 1er août 1886 et mort le 9 février 1971 à Marseille. D'une famille de maçons, il fut admis à l'école d'architecture de Marseille et reçut le grand prix de Rome en 1913. « Gueule cassée » à la suite de la guerre de 14-18, il fit l'objet d'une greffe d'os qui n'aboutit pas au résultat escompté mais à la perte d'un œil. Il devint donc architecte borgne... Il partit ensuite à Rio réaliser le monument de l'Indépendance du Brésil avec son ami le sculpteur Antoine Sartorio. À Marseille, il construisit l'Opéra, le monument aux héros de l'armée d'Orient et la prison des Baumettes, ornée des bas-reliefs des sept péchés capitaux [voir le guide *Marseille insolite et secret* chez le même éditeur]. Après la Seconde Guerre mondiale, il participa à la reconstruction du Vieux-Port de Marseille avec Fernand Pouillon [1945-1953]. Sa maison marseillaise classée monument historique [2, rue Croix-de-Régnier] est aujourd'hui en voie de réhabilitation et fait partiellement office de maison d'hôtes [voir aussi le guide *Marseille insolite et secret* chez le même éditeur].

LE PLAN-RELIEF DE GILLES NICOLAS

12

Musée d'Histoire maritime
Citadelle de Saint-Tropez
1, montée de la Citadelle - 83990 Saint-Tropez
• Tél. 04 94 55 90 17
• Ouvert tous les jours sauf le 1er janvier, les 1er et 17 mai, le 11 novembre et le 25 décembre
• Du 1er avril au 30 septembre, de 10h à 18h30
• Du 1er octobre au 31 mars, de 10h à 12h30 et de 13h30 à 17h30
• Entrée : 3 €

Saint-Tropez au doigt et à l'œil

Après quelques années de travaux, le nouveau musée d'Histoire maritime de Saint-Tropez a été inauguré en 2013. À travers une muséographie impressionnante, on découvre les différents aspects de l'histoire de Saint-Tropez, très éloignés de l'image actuelle du village.

L'œuvre la plus inattendue du musée est un plan-relief qui a été commandé à l'artiste Gilles Nicolas : si cette magnifique maquette permet à chacun de comprendre l'organisation spatiale de Saint-Tropez, elle a en réalité été surtout conçue pour les non-voyants : le plan est en effet fait pour être touché, de bout en bout.

Le plan-relief distingue cinq parties du territoire : la mer, la ville, le quartier des jardins, la citadelle et la campagne. Chacune possède une surface tactile différente, mais également une couleur afin que les voyants puissent profiter de l'aspect pédagogique de l'œuvre.

Laurent Pavlidis, le responsable du musée, justifie ainsi le choix qui a été fait : « En matière de muséographie, il faut essayer de faire en sorte que ce qui est présenté profite au plus grand nombre. On a donc choisi de faire réaliser une vraie œuvre numérotée en bronze plutôt qu'un simple support muséographique en résine. »

SAINT-TROPEZ ET SAINTE-MAXIME

Pourquoi n'y a-t-il pas d'horloge sur le quatrième pan du clocher de l'église Notre-Dame-de-l'Assomption qui, de ce fait, est nu ? Les mauvaises langues disent que c'est pour empêcher les Saint-Maximois de lire l'heure au clocher de Saint-Tropez. Il aurait fallu cependant que les habitants de cette ville, juste en face du golfe de Saint-Tropez, aient de bons yeux ou de bonnes jumelles pour se fier à l'heure tropézienne ! D'ailleurs les habitants de Saint-Tropez vous affirmeront que les Saint-Maximois sont les gens les plus heureux du monde parce qu'ils peuvent voir Saint-Tropez toute la journée !

AUX ALENTOURS :

LES MAISONS JUMELLES DE SAINTE-MAXIME 13

18 et 20, place Louis-Blanc , 83120 Sainte-Maxime

Construites à la fin du XIXe siècle, ces deux maisons jumelles ont une histoire savoureuse : les deux associés qui avaient fait construire ces maisons ne savaient pas comment se les attribuer en raison de la différence de superficie des terrains. Ils décidèrent donc de les tirer au sort au jour de la livraison, ce qui explique leur similitude poussée à l'extrême…

LA PLAGE DES ÉLÉPHANTS : LA PLAGE DE BABAR 14

RN98 , 83120 Sainte-Maxime

À l'est de Sainte-Maxime, une plage porte le nom de plage des Éléphants.
À ceux qui auraient la curiosité de s'intéresser à l'origine de cette appellation, nous ne pourrions que conseiller d'ouvrir l'album pour enfants *Le Voyage de Babar*. À la page 4 ou 5, selon les éditions, Babar et Céleste, en voyage de noces, survolent une belle plage méditerranéenne, celle-là même qui porte le nom, pour cette raison, de plage des Éléphants.
L'explication est tout simplement que Jean de Brunhoff a résidé à Sainte-Maxime et s'est inspiré de cette plage pour la reproduire dans le deuxième volume de ce succès mondial…
Visite virtuelle de la plage des Éléphants : www.ste-maxime.com.

Imaginez les tourments
que durent subir ces animaux :
chiens ou chats, dont les vessies
étaient «squattées»
par un ou plusieurs «calculs»
que vous voyez dans ces soucoupes.

Ces «monstres» de pierre
ont été extraits à la suite
d'opérations salvatrices
effectuées au fil des années
par le Docteur Jean PERAGOUX
Vétérinaire à Cogolin

Ce praticien à offert au
Musée de la TOUR Carrée
cette très curieuse «collection»
MARIU
Chien de race indéterminée, mais dis
REX
Basset d'Artois (Artesien)
RRACUDA
e chasse au sanglier
FINE
Chatte siam

LES « CALCULS » DU MUSÉE DE LA TOUR CARRÉE

15

Musée de la Tour Carrée
Place de l'Église
83120 Sainte-Maxime
- Tél. 04 94 96 70 30
- Ouvert tous les jours sauf les lundis et mardis
- Horaires : 10h à 12h et 15h à 18h (19h en juillet et août)
- Plein tarif : 2,3 €. Tarif réduit : 1,5 €

Des cailloux dans l'estomac de nos amies les bêtes !

À Sainte-Maxime, une vitrine du musée de la Tour Carrée présente une étonnante série de calculs extraits de la vessie d'animaux domestiques. Ceux-ci ont été donnés au musée par le docteur Peragoux, de Cogolin, qui les avait opérés.

Les calculs vésicaux chez les animaux sont provoqués soit par des infections, soit par des dysfonctionnements des reins ou du foie, parfois provoqués par l'alimentation.

LES BÉZOARDS : LES CALCULS DE L'ESTOMAC CHEZ LES HUMAINS ET LES RUMINANTS

Un bézoard (du persan bazahr, « qui préserve du poison ») est une concrétion pierreuse qui se forme dans l'estomac des humains ou des animaux ruminants, un peu à la manière d'un calcul géant.

Le bézoard était autrefois aussi appelé pierre de fiel ou perle d'estomac et on lui attribuait des propriétés médicinales : la poudre obtenue en râpant la surface était considérée comme particulièrement efficace pour traiter divers maux dont la mélancolie et, pour certains, même, pour protéger de la peste et du venin de serpent.

Dans une lettre de remerciement adressée par le cardinal de Richelieu au général des Chartreux, on peut lire « Je vous remercie également de votre bézoard qui m'est venu fort à propos pour me tirer d'une assez fâcheuse maladie... »

Dans le roman Harry Potter et le Prince de sang-mêlé, J. K. Rowling apporte cette définition du bézoard : « Pierre qu'on trouve dans l'estomac des chèvres et qui constitue un antidote à la plupart des poisons ». Le bézoard est en effet considéré comme l'antidote le plus puissant du monde magique.

Ne pas confondre le bézoard avec l'aegagropile, touffe de poils et résidus végétaux se trouvant dans certains estomacs de ruminants.

LE MUSÉE DU PHONOGRAPHE

16

Parc de Saint-Donat, CD25, 83120 Sainte-Maxime
• Tél. : 04 94 96 50 52 • Fax : 04 94 47 02 64
• Mail : musee.phono@infonie.fr
• Visite guidée d'1h sur rendez-vous • Ouvert de mai à octobre de 10h à 12h et sur rendez-vous • Adultes : 3 € • Enfants de 6 à 16 ans : 1,50 €
• Accès : à 10 kilomètres de Sainte-Maxime sur la route du Muy. À Saint-Donnat prendre à droite le mauvais chemin qui conduit au musée à 300 mètres de la route. Attention le fléchage est rudimentaire pour ne pas dire inexistant

De la boîte à musique à la musique en boîte

Création éclectique et fantaisiste, la façade du musée du Phonographe est une construction étonnante. Si l'intérieur est un hangar où sont présentées, sans mise en valeur particulière, des centaines de pièces plus ou moins uniques, la visite guidée est passionnante.

Elle commence avec les premiers pianos mécaniques dans lesquels défilent des bandes perforées, ancêtres des premiers ordinateurs. À noter : tous les appareils présentés fonctionnent et votre guide en fera la démonstration, vous conviant ainsi à une très agréable promenade musicale.

Tout au long de la visite, les surprises s'enchaînent : le premier juke-box payant avec paiement temporisé (la pièce ne tombe qu'après un temps permettant ainsi d'alimenter le monnayeur pour qu'il n'interrompe jamais un morceau), les premiers enregistreurs à graveur constitué d'une bille de verre taillée en biseau, et les phonographes à pavillon, à cylindre puis à disques. Le musée possède quelques pièces exceptionnelles, tant par leur esthétisme que par leur fonction aujourd'hui obsolète comme le premier dictaphone datant de 1903, avec son micro pour directeur et son casque pour dactylo.

L'autre intérêt du musée réside dans le fait que le domaine de la reproduction sonore est mis en perspective en permanence avec les autres inventions qui ont changé la vie quotidienne de l'humanité.

LE VIVIER GALLO-ROMAIN DES ISSAMBRES 17

Sentier du Littoral, RN98 , 83380 Les Issambres
• Accès : le vivier se trouve à un kilomètre au sud de la pointe de la Tourterelle et est très facile à trouver car indiqué en bord de route (corniche des Maures). Un parking permet de laisser son véhicule : emprunter ensuite le sentier du littoral sur quelques mètres, le vivier se trouve à côté.

> **Le seul vivier à poissons antique conservé en eau vive**

Classé Monument historique depuis 1939, le vivier des Issambres est le seul exemple de vivier antique de la Gaule resté en eau vive et en bon état. Il témoigne de l'intérêt que les propriétaires du littoral portaient déjà au poisson frais. Ce vivier avait deux fonctions : capturer le poisson et le conserver vivant dans son milieu naturel.

Placé au-dessus du vivier, un panneau explicatif illustré d'un schéma présente de manière très claire le fonctionnement de cette réserve à poissons. Dans un premier temps, il s'agissait d'attirer les proies vers le vivier. On utilisait parfois un poisson mâle tenu captif par une ligne en le tirant vers le piège quand les femelles s'étaient mises à le suivre. Ensuite, dès que les poissons étaient entrés dans les bassins, on les refermait. Les trois bassins, de profondeur et de superficie différentes, étaient séparés par des murs artificiels et leur eau était renouvelée régulièrement par un jeu de chenaux et de vannes. Une plateforme de circulation permettait également aux hommes d'intervenir sur les rives du vivier.

Les archéologues supposent que ce vivier dépendait d'une villa gallo-romaine découverte à proximité, dans l'anse de la Gaillarde. Dans l'une des pièces d'habitation, ils ont trouvé une mosaïque dont un médaillon représentait un dauphin nageant entre deux tridents.

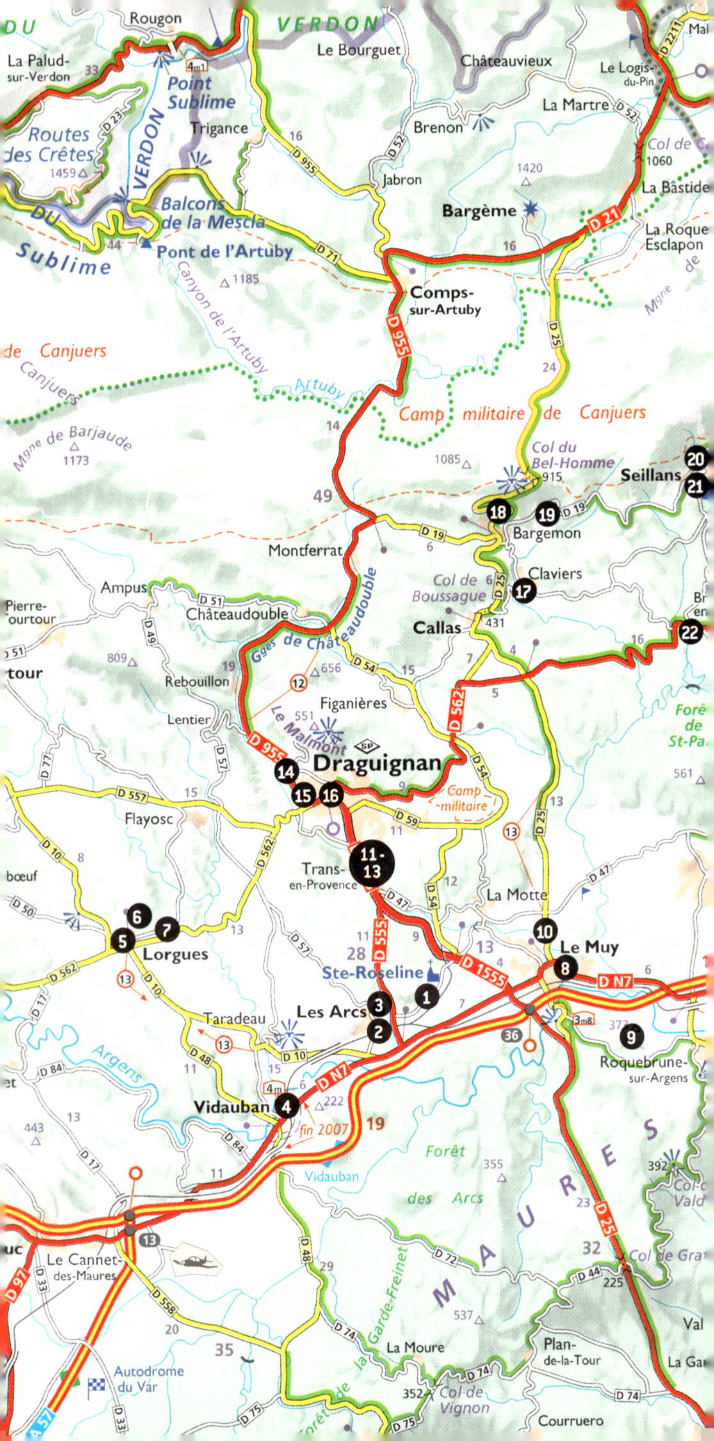

Rougon
VERDON
La Palud-sur-Verdon
Le Bourguet
Châteauvieux
Le Logis-du-Pin
Point Sublime
Trigance
La Martre
Brenon
Routes des Crêtes
Jabron
Col de
La Bastide
Bargème
Balcons de la Mescla
La Roque Esclapon
Pont de l'Artuby
Sublime
Canyon de l'Artuby
Comps-sur-Artuby
de Canjuers
Artuby
Camp militaire de Canjuers
Mgne de Barjaude
Col du Bel-Homme
Seillans
Bargemon
Montferrat
Claviers
Col de Boussague
Ampus
Châteaudouble
Callas
Gges de Châteaudouble
Rebouillon
Figanières
Lentier
Le Malmont
Draguignan
Forêt de St-Pa
Camp militaire
Flayosc
Trans-en-Provence
La Motte
Le Muy
Lorgues
Ste-Roseline
Les Arcs
Taradeau
Roquebrune-sur-Argens
Argens
Vidauban
fin 2007
Forêt des Arcs
MAURES
Le Cannet-des-Maures
Col de Gra
La Garde-Freinet
La Moure
Plan-de-la-Tour
Autodrome du Var
Col de Vignon
Courruero
Forêt de la

DRAGUIGNAN ET ALENTOURS

LE RELIQUAIRE DES YEUX DE SAINTE ROSELINE

1

Chapelle Sainte Roseline
D91, 83460 Les Arcs-sur-Argens
• Ouvert du mardi au dimanche de 14h30 à 18h30 l'été et de 14h à 17h l'hiver
• Pèlerinages le dimanche de la Trinité (le premier après Pentecôte), le premier dimanche d'août, le dimanche précédant celui des Rameaux et le dimanche le plus proche du 16 octobre • Fermée les jours fériés
• Visite virtuelle sur le site de la cave viticole du château Sainte-Roseline : www.sainte-roseline.com

“ *Le pouvoir miraculeux des yeux de sainte Roseline*

Reposant dans une châsse* à l'intérieur de la chapelle qui porte son nom entre les villages des Arcs et celui de Trans, sainte Roseline aurait été à l'origine de nombreux miracles.

Fille de Sybille de Sabran et d'Arnaud de Villeneuve, Roseline vécut au XIVe siècle et était connue pour sa générosité. Alors que son père s'opposait à ce qu'elle fasse la charité, Roseline avait l'habitude de distribuer les réserves du château à ceux qui n'avaient rien à manger. Un jour cependant, son père la surprit avec son tablier rempli, qu'il soupçonna de contenir des vivres, mais à sa stupéfaction, des roses s'en échappèrent de façon miraculeuse.

À sa mort, son corps, exposé dans une châsse, fut miraculeusement préservé de toute usure. Il fut pourtant perdu pendant les guerres de religion mais fut retrouvé… par un aveugle. Les pèlerins étaient bouleversés par l'éclat de ses yeux qui semblaient être tels qu'avant sa mort. La rumeur parvint même à Louis XIV qui tint à savoir s'il ne s'agissait pas d'une supercherie et envoya son médecin Vallot pratiquer une incision dans l'œil de la sainte. Les yeux s'éteignirent alors à jamais.

À présent enfermés dans un reliquaire séparé de la châsse, ceux-ci conserveraient pourtant leur pouvoir miraculeux comme en témoignent la multitude d'ex-voto et les pèlerinages encore très nombreux aujourd'hui.

Il y a quelques années, Marguerite Maeght a obtenu que des artistes prestigieux viennent créer des œuvres afin de contribuer à la restauration de la chapelle, à présent richement dotée d'œuvres contemporaines. On y voit ainsi des vitraux de Bazaine et d'Ubac et des bronzes de Diego Giacometti, frère d'Alberto (un lutrin, les portes du reliquaire des yeux). Une immense mosaïque de Marc Chagall représente également un épisode de la vie de sainte Roseline : alors qu'elle était novice à l'abbaye de Bertaud, elle oublia de préparer le repas dont elle avait la charge. Elle fut relayée par des anges qui apparurent et firent la cuisine et le service à sa place.

*Châsse : reliquaire dans lequel on expose et on conserve les restes d'un saint ou d'une sainte.

LES ARCS-SUR-ARGENS

LE CAVEAU DU CHÂTEAU FONT DU BROC ❷

83460 Les Arcs-sur-Argens
• Tél. : 04 94 47 48 20 • Fax : 04 94 47 50 46
• Mail : caveau@chateau-fontdubroc.com • www.chateau-fontdubroc.com
• Ouvert du lundi au samedi de 9h à 12h et de 14h à 18h, le dimanche de 14h à 18h

« Une reproduction de la salle capitulaire de l'abbaye du Thoronet

Implanté sur un site totalement vierge, le château Font du Broc a été construit, contrairement aux apparences, à la fin des années 1970. Sur les 100 hectares du domaine, Sylvain Massa a voulu redonner sa vocation viticole à cette terre où la garrigue avait pris le dessus. La principale curiosité du lieu est le caveau dans lequel sont entreposés les tonneaux et les bouteilles : il s'agit, ni plus ni moins, de la reproduction de la salle capitulaire de la proche abbaye du Thoronet. On y accède par un vertigineux escalier qui mène à une cathédrale souterraine, à 20 mètres de profondeur, qui a demandé quatre ans de travail. Très impressionnant avec ses proportions abbatiales, le caveau maintient naturellement une température constante comprise entre 14 et 15 degrés. La réalisation a été assurée par les compagnons du Tour de France et l'on ne peut qu'admirer le travail de la taille des pierres, la création des voûtes, la qualité des sculptures et le petit clin d'œil des compagnons, matérialisé par une salamandre incluse sur un arc.

Quelques jours avant l'inauguration, une partie de la voûte du caveau s'est pourtant effondrée et, par miracle, il n'y eut pas de victime.

La visite comprend également celle du manège où s'entraînent de magnifiques chevaux lusitaniens ainsi que celle des salles de réception dont « la plus vaste du Var » comme l'indique la brochure du lieu. À noter que le calendrier des réservations pour ces somptueuses salles de réception et de banquet est rempli un an à l'avance…

LE MASQUE D'INFAMIE DE LA MAISON DE L'HISTOIRE DES ARCS

3

Place du Baron, 83460 Les Arcs-sur-Argens
• Tél. 04 94 85 24 02
• Février-mars : du mardi au samedi de 14h à 17h
• Avril-mai : du mardi au samedi de 14h à 17h30
• Juin à septembre : du mardi au samedi de 10h à 12h et de 14h à 18h
• Octobre-novembre : du mardi au samedi de 14h à 17h
• Décembre : le samedi de 14h à 17h • Janvier : fermeture annuelle
• Entrée gratuite

« *Torture et humiliation : deux punitions pour le prix d'une !* »

La Maison de l'Histoire des Arcs présente, comme son nom l'indique, quelques aspects de l'histoire du village. Deux périodes sont privilégiées : le Moyen Âge et la Révolution. Parmi les mannequins grandeur nature exposés, le plus surprenant est sans conteste celui dont le visage est occulté par un rare masque d'infamie.

Façonnés en acier, les masques d'infamie occultaient la vue, le nez et la bouche au moyen d'une languette en métal qui comprimait en bouche un bâillon de tissu afin d'étouffer toute plainte ou lamentation : ils étaient utilisés pour punir ceux ou celles qui avaient dérogé aux règles élémentaires de l'ordre social.

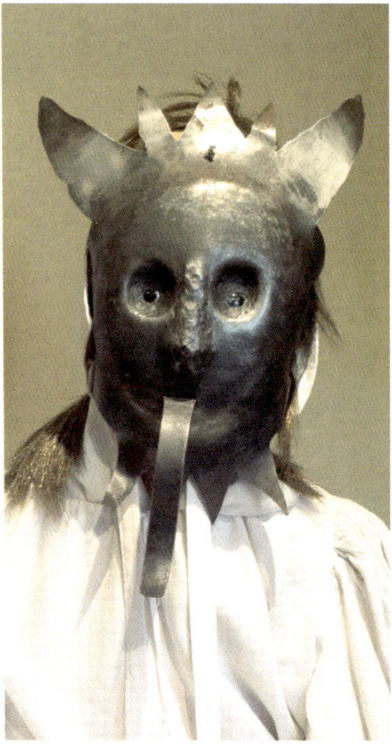

Chaque masque d'infamie devait ainsi représenter le délit commis par son porteur : pour les propagateurs de fausses rumeurs, des oreilles d'âne avec une langue pendante. Pour les ivrognes, des oreilles de cochon ainsi qu'un groin remplaçant le nez. Pour les orgueilleux vantards et menteurs, une tête de coq. Pour les sorciers et sorcières, on rajoutait des clochettes au masque.

En outre, l'auteur du délit devait rester immobilisé dans un carcan ou au pilori sur la place du marché aux heures d'affluence.

LA POIX : UN INGRÉDIENT PRÉSENT DEPUIS LA NUIT DES TEMPS

Utilisée depuis le Néolithique, la poix était également connue en Égypte antique (produit d'embaumement) et dans la Rome antique (pour rendre étanches les jarres et les amphores contenant du vin ou de l'huile) : on dit que, lors de l'incendie de Rome, les coupables présumés avaient été enduits de poix et servaient ainsi de torches vivantes pour illuminer les jardins de Néron...

Depuis les Phéniciens, l'usage principal de la poix était néanmoins le calfatage des coques tant que les navires furent construits en bois : un navire de 72 canons, au XVIIe siècle, exigeait par exemple 15 tonnes de poix. Depuis toujours, la poix a également été utilisée en médecine (antiseptique, désinfectant, cicatrisant). En Grèce, aujourd'hui encore, la poix entre dans la composition de pommades destinées à combattre la stérilité. Toujours en Grèce, la résine des pins ne sert pas qu'à fabriquer la poix : mélangée au vin, elle permet de déguster la retsina au goût si particulier.

Aujourd'hui, la poix est encore produite au Portugal, en Espagne et surtout en Chine : elle entre dans la composition des rouges à lèvres, des fards, des crèmes solaires et dans de multiples colles dont celles permettant de fabriquer le contreplaqué.

Elle est également utilisée pour monter les verres optiques des télescopes et des satellites sur les outillages qui permettent de les usiner. Il suffit après cette opération de chauffer le tout à 90° afin de libérer les optiques de toute trace de poix.

LE FOUR À POIX DU BOIS DU ROUQUAN ❹

Route départementale 48, 83550 Vidauban
• Accès à pied environ une heure aller-retour
• Pour accéder au four depuis le centre de Vidauban, emprunter la Route départementale 48 en direction de La-Garde-Freinet. Après 8 km, dépasser une première grosse citerne d'eau de prévention des incendies sur la gauche et se garer à côté de la deuxième citerne (sur la droite). Emprunter le sentier balisé jaune qui part à droite parallèlement à la route. Le sentier tourne à 90° à droite au niveau de la troisième citerne. Après environ 20 minutes, vous verrez sur la gauche une indication : chemin n° 904. Il vous conduira au four après encore une dizaine de minutes • On peut obtenir un plan détaillé de la randonnée auprès de l'office de tourisme de Vidauban, 56, avenue Wilson, tél. 04 94 73 10 28. E-mail : vidaubantourisme@dracenie.com

Si Vidauban est la commune du Var qui détient le plus grand nombre de fours à poix, la plupart sont en ruines ou laissés à l'abandon. L'intérêt du four du bois de Rouquan réside dans le fait qu'il a été entièrement restauré en 2004.

« Quand la résine des pins rendait étanches les coques des navires »

Les fours à poix, appelés « péguières » en Provence, étaient utilisés pour extraire de la résine de pin et la transformer en poix, ingrédient indispensable au calfatage des navires en bois : on remplissait le four de buchettes de pin et on y mettait le feu avant de boucher les orifices avec des pierres jointives scellées à l'argile pour une cuisson « à l'étouffée ». Au bout de quelques heures, la poix s'écoulait dans un réceptacle contenant de l'eau afin que la matière se fige immédiatement. Découpée en cubes, elle était acheminée vers le port de Toulon à dos d'âne. Le rendement d'un four était d'environ 40 kg de poix pour 1 400 kg de bois auquel il fallait ajouter 200 kg de charbon de bois.

Les fours ont été en activité jusqu'à la moitié du XIXe siècle, époque à partir de laquelle les coques en bois des navires furent progressivement remplacées par des coques métalliques.

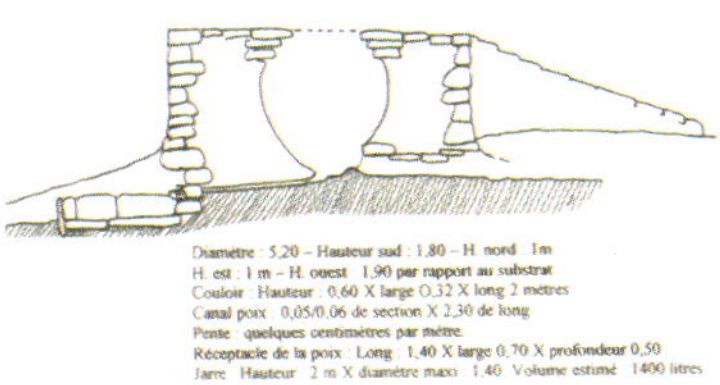

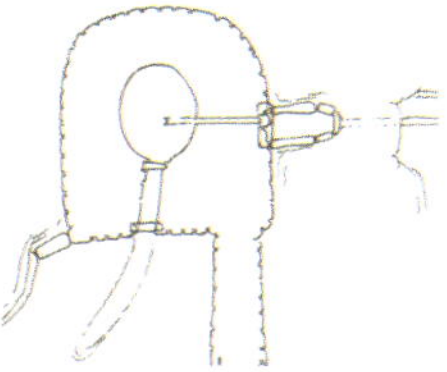

LA CHAPELLE NOTRE-DAME-DE-BENVA 5

D 50, Route de Saint-Antonin
83510 Lorgues
• Visite guidée en juillet-août les jeudis à 10h. Le reste de l'année sur rendez-vous • Inscription à l'office de tourisme de Lorgues, 12, rue du 8-Mai, 83510 Lorgues • Tél. 04 94 73 92 37 • www.lorgues-tourisme.fr

« L'invention du purgatoire

Perle du patrimoine varois, la chapelle Notre-Dame-de-Benva possède une architecture extérieure unique, conçue pour englober le chemin médiéval qui passait sous le porche de la chapelle. Benva signifie « bon voyage » et s'accorde à merveille avec sa situation en bord de route.

La réputation méritée de la chapelle est néanmoins surtout due à ses fresques exceptionnelles, datées de 1511. L'une d'entre elles représente le Purgatoire sous la forme d'une grande cellule fermée par des barreaux où s'entassent des centaines de corps nus qui semblent griller (de la fumée s'échappe vers le haut). Deux anges, une cruche à la main, s'emploient sans conviction à soulager leurs souffrances.

Le Purgatoire est une notion que l'Église élabora progressivement. C'est au 4e concile du Latran en 1215 que fut précisé dans les dogmes de l'Église catholique cet état intermédiaire entre la mort et le Paradis. L'idée du Purgatoire découle de la conviction qu'un laps de temps est nécessaire au croyant pour se purifier (*purgatio* en latin) et se repentir de ses péchés avant de rencontrer Dieu. D'où l'existence au long de l'histoire de l'Église de différentes pratiques visant à alléger la peine du Purgatoire, parfois moyennant finances : dons aux abbayes, aux institutions religieuses, dons pour faire dire des messes, actes de piété pour obtenir des « Indulgences » (voir encadré).

LES INDULGENCES

L'indulgence est une rémission totale ou partielle devant Dieu de la peine de Purgatoire. Elle est obtenue en contrepartie d'un acte de piété [pèlerinage, prière, mortification] effectué à cette fin, dans un esprit de repentance. La « simonie » est la déviance de l'indulgence : les fidèles marchandent auprès du prêtre un acte de charité, qui devient souvent un don en espèces sonnantes et trébuchantes...

Un exemple célèbre date de 1515 : cette année-là, le dominicain Johann Tetzel est chargé de vendre des indulgences au nom de l'archevêque de Mayence, Albrecht de Brandebourg, qui préleva 50 % des sommes pour payer ses frais d'installation. Comble du cynisme, la devise du moine percepteur qui faisait battre tambour pour attirer la foule était : « Dès que la monnaie tinte dans le tronc, l'âme s'envole du Purgatoire. » C'est dans ce climat de scandale que Luther intervient le 31 octobre 1517, veille de Toussaint, en affichant 95 thèses dénonçant la pratique des indulgences. On considère cet épisode comme le « coup d'envoi public » de la Réforme.

MUSÉE PICTURAL ET ARCHITECTURAL ROB JULLIEN

6

Le Moulin, rue Tré-Barry
83510 Lorgues
• Tél. 09 62 37 56 31 • Visite sur rendez-vous • Tarif : 4 €, enfants : 2 €

> **_Un musée où l'ésotérisme est roi_**

Le très insolite musée Rob Jullien est parfait pour une sortie dominicale : il séduira les enfants, intéressera les parents et alimentera les conversations de la famille bien après la visite.

Né à Aix-en-Provence, Rob Jullien, après un passage à Paris, eut un coup de cœur pour l'ancien moulin de Lorgues qu'il mit plusieurs années à restaurer, agrandir et décorer. Il y créa le musée qui porte son nom, dont l'architecture est une reconstitution ésotérique fortement inspirée de l'ordre des Templiers, faite de boyaux étroits, de couloirs sombres et d'escaliers abrupts. La salle de la Chouette, où repose ce que l'on devine être la sépulture d'un templier, arbore ainsi une croix pattée savamment mise en valeur. La production picturale de l'artiste est également présente : oscillant entre le fantastique, la science-fiction, les cristaux et les minéraux, elle est parfois proche de l'illustration ou de l'affiche de film.

LA CROIX PATTÉE

Une croix pattée est une croix aux bras étroits au centre et larges à la périphérie. Son nom vient du fait que les bras de la croix ressemblent à des pattes. Cette croix est le symbole des croisades et la couleur rouge, l'insigne des Chevaliers du Temple.

AUX ALENTOURS :

UN RARE EX-VOTO POLITIQUE AU SANCTUAIRE SAINT-FERRÉOL

7

Colline Saint-Ferréol - 83510 Lorgues
• Visite guidée en juillet-août les jeudis à 15h. Le reste de l'année sur rendez-vous • Inscription à l'office de tourisme de Lorgues, 12, rue du 8-Mai, 83510 Lorgues • Tél. 04 94 73 92 37 • www.lorgues-tourisme.fr

Depuis de longues années, l'Association des Amis de Saint-Ferréol et du Vieux Lorgues fait un travail impressionnant en préservant et en mettant en valeur l'exceptionnel patrimoine religieux du village. Le musée d'Art sacré de la chapelle de Saint-Ferréol présente ainsi une collection d'ex-voto en parfait état dont certains remontent au XVIIe siècle ainsi qu'un étrange meuble qui contient une botte en cuir beige déchirée, une crosse de fusil et des habits masculins noirs criblés d'impacts de balles. Le texte inscrit dans la partie basse du meuble donne un début d'explication : « En mémoire du 10 décembre 1851. Andéol de Rasque de Laval. » Issu d'une famille de la noblesse, ce jeune homme de 26 ans avait été pris en otage par les insurgés républicains qui réagissaient au coup d'état de Louis-Napoléon Bonaparte (le futur Napoléon III) du 2 décembre 1851. Il fut blessé par la troupe régulière venue réprimer l'insurrection et ne dut son salut qu'à l'intervention d'un officier constatant l'erreur.

LA PORTE DE LA CHAPELLE DU CHÂTEAU DU ROUËT

8

CD47, 83490 Le Muy
• Ouvert du lundi au samedi de 8h30 à 12h et de 14h à 18h (l'été 19h)
Dimanche et jours fériés de 14h à 18h • Tél. : 04 94 99 21 10
• www.chateau-du-rouet.com • Visite de la chapelle sur rendez-vous

« Une curieuse relique de l'épopée napoléonienne

La chapelle du château du Rouët possède un mobilier un peu particulier comprenant notamment la porte de la cabine de la Belle Poule, une frégate partie de Toulon sous le règne de Louis Philippe (1840) pour ramener à Paris les cendres de l'empereur Napoléon Bonaparte*…

L'origine du domaine du Rouët remonte à 1927, année de l'incendie qui ravagea la région, des Arcs à Mandelieu. Après avoir acheté les terres, les ancêtres de Bernard Savatier, l'actuel propriétaire, furent confrontés à une clause de l'hypothèque à laquelle ils n'avaient pas prêté assez d'attention. Ils s'étaient engagés à faire célébrer chaque jour une messe pour le repos de l'âme du respectable sire Verion d'Esclans et de sa famille. Il fallut donc adjoindre une chapelle au domaine, recruter un chapelain et lui fournir sur place le gîte et le couvert.

Lucien Savatier, l'acquéreur du domaine, était ingénieur électricien de marine (il avait électrifié des tourelles des cuirassés et celles des premiers chars d'assaut) et fut, à ce titre, chargé de désarmer la Belle Poule. Il prit soin de récupérer la porte de la cabine qui avait abrité les cendres impériales et décida tout simplement d'en meubler la chapelle.

*Pour plus de détails et pour d'autres reliques insolites, voir le guide *Banlieue de Paris insolite et secrète* chez le même éditeur

AUX ALENTOURS :

LES FAILLES DU ROCHER DE ROQUEBRUNE : EN MÉMOIRE DE LA MORT DU CHRIST ?

9

En face du musée varois du Scoutisme se dresse un majestueux rocher rouge que les usagers de l'autoroute A8 ne peuvent rater. À son sommet, impossible à approcher car 70 propriétaires privés s'en partagent le territoire, trois croix visibles à l'œil nu, mais lointaines, expliquent le nom du « Rocher des trois croix ». Selon la légende, le rocher se serait déchiré en trois failles au moment précis où le Christ aurait expiré au Mont des Oliviers. Trois failles répondant aux trois croix du calvaire et aux trois entités de la Sainte Trinité…

Le 11 juillet 1991 eut lieu l'inauguration des trois croix du sommet du rocher de Roquebrune à 373 mètres d'altitude. Œuvres du sculpteur Bernard Venet qui vit entre New York et Le Muy, elles pèsent plus d'une tonne chacune et mesurent 4,75 mètres de haut. Elles rendent hommage à trois grands peintres de l'histoire de l'art : Giotto, qui a décoré la chapelle Scrovegni de Padoue au XIVe siècle, Grünewald et Le Greco. Bernard Venet s'est inspiré de ces trois artistes et de leurs représentations personnelles de la crucifixion.

UN REPAS À LA FERME DU RABINON

10

RD25, 83490 Le Muy
• Tél. : 04 94 45 18 53
• Accès : depuis la sortie de l'autoroute, aller vers Le Muy. Au rond-point à l'entrée du village, prendre la première à droite. Suivre la RD25, traverser la rivière Argens et passer devant la base de kayak. La ferme se trouve juste après sur la gauche.

« Un repas insolite et convivial

Renaud Vassas est un personnage hors du commun. Dire que ses repas à la ferme sont insolites serait réducteur compte tenu du moment surréaliste que vous allez passer dans cet environnement étrange où se côtoient carcasses de voiture, objets indéfinissables et œuvres d'art à base de fer et de soudure. Artiste protéiforme, Renaud « expose » aussi à l'étranger (Moscou, Stockholm) : il remplit tout simplement sa camionnette, déballe et vend tout…

Chez lui, il partage son temps entre la récupération des objets, matière première de son art, et sa vocation d'hôte pour grandes tablées conviviales. La formule est la suivante : tout le monde s'assoit à la même table où sont disposées des poêles pour cuire les foies gras généreusement servis. On se sert auparavant de rillettes de canard, de magrets finement tranchés, de pommes de terre rissolées, et l'on termine par des salades et des sorbets maison.

Photo de l'hôte-artiste Renaud Vassas

Attention à ne pas oublier son vin car la formule à 45 € est vin non compris et non fourni. Le repas est surtout l'occasion de refaire le monde avec de joyeux inconnus, de rire et de trinquer et ce, même quand on a oublié d'apporter sa bouteille, car vos voisins de table, habitués des lieux, ne vous laisseront pas mourir de soif…

LE PUITS AÉRIEN DE TRANS

11

Chemin de la Côte
83720 Trans-en-Provence

Le talent d'Achille

Extraordinaire réalisation de l'ingénieur belge Achille Knapen, le puits aérien de Trans-en-Provence était tout simplement censé être une solution au problème de la sécheresse en Afrique. L'idée consistait à récupérer l'eau obtenue par condensation, (la « buée » sur les vitres et la « rosée » sur les plantes) dans un immense puits destiné uniquement à cet effet.

S'inspirant des ruines de Théodosia en Crimée (Ukraine), il décida d'expérimenter son idée en grandeur nature. Trans fut choisi pour son climat chaud, qu'il pensait (à tort) proche des conditions des pays d'Afrique du Nord. En 1931 fut ainsi inauguré ce puits aérien aux dimensions impressionnantes : 12 mètres de diamètre, 12 mètres de hauteur et des parois de 2,5 mètres d'épaisseur.

Le fonctionnement se résume de la façon suivante : l'air chaud pénètre dans le puits pendant la journée et, la nuit, l'air froid qui y pénètre à son tour provoque par contact avec le résidu de l'air chaud la condensation de la vapeur d'eau. Celle-ci, récupérée par l'architecture intérieure du puits, s'écoule ensuite dans un réservoir souterrain.

Le résultat fut décevant, Achille Knapen ne recueillit que l'équivalent d'un seau par nuit : un rendement bien insuffisant compte tenu de l'ambition du projet. Il n'y eut donc pas de suite. Peut-être une occasion ratée quand l'on sait que les variations de température en été, dans cette partie de la Provence, sont en réalité très inférieures à celles des régions désertiques d'Afrique du Nord, sujettes à un climat plus continental…

AUX ALENTOURS :

AUBERGE DU VIEUX MOULIN

12

Place des Moulins

83720 Trans-en-Provence
- Tél. : 04 94 70 87 59
- Mail : contact@auberge-la-grotte.com
- www.auberge-la-grotte.com
- Menus à 18 €, 28 €, 38 € et 45 €
- Soirées dansantes, banquets, mariages

Implanté comme son nom l'indique dans un ancien moulin, le restaurant du Vieux Moulin possède une salle à manger particulièrement impressionnante, dressée dans la grotte Sainte-Catherine. La grotte était auparavant un lieu de pèlerinage des meuniers de la région qui y venaient, tous les 25 novembre, implorer leur patronne pour que la récolte soit bonne.

1720. Peste de Marseille renouvelée le 6
en France, et particulièrement dans le Var. St ROCH

L'EX-VOTO DE LA CHAPELLE SAINT-ROCH ⓭

Avenue de la Gare
83720 Trans-en-Provence
• Pour visiter la chapelle prendre contact avec le syndicat d'initiative au 1, avenue Notre-Dame
• Tél. 04 94 67 76 17
• transtourisme@wanadoo.fr • www.transtourisme.org

« *Après la peste noire, la peste rouge !* »

La chapelle Saint-Roch occupe une place particulière dans le cœur des habitants de Trans-en-Provence : lorsque la peste menaça le village au XIVe siècle, saint Roch, un natif de Montpellier qui était en route pour Rome, purifia la rivière Nartuby, ce qui eut pour effet de protéger Trans de l'épidémie.

La chapelle qui lui est dédiée fut édifiée au XVIIe siècle puis réaménagée après la peste de 1720 : le saint avait été encore une fois appelé à la rescousse. Il devint saint patron du village et, par un vœu, les habitants s'engagèrent annuellement et « à perpétuité » à organiser une procession et une neuvaine de messes et de prières.

Un tableau anonyme du XVIIIe siècle au mur de la chapelle représente sans doute la première édition de cette procession : on y voit des pénitents blancs portant la châsse de saint Roch se dirigeant vers leur chapelle située au bord de la Nartuby, traversée par deux ponts. Suivent le clergé et les autorités municipales. Au premier plan du tableau, deux familles s'occupent de l'un d'entre eux mourant. Quelques regards des processionnaires se tournent vers eux, notamment l'un des mourants évoquant le visage et le corps du Christ.

Si toute la scène peinte semble classique, il faut jeter un coup d'œil à la légende pour se rendre compte qu'un message particulier y est caché : « Ex-Voto, 1720, peste de Marseille, renouvelé le 6 Xbre (octobre) 1851 en mémoire des événements survenus en France et particulièrement dans le Var. Saint Roch, priez pour nous ».

La légende fait en effet une référence non voilée et dédaigneuse à cette nouvelle « peste rouge » qui se rebella contre le coup d'État du prince Louis-Napoléon-Bonaparte du 2 décembre 1851 : alors président de la République, celui-ci avait dissous l'Assemblée nationale sans en avoir le droit constitutionnel et rétabli l'Empire.

Voir dans *Provence insolite et secrète* chez le même éditeur un autre ex-voto concernant les révoltes de 1851 à Aups.

LE MUSÉE DE L'ARTILLERIE

14

Avenue de la Grande-Armée
Quartier Bonaparte 83300 Draguignan
• Tél. : 04 98 10 83 85 et 86 • Mail : musee.artillerie@worldonline.fr
• http://musee.artillerie.asso.fr
• Ouvert du dimanche au mercredi de 9h à 12h et de 13h30 à 17h30
• Entrée gratuite

« Un extraordinaire masque à gaz pour cheval

Implanté à Draguignan, le musée de l'Artillerie possède une collection complète de canons qui est présentée en suivant une approche pédagogique très convaincante. Alors que la ville était en perte de vitesse et venait de perdre son statut de Préfecture au profit de Toulon, il fut décidé que l'une des compensations serait de déménager l'école de l'artillerie de Châlons-en-Champagne à Draguignan. Quelques années plus tard, en 1976, le musée de l'Artillerie vit naturellement le jour.

La visite permet de comprendre l'histoire sous l'angle particulier de l'artillerie, dont la présence a été constante dans toutes les guerres militaires et civiles où la France était protagoniste.

L'on apprend ainsi que le sceau duquel ils sont frappés (Louis XIV, Napoléon, RF pour République Française ou LP pour Louis-Philippe) n'a pas empêché les canons de tirer sur ceux qui les ont fait fondre… Parmi les perles du musée, quelques canons comportent des inscriptions à l'usage des canonniers, ainsi sous cette manivelle que l'on tourne dans le bon sens pour élever le canon on peut lire cette indication naïve : « plus loin ». Le matériel défensif présente finalement les pièces les plus insolites, telles que cet extraordinaire masque à gaz pour cheval : jusqu'à la deuxième moitié du XXe siècle, on ne pouvait en effet déplacer un canon qu'à l'aide d'un cheval qui le tractait. On inventa donc tout simplement un masque adapté au meilleur ami de l'artilleur… Dans le même esprit, ne ratez pas le masque à gaz pour nourrisson, tellement surdimensionné qu'il donne l'impression de voir un bébé dans un bocal.

MDCCXX XXI
XXII OMNIPOTENTI
IRATO, ET ANGELO EJUS
VINDICI, CONTAGIOSA
LUE POPULUM HUJUS
PROVINCIÆ PERCUTIENTI,
INTERCESSIONES DEIPARÆ
EFFICACITER OPPOSUERUNT
CIVES DRACENICES.
720-21-22 Au Tout-Puissant irrité et a son ange vengeur
ppant de la contagion de la PESTE le Peuple de cette provi
bitants de DRAGUIGNAN ont opposé efficacement l'intercession de la Mere d

LA CHAPELLE NOTRE-DAME-DU-PEUPLE 15

Rue Notre-Dame-du-Peuple
83700 Draguignan

Un tableau qui a perdu la tête...

Construite en 1524, la chapelle Notre-Dame-du-Peuple fut érigée pour remercier la Sainte Vierge d'avoir épargné la ville de Draguignan d'une épidémie de peste. La légende raconte que, au moment où la Vierge apparaissait dans le ciel, une femme qui se rendait en ville au même moment avec un ballot de linge sentit sa charge s'alourdir d'une façon telle qu'elle ne pouvait plus la porter… Alertés par la population, les consuls de la ville vinrent examiner le ballot de linge et purent constater qu'il était contaminé par la peste. Prises suffisamment tôt, les mesures contre l'épidémie permirent ainsi à Draguignan d'échapper à la terrible maladie.

La chapelle fut bâtie sur le chemin royal qui reliait jadis la ville à Lorgues et à Aix-en-Provence. Au XVIIIe siècle, il fut décidé de construire une route plus large qui ne passait plus devant la chapelle ; cette dernière se retrouva à l'écart.

À l'intérieur de la chapelle, on trouve beaucoup d'ex-voto en marbre mais pratiquement plus d'ex-voto peints : 70 d'entre eux ont été volés en 1974 et les derniers se trouvent au musée des Arts et Traditions populaires de Draguignan.

Deux oeuvres attirent également l'attention : la Vierge du Rosaire, peinture sur bois de l'école des Bréa (voir l'encadré ci-dessous), et surtout un tableau auquel on n'accorderait pas autant d'intérêt si on n'en connaissait pas l'histoire. Peint par le père Valentin de l'Observance, il représente une procession dont la légende en latin en bas du tableau indique : « 1720-21-22. Au Tout-Puissant et à son ange vengeur frappant de la contagion de la peste le peuple de cette province, les habitants de Draguignan ont opposé efficacement l'intercession de la Mère de Dieu. Sous le consulat de Noble Joseph de Rasque, Seigneur de Taradeau… » En observant attentivement le tableau, prêtez particulièrement attention à Joseph de Rasque, le personnage principal de gauche. Noble de la région, sa tête fut découpée de la toile à la Révolution et remplacée plus tard par une autre… À l'œil nu, on perçoit très bien ce « maquillage » qui en dit long sur l'état d'esprit des insurgés de 1789.

L'ÉCOLE DES BRÉA

L'école des Bréa a été fondée par Louis Bréa, peintre niçois né vers 1450 et décédé en 1523. Ses nombreuses œuvres religieuses (fresques, retables, triptyques) que l'on retrouve de Nice à Gènes en passant par l'arrière-pays ont marqué la rupture avec l'art gothique et l'irruption de la Renaissance. On parle des Bréa au pluriel car plusieurs membres de sa famille, tel François Bréa, ont suivi sa vocation.

LA PIERRE DE LA FÉE

16

Route de Montferrat 83300 Draguignan
À 1 kilomètre du centre-ville
Le dolmen se trouve en propriété privée non clôturée

Le plus grand dolmen de la Côte d'Azur

Même si vous avez déjà vu des dolmens*, la masse de celui de la Pierre de la Fée, tranquillement posé dans un bel écrin végétal, provoque toujours un certain choc. Soutenant une dalle estimée à environ 25 tonnes, le dolmen de la Fée, mesurant 6 mètres de long sur 2,35 mètres de haut, pèse au total environ 60 tonnes. Il aurait été érigé il y a 2 500 ans et aurait servi d'autel de sacrifices pour des cérémonies du culte druidique.

Son nom de « Pierre de la Fée » provient d'une légende : une fée déguisée en bergère aurait demandé à son amoureux de lui confectionner un lit composé d'une lourde pierre soutenue par deux autres. Après d'épuisants efforts pour rassembler les trois pierres et en dresser deux verticalement, le prétendant n'arriva point à soulever ni à mettre en place celle qui devait servir de lit. La fée, utilisant ses pouvoirs surnaturels, mit la pierre en place et en fit la surprise au jeune homme. Celui-ci, en vrai Méditerranéen, ne supporta pas l'affront et s'en alla mourir. Frédéric Mistral parle de la pierre dans son poème *Calendal* où l'héroïne, dernière princesse des Baux, se nomme Esterelle.

L'on pourra aussi s'étonner de la partie haute d'une des pierres de soutien, manifestement reconstituée (et qui est d'ailleurs largement taggée). Il s'agit des séquelles du dynamitage de la pierre, perpétré par quelques Dracenois (habitants de Draguignan) n'acceptant pas le transfert, en 1974, de la Préfecture du Var de Draguignan à Toulon. Ils s'en prenaient ainsi au symbole prouvant l'antériorité de leur ville par rapport au port de guerre de la Méditerranée…

* Dolmen signifie « table de pierre » en breton.

AUX ALENTOURS :

L'INSCRIPTION DU MUR DU VIADUC DU RAYOL

17

Viaduc du Rayol. Ancienne voie ferrée 83830 Claviers
• Accès : sur la RD55 en direction de Grasse, à 5,5 kilomètres du village, prendre à gauche la route indiquée « voie ferrée ». Poursuivre sur cette voie étroite, passer sous deux ponts jusqu'au viaduc surplombant le vallon du Rayol

Sur l'impressionnant viaduc du Rayol, au début du pont à droite, on peut lire sur un muret cette curieuse inscription : « Mort à Guillaume ! » Gravée par des conscrits du canton de Fayence en partance pour le front pendant la Première Guerre mondiale, avec leurs initiales, l'invective s'adresse à Guillaume II, dernier empereur d'Allemagne et dernier roi de Prusse. Bien qu'il ne fût pas directement à l'origine du déclenchement de la guerre, Guillaume II l'avait préparée par un armement intense et ne fit rien pour l'éviter. Il ne représentait pour ces conscrits qu'un monarque d'une nation ennemie, à qui il fallait reprendre l'Alsace et la Lorraine après la défaite de 1870.

LE MUSÉE DES MINÉRAUX ET FOSSILES

18

8, rue de la Résistance 83830 Bargemon
• Tél. 04 94 67 61 44 • musee.fm@orange.fr
• Ouvert en juillet-août : du mercredi au dimanche de 14h30 à 18h30 (jeudi 10h à 12h) • De septembre à juin : du mercredi au dimanche de 14h à 17h30
• Entrée libre

> ***Le mystère des ammonites déroulées***

Le musée des Minéraux et Fossiles de Bargemon, propriété de la mairie du village, présente plus de 3 000 pièces. Si les minéraux proviennent du monde entier, une grande partie des fossiles a été découverte dans la région. Beaucoup d'ammonites sont présentées dont quelques très étonnants spécimens déroulés.

Les Alpes-Maritimes mais surtout les Alpes-de-Haute-Provence possèdent le plus grand nombre et les plus beaux spécimens d'ammonites déroulées. Un étage géologique porte d'ailleurs le nom de Barrêmien en référence au village de Barrême (Alpes-de-Haute-Provence) qui est la localité type de cet étage.

LES AMMONITES

Une ammonite est un mollusque céphalopode, enroulé comme un escargot, qui doit son nom aux cornes de bélier, en forme de spirale, qui ceignaient le front de la divinité gréco-égyptienne Zeus Ammon. Les ammonites sont apparues au dévonien (ère paléozoïque, environ - 400 millions d'années) et ont disparu à la fin du crétacé (ère mésozoïque, environ - 100 millions d'années).
L'hypothèse de l'impact d'une météorite dans le golfe du Mexique (d'où l'aspect circulaire du golfe) à la limite du crétacé et de l'ère tertiaire (appelée limite KT par les scientifiques) emporte l'adhésion de la majorité de la communauté scientifique aujourd'hui. Il ne fait plus beaucoup de doute que cet impact aurait plongé la terre dans l'obscurité par la masse de matières envoyées dans l'atmosphère et aurait causé la fin des dinosaures (et celle des ammonites).

3
W
E

LA MACHINE DM3 DU MUSÉE DES MACHINES À ÉCRIRE DE BARGEMON 19

Rue de la Prison, 83830 Bargemon
- Tél. 04 94 70 65 77 • museemachines@gmail.com
- Mercredi et jeudi de 10h à 12h et de 14h à 18h
- Vendredi et samedi de 14h à 18h
- Dimanche de 15h30 à 19h30
- Entrée gratuite

« Une touche spéciale pour les « SS » nazis

C'est afin que la collection de machines à écrire (mais aussi de machines à calculer et de caisses enregistreuses) constituée par un amateur privé de Draguignan ne soit pas dispersée que la ville de Bargemon s'est proposée de la racheter et de l'exposer dans un musée créé pour la circonstance. Si les 450 pièces ne peuvent être toutes présentées dans le local à ce jour, il est tout de même possible de contempler plus de 150 machines uniques et de comprendre l'évolution de technologies abandonnées aujourd'hui au profit des ordinateurs.

Parmi les perles du musée, on remarquera l'arithmomètre, la première machine à calculer commercialisée au monde, inventée en France par Thomas de Colmar en 1820. Sa commercialisation dura de 1851 à 1915. La machine opérait les multiplications et les divisions par additions ou soustractions successives en tournant une manivelle le nombre de fois voulu.

Si certains retrouveront également avec nostalgie la machine sur laquelle ils ont travaillé autrefois comme les fameuses Remington ou les Olivetti, la pièce la plus spectaculaire et de sinistre mémoire est la DM3, une machine à écrire fabriquée en quelques exemplaires pour équiper les ambassades allemandes et sur laquelle une modification avait été demandée par le Führer lui-même : la touche 3 servait aussi à taper l'abréviation « SS » inspirée des caractères runiques.

Un collectionneur de machines à écrire est un mécascriptophile.

SEILLANS

L'EX-VOTO DE LA TROMBE ÉLECTRIQUE

20

Notre-Dame-de-l'Ormeau 83440 Seillans
• Des visites accompagnées du village et de la chapelle Notre-Dame de l'Ormeau (retable classé du XVIe siècle) sont organisées en toute saison par l'office de tourisme, Espace Waldberg, place du Thouron, 83440 Seillans
• Tél. 04 94 76 85 91 • ot.seillans@wanadoo.fr • www.seillans.fr

Un éclair sec et muet

Il est difficile de classer le phénomène climatologique qui frappa Seillans en avril 1892. Certains l'appelèrent « orage magnétique », d'autres « trombe électrique », mais nombreux furent les habitants qui accusèrent la « fée » électricité d'en être à l'origine.

Au début de l'année 1892, la vicomtesse Savigny de Moncorps obtint de la municipalité d'être raccordée à l'électricité pour alimenter sa parfumerie en énergie. Une condition avait été posée : les maisons se trouvant sur la route allant à la parfumerie devaient être, elles aussi, alimentées. Très peu de temps après, en avril 1892, survint cet orage particulier, composé d'éclairs sans tonnerre ni pluie. Un orage sec et muet en quelque sorte, qui terrorisa la population. Ces éclairs pénétrèrent même dans des maisons sans causer ni victime ni dommage. Ce fut évidemment la nouvelle énergie électricité que l'on accusa d'avoir offensé Dieu, seul détenteur des forces invisibles. Mais comme le phénomène semblait n'avoir été qu'un avertissement sans frais, les habitants remercièrent la Vierge et le Seigneur. Un ex-voto représentant un éclair rentrant dans un domicile fut peint et exposé dans la chapelle Notre-Dame-de-l'Ormeau et une croix portant l'inscription « En mémoire de la trombe électrique » fut érigée à côté de la chapelle Saint-Cyr. Pour une raison inconnue, la croix disparut et une partie en fut retrouvée à la décharge de Seillans par les animateurs du Musée du Souvenir - 15 août 1944, où elle est désormais visible.

AUX ALENTOURS :

LES DEUX ROCS DE SEILLANS

21

Place Font-d'Amont 83440 Seillans
Juste à côté de la porte sarrasine, deux rochers émergent curieusement du sol à hauteur des maisons environnantes. Dans les années 1950, les maisons qui trônaient sur leur sommet s'effondrèrent mystérieusement. Ce jour-là, les habitants des maisons assistaient à un enterrement, pendant que, de leur côté, les enfants profitaient du jeudi, jour hebdomadaire de congé à l'époque, pour regarder la seule télévision du village, au foyer. Par miracle, l'incident ne fit donc aucune victime.
Les deux rocs ont été classés à l'inventaire des Monuments historiques et l'on imagine l'étroitesse des pièces des maisons qui avaient été construites autour de tels rochers. Elles avaient en fait été édifiées sur les anciens remparts.

LE VILLAGE DE BROVÈS

22

Brovès-en-Seillans
83440 Seillans

Un village délocalisé

Le déménagement des particuliers d'un logement à un autre est vécu le plus souvent comme une épreuve. Que dire alors du déménagement de l'ensemble de la population d'un village à un autre village ? C'est pourtant le cas de Brovès-en-Seillans, qui se trouve au carrefour de la RD562 et de la RD53, sur la commune de Seillans. Son ancien emplacement, sur la RD25, au nord de Bargemon, se trouvait en effet dans l'emprise du projet de camp militaire de Canjuers.

Entre 1969 et 1972, le plateau de Canjuers fut réquisitionné par l'armée et transformé en terrain de manœuvres de 35 000 hectares. Aujourd'hui, cinq à six mille militaires habitent le camp, mais la « militarisation » de cette zone ne se fit pas sans remous : la lutte contre l'extension du camp du Larzac ayant, à l'époque, les faveurs des médias, l'affaire de Canjuers, malgré la très faible densité de population, fut vite médiatisée. En vain : le 4 août 1970, le village de Brovès fut « déplacé » à 35 kilomètres de sa position initiale et renommé Brovès-en-Seillans.

De la route, la vision du village de Brovès est poignante : l'église a gardé son clocher (mais pas sa cloche) et les toits de tuile, effondrés pour la plupart, ont été remplacés par de l'éverite rouge brique. La visite du village est formellement interdite et, outre les sanctions auxquelles s'exposent les contrevenants, l'état des bâtiments fait courir des risques graves à ceux qui s'aventureraient dans les rues.

Par contraste, le hameau de Brovès-en-Seillans ressemble à un lotissement. Ne subsistent du village originel que la fontaine et le monument aux morts. Il faut ajouter que les sépultures ont aussi été déménagées du cimetière d'origine.

Office de tourisme de Seillans
1, rue du Valat 83440 Seillans
• Tél. : 04 94 76 85 91 • Fax : 04 94 39 13 53

Barjols
Pontevès
Gros Bessillon
813
Bois de Bessillon
Cotignac
Salernes
Cascade
la-Cascade
D 560
83
Entrecasteaux
Masseboeuf
St-Antonin-du-Var
Châteauvert
Correns
Argens
Montfort-sur-Argens
Carcès
Lac de Carcès
Abbe du Thoronet
Le Thoronet
Vins-sur-Caramy
Cabasse
Le Val
Cambarette
Les Gaétans
Brignoles
A 8
E 80
Le Luc
Le Cannet-des-Maures
La Celle
Camps-la-Source
Montagne de la Loube
830
Flassans-sur-Issole
Ste-Anastasie-sur-Issole
Besse-sur-Issole
La Roquebrussanne
Garéoult
Forcalqueiret
Gonfaron
Rocbaron
Carnoules
Pignans
N.-D. des Anges
Néoules
Col de la Bigue
Puget-Ville
Méounes-lès-Montrieux
Collobrières
Cuers
Belgentier
Pierrefeu-du-Var
Forêt de Pierrefeu
Col de Babaou
Solliès-Toucas
Solliès-Pont
Solliès-Ville
Les Laugiers
MASSIF
Valcros
Les Hauts-de-Porquerolles
Forêt des Maures
Pas-du-Cerf
Camp militaire
La Farlède
Le Coudon
La Verrerie
La Valette-du-Var
La Chaberte
La Crau
Le Fenouillet
La Londe-les-Maures
Hyères
A 570
La Moutonne
La Garde
Les Salins-d'Hyères
Port-de-Miramar
Cabasson
Ayguade-Ceinturon
Le Pradet
Carqueiranne
Costebelle
Hyères-Plage
Cap de Brégançon
Les Oursinières
Font-Brun
L'Almanarre
RADE D'HYÈRES
Cap de Carqueiranne
Golfe de Giens
Salins des Pesquiers
La Capte
Presqu'île de Giens
Giens

HYÈRES ET PROVENCE VERTE

LES MENHIRS DE LAMBERT

1

Plateau de Lambert 83610 Collobrières
• Accès à pied exclusivement depuis Collobrières : soit par le GR90 depuis le village (env. 1h15 de marche avec forte déclivité), soit par la route forestière au départ de la croix d'Anselme, env. 1h15 de marche aussi. Pour cet itinéraire plus plat, quitter Collobrières en direction de Grimaud. À la patte d'oie à 3 km du village, prendre à droite vers Grimaud. 2,8 km plus loin, prendre à droite vers la chartreuse de la Verne. À 200 m à droite se trouve un parking. La route forestière, strictement interdite aux véhicules, part du fond du parking. Les menhirs se trouvent sur le plateau de Lambert 6 km plus loin, juste après la maison forestière.

« Le mystère reste entier

Sur le magnifique plateau de Lambert, à 471 mètres d'altitude, se trouvent les deux plus beaux menhirs du Var (3,15 mètres et 2,82 mètres de hauteur) et sans aucun doute du sud-est de la France. Datés d'une période allant de la fin du Néolithique à la fin de l'âge de Bronze, ces deux monolithes sont en gneiss micacé de provenance locale et l'on pense avoir trouvé le lieu d'où ils ont été extraits à une centaine de mètres de leur emplacement.

À quel usage étaient destinés ces deux menhirs ? Bornes, idoles primitives, capteurs d'énergie ? La question reste entière.

Autour des menhirs, on admirera de très beaux châtaigniers centenaires et des souches colossales.

AUX ALENTOURS :

LES GRENATS DE LA MAIRIE DE COLLOBRIÈRES

2

Place de la Libération-15-Août-1944 83610 Collobrières
• De 9h à 12h et de 15h30 à 17h30 du lundi au vendredi

Dans le hall d'accueil de la mairie de Collobrières, deux vitrines présentent les minéraux caractéristiques du massif des Maures dont les très curieux grenats sur gangue de micaschiste. Ces grenats sont opaques et n'ont pas la transparence qui permet d'obtenir des pierres fines, comme les grenats de Bohème.

LE PLUS GRAND DOLMEN DU VAR : LE DOLMEN DE GAOUTABRY

3

Piste Notre-Dame-des-Maures 83250 La Londe-les-Maures
• Accès : la piste, interdite à la circulation publique, part de la RD88 à 4 km au nord du village. Un panneau indicateur annonce le dolmen. Il faut compter environ 45 min pour accéder au dolmen par un large chemin en pente douce

Découvert en 1876, le dolmen de Gaoutabry* date de la fin du Néolithique, début de l'âge du Cuivre (2 500 ans av. J.-C.). Il s'agit de l'un des plus vieux dolmens de la région et du plus vieux vestige découvert sur la commune, témoignant d'une présence humaine dès l'époque chalcolithique. Protégé au titre des Monuments historiques depuis 1988, le dolmen est rectangulaire et d'une surface de 9 m^2. Construit avec des dalles de phyllades, taillées dans les alentours et aménagées sur place, il ne possède pas de dalle tabulaire en guise de toit. Celle-ci a peut-être été cassée et les débris éparpillés, à moins qu'elle n'ait été constituée de végétaux qui reposaient sur des rondins, comme le laissent supposer les interstices entre les dalles latérales et les encoches de certaines d'entre elles.

* Du provençal « caud » (chaud) ou « gaouto » (joue de colline) et « abri », le nom de l'abri funéraire évoque sa position au sommet d'une petite colline bien ensoleillée.

LA ROUTE DU SEL

Pendant près de six siècles, la Route du Sel fit la fortune ou la ruine de villes-étapes. Des milliers de mulets transportant chacun près de 80 kilos de « charge » (la « charge » étant d'ailleurs une unité de mesure du Comté de Nice) empruntaient les mauvais chemins des Alpes et les cols enneigés. L'itinéraire tenait compte des obstacles naturels et des aléas politiques. La vallée du Var, qui servait de frontière avec les États de Provence, était par exemple considérée comme trop exposée et les vallées de la Tinée (aux mains des Grimaldi) et de la Roya (possédée par les Lascaris de Tende) n'offraient, quant à elles, pas assez de garanties en raison de l'instabilité de leur souveraineté.

Les convois partaient par la vallée du Paillon (qui arrose Nice) et se désaltéraient à Saint-André-de-la-Roche. Une première version de l'itinéraire rejoignait l'Escarène, Lucéram et Sospel en faisant un long détour pour éviter les gorges de la Vésubie. En 1433, un personnage hors normes vint proposer un nouvel itinéraire : Paganino del Pozzo, un entrepreneur de gabelle* de Nice dont la famille était établie à Cuneo, proposa de construire à son compte une route plus sûre et plus rapide, à condition de lui laisser percevoir un droit de péage sur les marchandises en transit. Sa route passait par Levens et Utelle, où était effectué un contrôle des sacs pour savoir si le poids réel correspondait à celui qui avait été déclaré. Il fallait au total environ un jour et demi pour rejoindre Saint-Martin-Vésubie, dernière étape avant les cols des Alpes, dont la prospérité était due à son statut de magasin de stockage des denrées en transit entre le Piémont et la Méditerranée. Selon les circonstances, le convoi franchissait les Alpes au col de la Madone de Fenestre (voir Saint-Martin-Vésubie p.126) ou au col d'Arnovo. L'entrée en Italie se faisait ensuite par Borgo-San-Dalmazzo et Cuneo.

Paganino, dont la population déforma le nom en « Pagari » (*pagare* veut dire « payer » en italien), se fit construire une riche maison dite « Paganino » ou « Palais du Sel », encore visible aujourd'hui Via Roma à Cuneo. Il se ruina ensuite en voulant étendre son concept de Route du Sel à péage à la vallée de la Roya. Il laissera au moins un dicton qui résume mieux qu'un long discours le fatalisme du peuple : « Tant que Pagari paghara Lo Pas passara Quant Pagari paghara plus Lo pas passara plus… » ce que l'on traduit par « tant que Pagari (Paganino del Pozzo) paiera, le col sera franchissable ». Dans une variante du dicton est rajouté le « si » italien, ce qui donne : « tant que Pagari SE paiera (tant qu'il encaissera la taxe). »

* Les gabeliers ou « entrepreneurs de gabelle » étaient des fermiers à qui les ducs de Savoie concédaient la perception des taxes et le transport du sel.

Pour en savoir plus : *La Route du sel*, Henry Mouton, collection L'Ancre Solaire, éditions Serre, Nice.

LES VIEUX-SALINS D'HYÈRES

4

Port Pothuau
Les Salins-d'Hyères
83400 Hyères

Vestiges de l'or blanc

À partir du Xe siècle, les moines de l'Abbaye de Montmajour, tout près d'Arles, asséchèrent les marécages à l'est d'Hyères pour les aménager en marais salants. La technique n'a que peu évolué depuis cette époque : l'idée est d'acheminer l'eau de mer, dont chaque litre contient environ 30 grammes de chlorure de sodium (le nom savant du sel), dans des bassins d'évaporation appelés « tables ». Il n'y a plus qu'à attendre la cristallisation pour récolter ainsi ce produit naturel.

Si le sel était « la plus noble des nourritures, le condiment par excellence » selon Plutarque, il servait également d'agent conservateur majeur dans le passé. Assez rare, le sel était donc cher et les pouvoirs en place l'ont toujours lourdement taxé.

Outre son utilisation locale, le sel des Salins-d'Hyères fut à l'origine de la légendaire Route du Sel à destination du Piémont, du XIVe au XIXe siècle : le sel était ainsi transporté dans des barges ou des felouques, déchargées à Nice, d'où il repartait par des convois terrestres à dos d'ânes ou de mulets.

Le treuil des Salins-d'Hyères, sorte d'écluse de sécurité, se trouve sur le pont qui traverse le petit canal qui va à la mer, juste avant les parkings. Il servait à fermer la porte du canal couvert dans lequel les navires chargés de leur précieuse cargaison attendaient le jour pour prendre la mer. Il s'agissait en effet de dissuader les voleurs et les « faux-sauniers » (contrebandiers du sel) attirés par cet or blanc.

À noter que les Salins-des-Pesquiers, sur l'isthme de la presqu'île de Giens, ont été créés artificiellement en 1848. Le site, ainsi que celui des Salins-d'Hyères, ont cessé leur activité depuis peu de temps : 1966 pour les Salins-d'Hyères et 2001 pour les Salins-des-Pesquiers. C'est dans les greniers du cours Saleya (d'où le nom) à Nice que le sel en provenance des Salins-d'Hyères était stocké. Le Conservatoire du littoral s'est porté acquéreur de l'ensemble des salins.

LA RÉSIDENCE SIMONE BERRIAU

5

22-28, boulevard du Front-de-Mer
Les Salins-d'Hyères
83400 Hyères

- Appartement grand confort de 3 pièces en location saisonnière
- Vue panoramique, climatisation
- De 450 € à 945 € la semaine selon la saison
- Contact : Anne-Lise Mortelmans au 04 94 38 94 72 ou au 06 84 39 83 42
- Mail : annelisemortelmans@hotmail.com

« *La résidence des vedettes du spectacle* »

Si les appartements avec vue sur mer et les îles, plage de sable privée (à 10 mètres), piscine et port privés sont relativement fréquents, la résidence Simone Berriau a quelque chose en plus.

Voyant sa carrière artistique de chanteuse d'opéra contrariée par un grain de poivre sur une corde vocale (!), Simone Berriau se lança au début des années 1940 dans la production et le théâtre. Propriétaire du théâtre Antoine, elle fréquentait le milieu artistique et, un jour, lui vint l'envie de rassembler tout ce beau monde dans le Midi pour les vacances : la résidence où les copropriétaires étaient tous des gens du spectacle était née. En 1963, les trois immeubles sortaient de terre et l'on pouvait y croiser Marcel Achard, Jean Richard, Georges Guétary, Robert Dhéry, André Castelot, Michel Serrault, Jacques Legras, Louis de Funès et bien d'autres vedettes du théâtre ou du cinéma.

Baptisés « La chatte sur un toit brûlant », « Vu du pont » ou « L'heure éblouissante », les appartements font partie d'une résidence conçue par l'architecte toulonnais Pierre Pascalet. Celui-ci a également dessiné d'immenses mosaïques et imaginé les coursives de circulation externes reliées par des escaliers qui forment des tours arrondies. Aujourd'hui, plus de 40 ans après sa construction, la résidence Simone Berriau ne se démode pas et assume ses choix architecturaux très proches de ceux de l'hôtel Latitude 43 de l'architecte Pingusson à Saint-Tropez (à présent laissé à l'abandon).

Aujourd'hui, beaucoup de ces artistes ont disparu, et leurs appartements ont été revendus à des résidents plus anonymes mais tous les Hyérois bénissent encore le nom de Simone Berriau. C'est elle qui avait obtenu du Premier ministre de l'époque, Pierre Messmer, que les avions de la base aéronavale d'Hyères cessent de s'entraîner pendant le mois d'août…

ALL SAINTS CHURCH

6

Boulevard Félix-Descroix
83400 Hyères

Une chapelle anglicane abandonnée

Perdue dans un sous-bois de pins, la chapelle All Saints Church est située en face du collège Gustave-Roux dans le quartier de Costebelle. Elle n'est visible que de l'extérieur, le terrain sur lequel elle se trouve ayant été clôturé afin de dissuader les squatters. Laissée à l'abandon, son état se dégrade et rien n'est prévu pour la sauvegarder malgré son intérêt historique. Au XIXe siècle, Hyères était devenue la ville favorite des hivernants anglais et la reine Victoria, qui séjourna plusieurs fois dans le midi de la France, vint même à Hyères en 1892. Bien qu'il existât en ville un lieu de culte depuis 1853 et une église anglicane de style néogothique consacrée en 1884 (voir ci-contre), la reine souhaitait avoir une chapelle à proximité des hôtels où elle résidait, dans le quartier de Costebelle, afin d'y venir aisément plusieurs fois par jour. Elle fit donc bâtir la chapelle All Saints Church en 1892. La Reine n'est jamais revenue à Hyères et la chapelle fut peu à peu abandonnée.

AUX ALENTOURS :

LA PLAQUE DE L'ENFANT SANS SÉPULTURE

7

Église Saint-Paul - Rue Saint-Paul

Sur la façade de l'église Saint-Paul, connue aussi sous l'appellation de collégiale Saint-Paul, une plaque traduit un texte gravé dans la pierre : « Ci-gît l'enfant sans sépulture, Robertus Atus, que son père a enseveli dans le roc ». Il n'existe aucune documentation sur cette inscription insolite.

LE BOULET DE CANON DE LA RUE SAINTE-CLAIRE

8

6, rue Sainte-Claire

Au 6, rue Sainte-Claire, un authentique boulet de canon est encastré sur la façade de la maison : l'antiquaire qui a exercé vingt ans à cette adresse l'avait trouvé dans sa cave et avait eu l'idée de l'utiliser comme décoration.

AUX ALENTOURS :

L'ÉGLISE ANGLICANE ET LA PLAQUE DE L'AVENUE ALEXIS-GODILLOT 9

22, avenue David-Beauregard - (angle de l'avenue Godillot) 83400 Hyères

L'église anglicane de Hyères fut construite par l'architecte Chapoulart entre 1883 et 1884 sur un terrain offert par Alexis Godillot. Si le culte anglican y a été pratiqué jusqu'en 1950, l'église est aujourd'hui devenue un lieu culturel municipal. Dans le jardin entourant l'église, on a conservé un panneau routier d'époque particulièrement anachronique aujourd'hui : « Avenue Alexis-Godillot. Défense aux voitures non suspendues de passer par cette avenue ». Il s'agissait, dans le temps, d'éviter que les charrettes et autres attelages ne défoncent le fragile bitume de l'avenue.

L'entrepreneur et manufacturier français mentionné sur cette plaque, Alexis Godillot (1816-1893), a donné son nom aux chaussures que son usine assemblait pour l'armée française, les « godillots ». Il participa également à l'aménagement de la ville d'Hyères où il possédait une curieuse maison, visible de l'extérieur au 70, avenue des Îles-d'Or. Réalisée par l'architecte Pierre Chapoulart, la demeure mélange allégrement le style normand, des tourelles de château Renaissance, des arcs outrepassés et de la céramique mauresque.

L'INSTITUT DE RÉÉDUCATION FONCTIONNELLE POMPONIANA OLBIA 10

Route de l'Almanarre 83407 Hyères • Tél. : 04 94 35 94 35

Contigu au site archéologique d'Olbia, l'institut de rééducation fonctionnelle Pomponiana Olbia occupe un immense terrain qui allait autrefois jusqu'à la mer. Peu visible de la route, une monumentale statue de Vierge à l'Enfant orne le bâtiment principal. Réalisée en 1937 par Carlo Sarrabezolles, la statue mesure 6,50 mètres de hauteur et a été sculptée selon une technique inventée par l'artiste : sans maquette et par taille directe du béton en prise (l'artiste fut contraint d'exécuter son œuvre en un temps très court, avant que le béton ne se solidifie). L'histoire de cet institut est représentative de la fonction médicale de la ville d'Hyères au XIXe siècle. Elle offrait aux phtisiques, si ce n'est la guérison, une fin de vie sous les palmiers et au soleil… Plusieurs sanatoriums ont ainsi fleuri en bord de mer ou sur les hauteurs, dont celui de Pomponiana, créé par le chanoine Mourot (1866-1948). Ouvert en 1923, l'institut s'est consacré à la tuberculose jusqu'en 1979 et accueille aujourd'hui des handicapés cérébro-moteurs.

LA FONTAINE MARIANNE STEWART

⓫

Place Théodore-Lefebvre 83400 Hyères

« Soyez bons avec les animaux, n'oubliez jamais qu'ils travaillent pour nous et qu'ils souffrent comme nous »

La fontaine qui se dresse sur la place Théodore-Lefebvre à Hyères, devant la médiathèque, est en fait un abreuvoir. Il fut commandé (et réalisé à titre posthume) par une résidente britannique, qui voulait remercier la ville d'Hyères de l'avoir accueillie, et étancher la soif de ses habitants à pattes.

Aujourd'hui écourtée en « The Drinking Fountain Association », « The Metropolitan Drinking Fountain and Cattle Trough Association » fut créée en Angleterre en 1859. La reine Victoria contribua financièrement à l'association et, à l'instar de Marianne Stewart à Hyères, donna de l'argent à ses hôtes de la Côte d'Azur pour édifier des abreuvoirs essentiellement destinés aux animaux.

À Hyères, l'abreuvoir Marianne Stewart approvisionne six bassins, dont deux très bas de margelles. Mais force est de constater que la plupart du temps, il n'y a pas un chat autour du monument… Pour les humains, il est également possible de se désaltérer l'esprit à la lecture du texte bilingue gravé dans la pierre de Cassis : « En mémoire affectueuse de Marianne Stewart décédée le 18 août 1900 après avoir joui des beautés et du climat d'Hyères pendant de nombreuses années. Elle s'était consacrée aux œuvres d'humanité et son dernier désir fut que l'on construisit un abreuvoir pour désaltérer les animaux dans la ville qu'elle aimait tant. Ce vœu a été réalisé par son amie et collaboratrice G.L. Bagnell. » Sur une autre face de l'abreuvoir, on trouve ces mots dont l'auteur est inconnu : « Soyez bons avec les animaux, n'oubliez jamais qu'ils travaillent pour nous et qu'ils souffrent comme nous. »

LE PLANTIER DE COSTEBELLE

12

714, avenue de la Font-des-Horts
• Tél. 06 76 87 01 56 • famillelugagne@club-internet.fr
• fr.wikipedia.org/wiki/Le_Plantier_de_Costebelle
• Ouvert d'avril à septembre sur rendez-vous
• Ouvert pour les Journées du patrimoine • 5 € par personne
• Visite guidée par les propriétaires actuels, uniquement sur rendez-vous
• Durée de la visite : 40 minutes • L'intérieur de la villa ne se visite pas

> **_Visite privée d'un prestigieux domaine autour d'une villa palladienne_**

Depuis 2010, sur réservation, il est possible de visiter le Plantier de Costebelle, un « jardin remarquable » classé par le ministère de la Culture.

D'une superficie de 4 hectares, le jardin est disposé autour d'une villa d'architecture néo-palladienne construite à partir de 1857 par la baronne Hortense Pauline Husson de Prailly (1813-1879). Celle-ci, de santé fragile, était l'épouse du président du tribunal de Nancy : fuyant les rigueurs de l'hiver de la Lorraine, elle souhaitait passer l'hiver sur la côte méditerranéenne et ouvrait sa porte à de nombreux religieux, dont le père Lacordaire, qui vint consacrer la chapelle. Sa fille, Berthe du Bouëxic, comtesse de Guichen, reçut même plusieurs fois la reine Victoria.

En 1896, l'écrivain Paul Bourget (1852-1935) acheta le domaine, sans que le défilé d'hôtes illustres ne s'arrête : Charles Maurras, Maurice Barrès, Joseph Conrad, André Gide ainsi que la romancière américaine Edith Wharton, entre autres.

Aujourd'hui, le charmant parc héberge de nombreuses espèces exotiques rares comme les cocotiers du Chili (devenus quasiment introuvables dans leur pays d'origine), le sagoutier enroulé, plante très archaïque du sud de l'Inde, le palmier miniature de Chusan, l'arbousier de Chypre et le palmier de Saint-Pierre.

LE MONUMENT COMMÉMORATIF DU PREMIER VOL SANS PILOTE

13

Pointe Peno
Chemin de Fort Peno, 83320 Carqueiranne

Le premier vol sans pilote de l'histoire de l'aviation

Sur la pointe Penon, à Carqueiranne, un monument composé d'un simple rocher gravé a été posé en 1921 : il rappelle le premier vol, en mai 1896, d'un aéroplane dans le ciel, épisode méconnu de l'histoire de l'aviation.

Conçue par Victor Tatin et Charles Richet, la machine, mue par la vapeur, pesait 33 kilos et fit un vol de 140 mètres en ligne droite.

Victor Tatin (1843-1913), qui n'a rien à voir avec l'inventeur de la tarte du même nom, fut surtout connu plus tard pour son avion, l'aéro-torpille qui, en 1911, volait à 140 km/h.

Charles Robert Richet (1850-1935), professeur de physiologie à la faculté de médecine de Paris, se fit connaître pour ses travaux sur les allergies et sur l'origine du crétinisme. Il obtint le prix Nobel de médecine en 1913. Il collabora avec Victor Tatin à la réalisation de machines volantes dès 1890 et intégrera par la suite l'usine de Louis Breguet avec qui il sera l'un des pionniers de l'aviation professionnelle.

LES DÉBUTS DE L'AVIATION AVEC PILOTE

Officiellement, ce sont les frères Orville et Wilbur Wright qui furent les premiers à faire voler un avion (avec pilote) le 17 décembre 1903 à Kitty Hawk, Caroline du Nord, aux USA. Leur avion « Flyer » réussit un vol de 36 mètres en 12 secondes.

C'est pourtant Clément Ader qui fut en réalité le premier à réussir cet exploit : le 9 octobre 1890, soit treize ans avant les frères Wright, il réussit à faire décoller son avion Éole qui franchit 50 mètres à 20 cm de hauteur. Le 14 octobre 1897, à Satory, devant un comité militaire, il fit également voler son Aquilon sur 300 mètres. Le vol n'a jamais été homologué, l'armée exigeant le secret absolu…

Le premier vol homologué en France avec un moteur à essence fut réalisé à Bagatelle par Santos-Dumont le 23 octobre 1906 à une altitude de 60 mètres.

AUX ALENTOURS :

LA FAUSSE TOMBE DE SAINT-EXUPÉRY (14)

Cimetière de Carqueiranne, Chemin du Petit-Lac 83320 Carqueiranne
Prendre la première allée à gauche et aller au fond. La tombe est contre le mur d'enceinte

En septembre 1944, le cadavre d'un pilote était trouvé sur la rive de l'anse de Port-Maurice à Carqueiranne. Pierre Lamazzi, le croque-mort de l'époque, s'empressa d'enterrer le corps. Lorsque l'on s'inquiéta de savoir comment avait disparu Antoine de Saint-Exupéry et où reposait l'épave de son avion, on émit alors dans le village l'hypothèse que le corps inhumé au cimetière, un mois après la date de disparition de l'auteur du *Petit Prince* (le 31 juillet 1944), pouvait être le sien. La tombe fut ainsi surnommée « la tombe de l'écrivain ». La famille ayant refusé toute exhumation, le mystère subsista même après la découverte de la gourmette de l'aviateur*. Il a fallu que soit retrouvée l'épave de son Lightning P 38, le 24 mai 2000 près de l'île de Riou, pour que cessent les rumeurs. À ce jour deux questions demeurent pourtant : quelle fut la cause de la chute de l'avion de Saint-Exupéry au large de Marseille, et qui est enterré dans le cimetière de Carqueiranne ?

* Le 7 septembre 1998, le pêcheur Jean-Claude Bianco pêche au large de Marseille une gourmette en argent de 38 grammes sur laquelle il lit l'inscription suivante : « Antoine de Saint-Exupéry et Consuelo (le prénom de sa femme) chez Reynal and Hitchcock Inc. 386, 4th Avenue, New York, USA (le nom et l'adresse de son éditeur américain) ».

LE MUSÉE DE LA MINE DU CAP-GARONNE ⑮

1000, chemin du Baou-Rouge 83220 Le Pradet
• Tél. : 04 94 08 32 46 • Fax : 04 94 08 72 50
• Mail : info@mine-capgaronne.fr • www.mine-capgaronne.fr
• Horaires : vacances scolaires (toutes zones) tous les jours de 14h à 17h ; en juillet et Août de 14h à 18h ; hors vacances scolaires le mercredi, samedi, dimanche et jours fériés de 14h à 17h.
• Adultes : 6,50 € • Tarif réduit : 4 €

« Des minéraux uniques au monde dans une mine désaffectée

Contrairement à ce que pourrait laisser penser son nom, la mine du Cap-Garonne se trouve au Pradet dans le Var (en provençal, *garonna* signifie « cours d'eau » ou « canal »). La mine est aujourd'hui devenue un musée attrayant et pédagogique et possède un fabuleux labyrinthe en sous-sol où des surprises toutes plus insolites les unes que les autres se succèdent.

Exploitées depuis le XIXe siècle pour en extraire le cuivre, les mines furent abandonnées au début du XXe siècle. Les galeries souterraines furent transformées en champignonnières mais, dès les années 1970, la vogue des minéraux attira de nombreux pillards… Ceux-ci n'hésitèrent pas à utiliser des explosifs pour extraire les minéraux rares et les splendides cristaux qui se trouvaient sur place. 139 minéraux différents ont ainsi été identifiés au Cap-Garonne, les plus spectaculaires étant l'azurite, la malachite, l'olivénite et la cyanotrichite.

Le site est également unique au monde pour les 11 espèces minéralogiques nouvelles qui furent décrites pour la première fois à Cap-Garonne : la capgaronnite, la géminite, la thérèsegnanite, etc. Plusieurs de ces minéraux ainsi que 600 espèces différentes sont exposées dans la grande salle des pyramides, avec une mise en lumière et un aménagement magnifiques.

La mine de Cap-Garonne est également connue des minéralogistes du monde entier pour sa collection de microminéralogie : des vitrines permettent d'en avoir un aperçu avec des instruments optiques fortement grossissants.

Une partie de l'exposition montre aussi les différentes utilisations du cuivre. Depuis les instruments de marine jusqu'au fil de cuivre, on appréciera l'humour des concepteurs du musée qui ont fait fondre des cloches au nom des collectivités locales qui ont subventionné le projet, la taille des ouvrages étant proportionnelle à la hauteur de leurs contributions… Insolite aussi, le cylindre d'héliogravure en cuivre, don du magazine *Télé 7 jours*, qui permet de consulter les programmes de télévision de la semaine du 9 juillet 1994.

S C

LES DEUX CHAPELLES SAINTE-CHRISTINE 16

• Chemin de Sainte-Christine, 83210 Solliès-Pont
Sortez de l'autoroute A 57 à Solliès-Pont (sortie n° 7). Sur la bretelle de sortie, prenez à gauche vers Solliès-Toucas. Au premier rond-point, petit panneau à droite vers Sainte-Christine. Après environ 300 m, prenez à gauche le chemin de Sainte -Christine. À la barrière interdisant l'accès aux véhicules, garez la voiture et comptez environ vingt minutes de montée

« Querelle de clochers... »

Curieuse vision sur la colline au-dessus des deux villages de Solliès-Toucas et de Cuers : les deux chapelles, bien que toutes deux consacrées à sainte Christine, se tournent le dos et sont à peine séparées de quelques centimètres sur la frontière séparant les deux communes.

Comment en est-on arrivé là ? La légende raconte qu'un prince grec, naviguant au large de Toulon, fut pris dans une tempête et jura, s'il en réchappait, de construire sur la colline qu'il apercevait à travers les bourrasques, une chapelle dédiée à sainte Christine. Précisons que l'on connaît deux saintes Christine, l'une de Tyr, qui subit des tortures atroces dont elle sortait toujours indemne et souriante, et l'autre de Rome, qui fut percée de flèches près du lac de Bolsena.

Le prince survécut et la chapelle, devant être construite sur la colline où passe la frontière entre les deux villages, fut à l'origine d'un différend : les deux communes ne purent se mettre d'accord et chacune construisit une chapelle sur son territoire. Aujourd'hui encore, le sujet n'est pas mis en avant par les dépliants touristiques et aucun fléchage ne conduit aux chapelles.

Les chapelles sont le plus souvent fermées et il est pratiquement impossible de les visiter et d'admirer leurs nombreux ex-voto. Mais la vue depuis le sommet de la colline vaut à elle seule le détour.

AUX ALENTOURS :

DE CURIEUSES INSCRIPTIONS 17

Au fronton de l'église du village de Solliès-Toucas est écrite en lettres d'or la curieuse phrase latine suivante : « *Sol iste jam ipso bis cruce ligatis aut ecce solis aedes jam veri cruce fulgens.* » Celle-ci signifierait : « *Le soleil est déjà lié deux fois à la croix* », et « *voici le temple du soleil maintenant resplendissant de la croix de vérité* »...
En face de l'église, sur le mur de la mairie, une autre plaque, laïque cette fois, mais toujours en lettres d'or sur marbre blanc, commémore la libération de la commune des « *hordes germaniques* ».

LE BRAS DE SAINT PIERRE

18

- Notre-Dame de l'Assomption
- Place Bernard, 83390 Cuers

Pour voir le bras de saint Pierre, il faut impérativement prendre rendez-vous auprès de l'office de tourisme

> **« Une relique prestigieuse rapportée de Rome au XIVe siècle par Gantès le Brave, né à Cuers en 1328**

À Cuers, saint Pierre est très présent, et de manière assez insolite.

Si l'église du village s'appelle aujourd'hui Notre-Dame de l'Assomption, elle était dénommée collégiale Saint-Pierre avant la Révolution. Sa porte latérale (et pourtant principale) est surmontée d'une niche dans laquelle on voit un saint Pierre levant la tête.

Du sol, il est difficile de comprendre qu'il regarde le ciel d'un air courroucé. C'est pourtant le cas, même si personne ne peut expliquer pourquoi… Sur le linteau de la même porte, il faut là aussi le savoir, on aperçoit le bras de saint Pierre. C'est une réplique en pierre de l'exceptionnelle relique qui se trouve à l'intérieur de l'église, dans la chapelle Saint-Pierre, protégée par une porte en bois qui représente à nouveau le bras du saint. Particularité de cette relique, le bras a deux doigts en moins. Si, par chance ou sur rendez-vous, vous pouvez voir s'ouvrir cette protection, vous verrez, derrière une grille en fer aux mailles serrées, un bras en vermeil (argent recouvert d'or) contenant une partie d'un bras du saint.

C'est Jean de Gantès, dit Gantès le Brave, né à Cuers en 1328, qui rapporta de Rome le cadeau que lui avait fait le pape Clément VI pour le remercier de son courage et de sa loyauté envers la reine Jeanne de Naples, comtesse de Provence.

LES SURNOMS DES CUERSOIS

Les habitants de Cuers sont désignés par deux surnoms, tirés de l'histoire du village.

En premier lieu, ils sont connus sous le sobriquet de « *manja sauma* » ce qui veut dire les mange-ânesses. Ce surnom viendrait du siège de 1383 par les Toulonnais, qui obligea les habitants à manger des ânesses pour survivre. On dit aussi que c'est pendant la répression sanglante conduite contre les habitants de Cuers par les soldats de Louis-Napoléon Bonaparte qu'un forgeron fut forcé « à bouffer » son tablier en peau d'ânesse.

Un autre de leurs surnoms est celui de « *brulo frema* », *signifiant « les brûlefemmes »*. Ce surnom rappelle qu'en 1779 fut brûlée à Cuers une femme considérée comme la dernière sorcière à subir ce sort en Provence.

LE MONUMENT DU DIXMUDE

19

Boulevard Henri-Guérin, 83390 Pierrefeu-du-Var
• Lien sur l'histoire des dirigeables à Cuers et Pierrefeu-du-Var
http://m.coterot.pagesperso-orange.fr

Feu le dirigeable

À la sortie du village de Pierrefeu-du-Var vous attend une surprise de taille : un monument en forme d'aile de 14 mètres de haut… Le monument du *Dixmude**.

Pendant la Première Guerre mondiale, qui a inauguré la guerre aérienne, les ballons dirigeables ont montré leur efficacité pour les bombardements, la reconnaissance navale ou terrestre et l'escorte des convois. Ce sont les forces allemandes qui ont fabriqué les engins les plus performants sous le nom de Zeppelin, du nom de leur concepteur. Le principe était de tendre une enveloppe emplie d'hydrogène sur une structure en alliage léger.

Dans l'histoire de ces Zeppelin, dont le premier vol eut lieu en 1900, notons le premier bombardement aérien de Paris, en 1916, la première traversée commerciale de l'Atlantique, en 1928, et l'incendie du *Hindenburg*, qui fera 35 victimes à New York en 1937, et qui scellera la fin de la saga des dirigeables et de leur défaut principal : être gonflés de gaz inflammable.

Au début des années 1920, dans le cadre des réparations de guerre, l'Allemagne dut fournir à la France deux de ses énormes dirigeables, dont celui qui sera rebaptisé *Dixmude*. Long de 266 mètres, haut de 28 mètres et contenant près de 70 000 m^3 d'hydrogène, le dirigeable fut convoyé jusqu'à la base de Cuers-Pierrefeu où l'on venait d'achever la construction d'immenses hangars.

Le 21 décembre 1923, le dirigeable, sans doute touché par la foudre, explosa en vol au large des côtes de Sicile. Seul le corps de son commandant, le lieutenant de vaisseau du Plessis, fut rejeté par la mer, qui avait englouti les 49 autres corps. Il fut alors décidé d'ériger ce monument de granit corse.

Une association, « Les Amis du *Dixmude* », perpétue la mémoire de cette tragédie. On peut contacter l'ancien président de l'association, M. Tissier, toujours disponible pour raconter cette dramatique histoire.

À côté de Pierrefeu-du-Var, la Marine nationale utilise toujours l'aérodrome qui abrite, soigneusement rangée dans une caisse en bois, une maquette d'un réalisme saisissant du *Dixmude*, longue de 3 mètres. Il serait judicieux de la sortir un jour de son emballage…

* Dixmude est le nom d'une ville de Flandre-Occidentale. L'armée belge y résista héroïquement aux assauts de l'armée allemande, en novembre 1914.

Office de tourisme de Pierrefeu-du-Var
20, boulevard Henri-Guérin, 83390 Pierrefeu-du-Var • Tél. : 04 94 28 27 30
• Fax : 04 94 28 21 78 • e-mail : contact@ot-pierrefeu.com

LES EX-VOTO DU SANCTUAIRE NOTRE-DAME-DES-ANGES

20

Frères franciscains de l'Immaculée, 83790 Pignans
• Tél. : 04 94 59 00 69
• e-mail : ffindanges@immacolata.com
•Le sanctuaire est ouvert tous les jours., messe tous les jours à 7h et le dimanche à 10h30 et 17h

Un caïman dédié à la Vierge Marie

À 10 kilomètres de Pignans, sur un sommet du massif des Maures dont on voit de loin l'émetteur se niche la chapelle Notre-Dame-des-Anges qui mérite une visite pour son exceptionnelle collection d'ex-voto, dont certains ont malheureusement été volés.

L'un d'entre eux, suspendu au plafond de la chapelle, est un vrai caïman empaillé qui serait, dit-on, l'une des victimes du fusil de Jules Gérard (voir page 287). L'ex-voto le plus émouvant est probablement celui qui sert de photo de couverture au petit fascicule d'Henry Levert (vendu 10 € par les moines), et qui représente une scène d'exécution de quatre hommes par un peloton de onze soldats avec en fond la rade de Toulon. Dommage qu'ait été volé celui qui montrait un chasseur de Pignans dont le fusil avait explosé et qui se trouvait entouré de flammes « *tandis que l'Enfant Jésus, dans les bras de sa mère, faisait pipi sur le fusil* » (*La Provence mystérieuse*, éditions Tchou).

La légende raconte que Nymphe, sœur de saint Maximin et servante de Marie-Madeleine, aurait séjourné ici bien avant que la chapelle actuelle soit édifiée, au XIXe siècle. Elle y aurait sculpté elle-même la statue de la Vierge qui s'y trouve encore. La statue fut perdue, puis retrouvée cachée dans les buissons. Les paroissiens de Pignans la mirent alors à l'abri dans leur église, mais la statue regagna toute seule les buissons. Il fut alors décidé de venir en pèlerinage chaque année à Notre-Dame-des-Anges, le premier dimanche de juillet. Depuis 2001, les moines de l'ordre des frères franciscains de l'Immaculée vivent la règle de leur ordre au sanctuaire. Sur l'étroite route qui monte au sommet, un panneau sur un arbre vient à point : « *La beauté de ces lieux fait oublier les peines de la route.* »

NOMS DE RUES INSOLITES

À Pignans, lorsque l'on franchit la porte qui permet de pénétrer par le passage de l'Église dans la seconde enceinte médiévale, on se trouve confronté à un choix métaphysique : à droite la rue de l'Église, à gauche, la rue de l'Enfer... Mais en l'occurrence cet « enfer » vient du vieux provençal « *infèrs* », les résidus de l'huile d'olive, car il y avait à l'époque un moulin à huile dans cette rue [au numéro 10]. À noter que l'un des deux jolis panneaux en céramique symbolisant de manière imagée la route du Paradis à droite et celle de l'Enfer à gauche a été cassé, sans doute volontairement. Devinez lequel ?

Jules GERARD
LE TUEUR DE LIONS

LA STATUE DE JULES GÉRARD

21

- Place des Écoles (près des écoles et du boulodrome)
- Maison natale de Jules Gérard (c'est l'actuelle mairie du village)
7, place de la Mairie, 83790 Pignans

« Jules Gérard, tueur de lions

Le 14 juin 1817 naissait à Pignans, village viticole du centre-Var, un certain Jules Gérard. Orphelin relativement tôt, le jeune homme montra son désir de vivre en développant ses capacités physiques et pratiqua la chasse. Pignans, entouré de bois (ses pins ont donné leur nom au village), était riche en gibier. L'escrime et le « chausson » (ancêtre de la boxe française) lui donnèrent le sens du combat. À 23 ans, il s'engagea dans le corps des spahis et fut envoyé en Algérie.

Jules Gérard allait se consacrer à exterminer les lions qui décimaient les troupeaux de Kabylie et attaquaient parfois les hommes.

Avec l'approbation tacite de ses supérieurs, Jules Gérard se consacra à l'amélioration des techniques de la chasse aux lions. Il établit des procédures pour améliorer la traque et l'approche des fauves et contribua à perfectionner les armes de l'époque. En ce milieu du XIXe siècle, les fusils de chasse n'avaient en effet rien à voir avec ceux d'aujourd'hui.

En juillet 1844 en Kabylie, de nuit et avec un fusil à deux chiens (dont un ne fonctionna pas), il tua son premier lion avec une seule balle : une bête de plus d'un mètre de long pesant environ 200 kg. De « *roumi* » (appellation des étrangers en référence à l'occupation romaine), Jules Gérard passa au rang de personnalité respectable et respectée des autochtones. Puis, à mesure que son tableau de chasse grandissait, il reçut le surnom de « *Katel Sioud* » : le maître des lions.

Les exploits du « tueur de lions » traversèrent la Méditerranée, alimentèrent les dîners parisiens et, en 1853, il fut présenté à l'empereur Napoléon III. Alphonse Daudet, qui écrivit *Tartarin de Tarascon* en 1872, avait lu les écrits de Jules Gérard et s'en inspira, si ce n'est que son personnage ridicule et fanfaron n'avait rien de commun avec la vraie personnalité de Jules Gérard.

Après avoir tué son vingt-cinquième lion, Jules Gérard se consacra à l'exploration et mourut noyé dans la rivière Jong lors d'une expédition au Sierra Leone. Il avait 46 ans.

Sur la place des Écoles de Pignans, on peut voir la fontaine en bronze du sculpteur Olivier Decamps, inaugurée en 1964 pour commémorer le centenaire de sa mort. Près de la porte de la mairie, qui porte en médaillon une gueule de lion et qui est entourée de deux lions de pierre, une plaque rappelle que c'est là que naquit Jules Gérard « *Officier des spahis, chasseur de fauves et écrivain cynégétique dit le tueur de lions* ».

Office de Tourisme de Pignans
Grand-Rue, 83790 Pignans • Tél. : 04 94 33 22 94 • Fax : 04 94 33 21 22

LE SENTIER DES PLANÈTES

Association « Le Sentier des Planètes »
63, impasse des Oronges, 83136 Rocbaron
• bienvenuecl@yahoo.fr • http://lesentierdesplanetes.webnode.fr
• Le circuit est gratuit et ouvert à tous
• Emplacement des planètes réalisées :
Uranus : Place du marché – Pignans 22
Neptune : Devant le sanctuaire de Notre-Dame-des-Anges – Pignans 23
Jupiter : Arboretum – Les Ferrages – Sainte-Anastasie-sur-Issole 24
Saturne : Lac de Besse-sur-Issole 25

« Le système solaire représenté à l'échelle sur 42 kilomètres de sentier

Afin de permettre au public d'appréhender l'immensité du système solaire par une balade à pied (les implantations ont été conçues en tenant compte des sentiers existants), l'association « Le Sentier des Planètes » est en train de mener à bien un étonnant et sympathique projet (quatre planètes sont d'ores et déjà en place) qui consiste à représenter notre système solaire en trois dimensions et à l'échelle, tant pour la taille des planètes et du Soleil, que pour les distances les séparant : l'échelle choisie (1/140 000 000e) a été calée sur un Soleil mesurant 10 mètres de diamètre. De ce fait, la distance entre le Soleil et Pluton est celle d'un marathon (42 km) et les planètes les plus petites ne mesurent que quelques centimètres (3,5 cm pour Mercure et 8,6 cm pour Vénus).

Des panneaux explicatifs le long du sentier apporteront les données scientifiques sur chaque astre. Le Soleil sera visible d'une grande partie du circuit.

D'AUTRES SENTIERS OU CHEMINS DES PLANÈTES

Il existe plusieurs autres sentiers ou chemins des planètes en Europe et dans le monde : le sentier des planètes de Quint-Fonsegrives (3,5 km), dans le département de la Haute-Garonne, a été réalisé en 2009 à l'échelle 1/1400 000 000e (le Soleil mesure 1 mètre de diamètre). Dans le Valais suisse, le chemin des planètes de Saint-Luc s'étend sur 6 km et est situé entre 2 200 et 2 500 mètres d'altitude. Les distances entre les planètes ont été reportées à une échelle de un milliardième, chaque mètre (correspondant plus ou moins au pas d'un homme) correspond donc à un million de kilomètres.

AUX ALENTOURS :

LE CAMPANILE ASTRONOMIQUE DE BESSE-SUR-ISSOLE

26

Place Noël-Blache, 83890 Besse-sur-Issole

Curieusement, la commune de Besse-sur-Issole (où a été installée la planète Saturne du « Sentier des Planètes » – voir ci-dessus) possède une autre représentation du système solaire tel qu'on le concevait au XVIIIe siècle : au sommet du beffroi de l'église du village, le campanile de fer forgé est surmonté par une représentation du Soleil ovoïde entouré de six planètes, elles aussi ovoïdes, mais de plus petite taille que l'astre solaire. Jusqu'en 1781, date à laquelle l'Anglais William Herschel découvrit la planète Uranus, le système solaire ne comportait que six planètes connues : Mercure, Vénus, la Terre, Mars, Jupiter et Saturne.

LAC DU GRAND LAOUTIEN

27

- Sur la D 64 entre Gareoult et La Roquebrussanne
- Parking

> **“...Et le lac se teinta de sang”**

Lieu improbable, inattendu, vertigineux et un peu angoissant, le lac du Grand Laoutien (cuvette en provençal) est au fond d’un véritable cratère qui fait immanquablement penser à un volcan ou même à un impact de météorite.

130 m de diamètre, des à-pics de 30 m au-dessus de la surface et 43 m de profondeur. L’eau est verte et laisse imaginer de ténébreuses profondeurs. On éprouve une étrange sensation devant cette curiosité de la nature et l’on est content de s’en aller sans être tombé dedans…

Dans le temps, les riverains des deux villages proches, Gareoult et La Roquebrussanne, pensaient que le lac était un volcan endormi. Chaque année, le deuxième dimanche de mai, le prêtre de La Roquebrussanne devait descendre sur le rivage et bénir les eaux. S’il refusait, on disait que le volcan se réveillerait dans l’année. Le phénomène qui se produisit en 1755 ne rassura personne quant à la nature pour le moins mystérieuse du lac. Cette année-là, le 1er novembre, jour du tremblement de terre qui détruisit Lisbonne, le lac se teinta de sang et son niveau monta de façon inhabituelle.

De façon curieuse également, les espèces animales vivant dans le lac sont très rares et ne se retrouvent pas dans les autres lacs français, mais

plutôt dans les climats nordiques. Comme si elles avaient survécu au réchauffement en évoluant dans un milieu souterrain communiquant avec un réseau qui n’a jamais été exploré. Des treize espèces d’hydracariens présentes dans le lac, trois ne sont connues qu’en Europe septentrionale, deux appartiennent à l’Afrique tropicale et une est propre au Maroc et à la région de Banyuls. Enfin, il faut noter la *Limnogeria lougiseta*, dont ce lac est le seul habitat connu au monde. En fait de volcan, les spécialistes pensent que le Grand Laoutien était une cavité souterraine dont le plafond, surchargé par le poids des arbres et des rochers, s’est un jour effondré.

LE PALINDROME DE NOTRE-DAME-D'INSPIRATION

28

Chapelle Notre-Dame-d'Inspiration
• Chemin de la Chapelle, 83136 La Roquebrussanne
Accès depuis le village de La Roquebrussanne : prenez le chemin de la chapelle qui part du centre du village vers l'ouest. Garez-vous au bout du lotissement, à côté de l'oratoire qui se trouve devant le départ du chemin. La montée prend un bon quart d'heure par le chemin en calade (pavé de galets et de bonnes intentions), puis en terre

« *Sur la cloche, les 295 caractères du palindrome conservent toujours leur énigme*

La cloche de la chapelle Notre-Dame d'Inspiration a la particularité de porter sur son flanc un curieux palindrome. Apportée de Rome en 1730, elle a été fondue par un certain Casini, « *fondeur de la révérende fabrique de Saint-Pierre au Vatican* ». En forme de croix, le palindrome est composé de 295 caractères dont l'abbé Menin, ancien curé, a donné l'ébauche de décryptage suivante : « *La croix est pour moi le salut certain. C'est la croix que toujours j'adore. Croix angélique. La croix du Seigneur avec moi. La croix est pour moi un refuge, saint Thomas d'Aquin.* » Mais cela n'est que la partie émergée de l'iceberg. L'essentiel du palindrome reste pour le moins obscur.

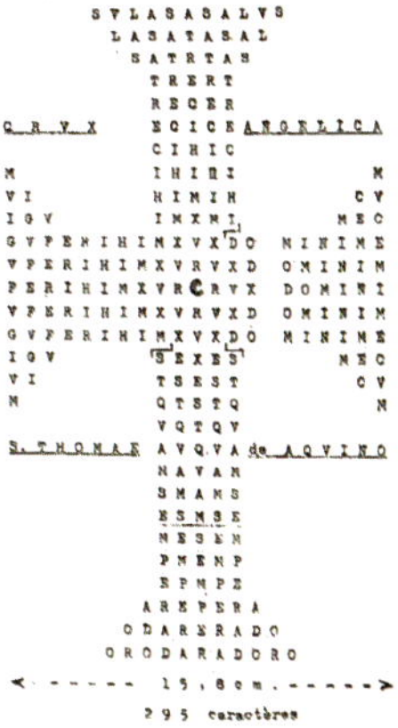

Le palindrome est disposé sur la partie visible de la cloche mais, compte tenu de la hauteur du clocher, mieux vaut se munir de jumelles ou bien d'un bon téléobjectif pour le voir. Pour le lire, mieux vaut également se munir d'une échelle…

LES PALINDROMES

Un palindrome est une phrase que l'on peut lire dans les deux sens, en commençant par la droite ou par la gauche. Il y a des palindromes de lettres, de syllabes et de mots.
Quelques exemples célèbres : « *Tu l'as trop écrasé, César, ce Port-Salut* », « *Un roc cornu* », « *Cerise d'été, je te désire* » (à lire sur un cercle où le « C » est au centre), « *Karine égarée rage en Irak* », « *Oh, cela te perd répéta l'écho* »…
Le plus long palindrome de la littérature française est celui de Georges Pérec : « Le Grand Palindrome» (1969) extrait de *La Littérature potentielle*, Gallimard, collection « Idées », 1973.

LA BARQUE DE J.-L. LAMBOT

29

• Musée du pays Brignolais, place du Palais-des-Comtes-de-Provence 83170 Brignoles • Tél./Fax : 04 94 69 45 18
• Tarif : 4 €, tarif réduit (6 à 12 ans, étudiants) : 2 €. Gratuit – de 6 ans.
• Ouvert du mercredi au dimanche du 1er avril au 30 septembre, de 9h à 12h et de 14h30 à 18h (le dimanche de 9h à 12h et de 15h à 18h). Du 1er octobre au 31 mars de 10h à 12h et de 14h30 à 17h (le dimanche de 10h à 12h et de 15h à 17h)
• e-mail : contact@museebrignolais.com • www.museebrignolais.com

Une barque en ciment armé

La barque en ciment de Joseph-Louis Lambot est une des curiosités du musée. Né à Montfort-sur-Argens dans le Var en 1814, le jeune Lambot fait ses études à Paris puis se consacre au domaine familial. Comment lui est venue l'idée d'« armer » le ciment ? Nul ne le sait. De fait, il est le véritable inventeur de cette technique. Ainsi il insère dans le ciment des structures en acier, expérimente avec des caisses à fruits et des étagères, avant de fabriquer une barque. À la surprise de beaucoup, elle flotte. Dans le musée, ne ratez pas non plus le sarcophage de la Gayole, le véritable trésor du musée : c'est le plus ancien sarcophage gaulois connu et l'un des plus anciens sarcophages chrétiens au monde (IIe siècle après J.-C.).

Bloc de pierre de facture assez grossière, la statue de saint Sumian est depuis longtemps un élément incontournable du désir d'enfants des femmes brignolaises. À force d'être exposée à tous vents, elle est devenue difficile à « lire ». Elle représente un personnage androgyne dont les deux mains se rejoignent au niveau du nombril (l'*embouligo* en provençal : à Brignoles la statue est d'ailleurs plus connue sous le nom d'« embouligue »). La coutume consistait à aller l'embrasser en dessous du nombril pour réveiller une fécondité défaillante. Bien qu'interdit par l'Église, l'afflux de baisers a creusé la statue et l'on voit aujourd'hui une « cupule » causée par les bouches adoratrices de ce saint un peu païen mais somme toute assez « gaulois »…

AUX ALENTOURS :

LA MAISON DES LANCIERS

30

Tout près du musée, la maison du numéro 10 de la rue des Lanciers abritait autrefois les gardes des comtes de Provence. À hauteur du premier étage, des pierres en forme de crochets dépassent de la façade. Lorsque les lanciers avaient fini leur tour de garde, ils venaient se reposer dans ce bâtiment. La circulation dans les escaliers en colimaçon n'étant pas très aisée avec une hallebarde, ils accrochaient leur lance à l'une de ces pierres. Ensuite, des fenêtres du premier, ils pouvaient la saisir et la disposer à plat sur deux des pierres à crochet et la mettre ainsi à l'abri des voleurs.

LA PIERRE DES HUGUENOTS

31

5, rue de la Poissonnerie
83170 Brignoles

> ***Le 28 août 1563 les huguenots vinrent***

Gravée sur une pierre de la rue de la Poissonnerie, une inscription rappelle clairement un fait historique indéniable : « Le 28 août 1563 les huguenots vinrent ». À cette date, en effet, un an après que la première guerre de religion n'éclate en 1562, une attaque est lancée par les protestants contre les habitants de Brignoles, en majorité fidèles à la religion catholique. Si aucun bilan précis n'est connu aujourd'hui, il semble que ce raid fut de courte durée et sanglant.

D'OÙ VIENT LE TERME HUGUENOT ?

Il semble que personne ne soit vraiment formel quant à l'origine de l'appellation de huguenot, qui a remplacé celle de « luthérien » autour de 1560. Dérivé du mot allemand « Eidgenossen », devenu « Eidgnots » à Genève ? Provenant de « Hugues » Capet ou de la porte Hugon à Tours près de laquelle les protestants tenaient leur assemblée ?

LE MORTIER DE LA MAISON DE L'OLIVIER

32

Visites sur demande à l'office de tourisme du Val
Place de la Mairie
83143 Le Val
• Tél. 04 94 37 02 21 ou 04 94 37 02 22 • E-mail : otleval@yahoo.fr
• Ouvert du lundi au vendredi de 8 h à 12 h et de 14 h à 17 h

Un vestige insolite de la contrebande de la poudre à canon

Dans la maison de l'Olivier, un ancien moulin à huile en état de marche du village du Val, près de Brignoles, un mortier est posé par terre dans un coin. Retrouvé dans une grotte près du village, au quartier du Janet, il était utilisé pour fabriquer en contrebande de la poudre à canon. La découverte a eu lieu au cours des fouilles de la grotte (dite de nos jours de la « Poudrière ») réalisées par l'association ASER (voir ci-dessous) qui a pu reconstituer, grâce aux archives, l'histoire de cette surprenante activité. En 1878, prévenue par une dénonciation, la maréchaussée se rend à la grotte en question. En cours de route, elle rencontre un certain Louis Henry, âgé de 46 ans, en train d'étaler 12 kg de poudre noire dans l'herbe pour la faire sécher. Interrogé, ce dernier dédouane son patron, Philémon Bonnaud, en assurant qu'il n'était pas au courant de son activité clandestine. Les deux suspects s'en sortiront avec une amende mais, un peu plus tard, Louis Henry sera à nouveau inquiété par la justice pour « colportage de poudre et d'allumettes » (7 kg de poudre et 432 boîtes d'allumettes).

Depuis que Marco Polo a ramené de la poudre à canon de son voyage en Chine, à la fin du XIIIe siècle, cet ingrédient indispensable au fonctionnement des armes à feu était très réglementé et faisait l'objet d'un véritable monopole d'État en vigueur aujourd'hui encore : la poudre noire est vendue exclusivement en armurerie pour les particuliers et la législation n'autorise pas d'en détenir plus de 2 kg à son domicile.

L'association ASER du Centre-Var est un acteur majeur pour la préservation et la mise en valeur du patrimoine. Leur programme d'activités ouvert à tous propose entre autres la visite de lieux impossibles à découvrir seuls, comme la glacière de Pivaut.
Maison de l'Archéologie - 21, rue République - 83143 Le Val
• Tél. 04 94 86 39 24 • Fax : 04 94 86 48 12
• E-mail : aser2@wanadoo.fr • http://asercentrevar.free.fr

CHAPELLE NOTRE-DAME-DE-PITIÉ

33

RD 554
83143 Le Val
• On peut y accéder à pied depuis le village du Val par le chemin des oratoires en une trentaine de minutes

Une façade couverte de coquillages, sur le chemin de Saint-Jacques

Sur la route reliant le Val à Brignoles, au sommet de la côte où se rencontrent les deux territoires, la chapelle Notre-Dame-de-Pitié cache aux passants pressés sa façade insolite, décorée de centaines de coquillages. À l'intérieur, le chœur, lui aussi, est orné de centaines de coraux provenant de la presqu'île de Giens. Si l'on n'a pas de sources documentées sur l'église, sa décoration de coquillages, parmi lesquels quelques coquilles Saint-Jacques bien mises en valeur, vient probablement du fait que le Val est situé sur le chemin qui relie Rome à Saint-Jacques-de-Compostelle. Les pèlerins en provenance de Rome passaient devant la chapelle Notre-Dame-de-Pitié avant de traverser Le Val puis devant la chapelle Saint-Jacques lorsqu'ils quittaient le village, en direction de Bras et d'Arles, point de jonction des chemins de Compostelle.

Notre-Dame-de-Pitié existait déjà au XIIe siècle : une bulle du pape Eugène III la cite comme « *Sanctæ Maræ de Clivio* » (Sainte-Marie de la Pente ou de la Montée).

La raison pour laquelle il n'existe pas d'archive consultable au Val s'explique par le fait que la chapelle était un prieuré dépendant de la collégiale de Pignans. On ne retrouve de trace plus sérieuse de la chapelle qu'au XVIIe siècle, lorsqu'elle fit l'objet d'un agrandissement, entre 1668 et 1685.

Un pèlerinage à la chapelle empruntant le chemin des oratoires a lieu chaque lundi de Pâques.

LE MONUMENT À LA MÉMOIRE DE L'AVION SE 1010

34

Quartier Saint-Étienne du Clocher - 83570 Carcès
• Sortir de Carcès en direction de Brignoles par la RD 562
Moins de 3 km après la sortie du village prendre le chemin à gauche vers le mémorial (indiqué par un panneau laminé par le temps) et Saint-Étienne du Clocher. Au bout de 1,5 km il faut laisser la voiture et emprunter un sentier pédestre qui part sur la gauche avec une indication (SE 1010). Une clôture électrique court le long de ce sentier et il faut donc être prudent. On atteint le monument en une dizaine de minutes en suivant les flèches

Des bouts de carlingue sur une stèle perdue

En pleine campagne (voir indications ci-dessus), un monument commémore un accident d'avion survenu en 1949. Sur la pierre tombale, des morceaux de métal de la carlingue sont posés tels qu'ils ont été récupérés aux alentours par ceux qui viennent parfois honorer la mémoire de l'équipage. Le 1er octobre 1949 à 16 h 07, les habitants de Carcès et des fermes alentours entendirent une forte explosion. Le seul prototype du SE 1010, un monoplan quadrimoteur de reconnaissance photographique, construit par la S.N.C.A.S.E. * venait de s'écraser.

Si les premiers vols se passèrent sans problème, Jacques Lecarme, son pilote d'essai, suspectait cet avion de risque de mise en vrille horizontale en cas de déficience de l'un de ses 4 moteurs. Il fut décidé de corriger ce défaut et le 1er octobre 1949 l'avion décollait de Marignane. C'est le pilote Henri Vanderpol qui tenait le manche, secondé de Pierre Bouillon, ingénieur d'essais navigant, Silvio Agliani, ingénieur du Bureau d'études, Marius Rivet, radio navigant, et des mécaniciens Valéry Chasson et Fernand Pillet.

Très rapidement, l'incident redouté par Lecarme se produisit et l'appareil se retrouva en vrille à plat avec l'un de ses quatre moteurs coupé. L'avion s'écrasa, entraînant dans la mort les 6 membres de l'équipage. La carrière du SE 1010, destiné à l'Institut Géographique National, fut immédiatement arrêtée et les autres exemplaires en construction voués à la ferraille...

* La Société Nationale des Constructions Aéronautiques du Sud-Est est née en 1937 et a conçu un bon nombre d'avions militaires et de transport dont l'emblématique Caravelle. Elle s'est fondue plus tard dans ce qui allait devenir E.A.D.S.

LE MUR À ABEILLES DE CARCÈS

35

Chemin de Notre-Dame- 83570 Carcès
• Accès : Sortir de Carcès en empruntant la RD 13 en direction du lac de Carcès et de Toulon. Juste avant le pont du Caramy prendre à droite le chemin des Fouguières, puis encore immédiatement à droite, le chemin de Notre-Dame. Continuer tout droit jusqu'à la chapelle. Se garer devant et prendre le chemin en terre qui part à droite en laissant encore à droite la suite de la route goudronnée. Le mur à abeilles se trouve à une trentaine de mètres plus loin.

Des ruches à l'abri du vent

Exposé au sud afin de profiter au mieux des rayons du soleil, tout en étant protégé des vents du nord et du nord-ouest, le mur à abeilles de Carcès est composé de dix niches sur deux rangées horizontales. Les alvéoles de la rangée supérieure se terminent en voûte, donnant à l'ensemble une élégance particulière. La tradition de ces murs, aussi appelés apiers en Provence, voudrait qu'un mur comporte douze alvéoles (comme le nombre des apôtres) ou un multiple de douze. Nous remarquons sur l'apier de Carcès en effet deux petites alvéoles en plus des dix niches dont le seul usage semble bien être… de se conformer à l'usage !

Cette technique de protection des ruches semble avoir déjà été utilisée par les Romains. Elle était encore employée à la fin du XIXe siècle et permettait de protéger les abeilles contre les intempéries et les animaux prédateurs.

La période où les apiers ont connu leur plus important développement a été celle du « Blocus continental »* pendant les guerres napoléoniennes : l'impossibilité de recevoir du sucre de canne en provenance des Antilles a fortement incité à produire davantage de miel en compensation.

* Contrairement à une idée reçue, le Blocus continental n'a pas été mis en place par l'Angleterre mais par Napoléon-Bonaparte qui essayait ainsi de ruiner le Royaume-Uni en l'empêchant de commercer avec le reste de l'Europe. Le blocus a pris effet le 21 novembre 1806 (décret de Berlin) et a pris fin en avril 1814 (décision du gouvernement provisoire alors que l'empereur déchu était envoyé à l'île d'Elbe).

PORTE DU PARDON

LA PORTE DU PARDON

36

Église Notre-Dame de Correns
Place du Général-de-Gaulle
83570 Correns

Une imitation des cérémonies du Jubilé à Rome !

À droite de l'église Notre-Dame de Correns, la porte en bois qui est surmontée de l'inscription « porte du pardon » est un rappel discret d'une étonnante tradition millénaire.

Lors de la consécration de la première église de Correns, en l'an 972, fut initiée une tradition de Pardon ayant lieu tous les 3 mai tombant un vendredi, en commémoration de la date officielle de l'invention de la Vraie Croix par sainte Hélène (la mère de l'empereur Constantin Ier) en 326, à savoir le jour où elle retrouva, selon la tradition, la véritable croix du Christ. En 1011, le pape Sergius IV ajouta des indulgences particulières à ceux qui viendraient se confesser ce jour-là en l'église du village, une bienveillance papale due au fait qu'il aurait été d'origine provençale. À l'origine partielle, cette indulgence devint plénière au XVIIe siècle, en vertu d'une bulle d'Urbain VII.

Le fait qu'un 3 mai tombe un vendredi a lieu successivement tous les 6, 5, 6 et 11 ans. Lorsque le Pardon est attendu pendant 11 ans, on parle alors de «Grand Pardon», ce qui fut le cas du dernier Pardon de Correns, en 2013. Le Pardon suivant aura lieu en 2019.

Comme pour le jubilé de Rome (voir chez le même éditeur le guide *Rome insolite et secrète*), le début des cérémonies est marqué par l'ouverture de la Sainte Porte ou Porte du Pardon par l'évêque de Toulon. Les péchés sont pardonnés à tous les fidèles qui se confessent dans l'église en entrant par cette porte, ouverte le vendredi 3 mai à 14 h et refermée le lendemain de la fête à la même heure.

En 1613, alors que la commune ne comptait que 1 000 habitants, 53 235 fidèles vinrent en procession de toute la Provence confesser leurs péchés aux 500 prêtres prévus pour l'occasion. Plus de 150 000 personnes y assistèrent, paraît-il, en 1409, y compris le comte de Provence.

C'est de là que vient le proverbe provençal « C'est le pardon de Correns » pour désigner de grands rassemblements populaires et d'où aussi l'expression provençale pour qualifier un événement rare : « commo lou pardoun de Courren ! »

Correns se présente comme « le premier village bio de France » : depuis 1997, le village s'est converti au bio et, aujourd'hui, 95 % des terres du village sont cultivées selon les normes de l'agriculture biologique.

LE MONUMENT AUX MORTS DE COTIGNAC

37

Place de la Mairie
83570 Cotignac

> **Le plus beau monument du département ?**

Le monument aux morts de la Première Guerre mondiale à Cotignac est certainement l'un des plus insolites de France. C'est une stèle toute simple d'où émerge la tête casquée d'un poilu. En faisant le tour du monument on constate que ce soldat est bien là, protégé par le monument qui lui sert de tranchée, avec son équipement militaire et prêt à lancer sa grenade.

Sculpté par Jean-Louis L'homme en pierre de Ruoms pour le piédestal et d'Oppède pour le soldat, le monument serait, selon la Commission Artistique qui donna un avis favorable à la réalisation de cette œuvre, le « plus beau monument du département ».

Le poilu représente un enfant du village, Antoine Pascal, né le 7 mars 1878 et mort pour la France le 28 octobre 1918.

53 des 1827 habitants de Cotignac ont trouvé la mort pendant la guerre de 1914-1918.

DE L'ORIGINE DU MOT « FIACRE »

Notre-Dame de Grâces conserve le cœur du frère Fiacre. Sa popularité auprès des pauvres de la capitale fit que l'on diffusa son image dans les voitures de louage, peu sûres à l'époque, pour les protéger. D'où le nom de « fiacre » qu'elles ont longtemps porté.

L'EX-VOTO DE LOUIS XIV

38

Quartier Notre-Dame - 83570 Cotignac
• Tél. 04 94 69 64 90
• Courriel : nd-de-graces@wanadoo.fr • http://www.nd-de-graces.com
• Ouvert tous les jours de 7 h à 19 h • Entrée libre
• Messe tous les jours, à 11 h 30 en semaine et à 11 h le dimanche

> ***Cotignac à l'origine de la naissance de Louis XIV ?***

Parmi les milliers d'ex-voto de Provence, parmi les centaines d'ex-voto du sanctuaire Notre-Dame de Grâces, le plus royal d'entre eux est très probablement celui que Louis XIV est venu lui-même offrir à la Vierge de Cotignac.

En 1519, un bûcheron de Cotignac, Jean de la Baume, fut témoin d'une apparition de la Vierge, debout sur un croissant de lune et tenant l'enfant Jésus dans ses bras. Marie lui délivra le message suivant : « Je suis la Vierge Marie, va dire aux Consuls et au clergé de Cotignac de me bâtir une église ici même sous le vocable de Notre-Dame de Grâces ». Une centaine d'années après cette apparition, et après 20 ans de mariage, Louis XIII et Anne d'Autriche qui s'étaient unis très jeunes (14 ans) n'avaient toujours pas de descendance. Le frère Fiacre, membre des Augustins déchaussés, décida donc de demander à Dieu la naissance d'un dauphin, pour le bonheur du couple royal. Il voulait ainsi marquer sa reconnaissance envers la reine qui fournissait aux religieux les médicaments qui leur étaient nécessaires et dont il avait fait usage.

La Vierge lui apparut le 3 novembre 1637 et lui fit savoir que, pour que le couple royal ait un fils, trois neuvaines devaient être dites, dont la première au sanctuaire de Cotignac. Frère Fiacre vint donc dire cette neuvaine en son nom à Cotignac et exactement neuf mois après avoir prononcé la troisième neuvaine, naissait Louis Dieudonné, le futur Louis XIV. Ayant été exaucée, Anne d'Autriche alla en personne, accompagnée du jeune Louis XIV, en pèlerinage à Notre-Dame de Grâces, le 21 février 1660. C'est à cette occasion que fut placé sur le mur du sanctuaire cet ex-voto royal en marbre noir.

Notons que, malgré le miracle, la visite royale de Cotignac coûta une petite fortune à la commune qui dut en effet emprunter une somme importante pour rendre le chemin de l'église « carrossable ».

LE PORCHE DE L'HÔTEL DE PONTEVÈS

39

Rue Auguste-Guion
83670 Barjols

Un extraordinaire rébus dont on a perdu les clés !

Monumental portique portant au frontispice la date de 1532, le porche Renaissance de l'hôtel de Pontevès possède une ornementation très riche qui n'a pas encore livré tous ses secrets.

Au-dessus des chapiteaux, un bandeau d'arabesques supporte trois niches entourées de deux angelots. Dans la grande niche centrale, le motif a disparu, sans doute martelé à la Révolution. Il est probable qu'il présentait les armes de la famille.

Dans la niche de droite, un homme, peut-être le maître de maison, tient un flambeau phallique de la main droite et une fleur de la main gauche. L'angelot qui se trouve à droite de cette niche semble lui porter également un flambeau de la main droite et des fruits dans la main gauche.

Dans la niche de gauche, la maîtresse de maison reproduit un geste de la Vénus Pudica* qui évoque le fameux tableau représentant Gabrielle d'Estrées (qui n'était pas née en 1532). Ce geste, une main sur le sein, signifie aussi que la femme est enceinte : le sein ainsi mis en évidence sera en effet bientôt prêt à allaiter. L'angelot qui accompagne cette niche a, lui, sa main posée sur le sexe, peut-être pour rappeler le message précédent ?

* La posture de Vénus Pudica est directement inspirée de l'Aphrodite pudique de la statuaire classique grecque puis romaine. L'Aphrodite de Menophantos en est le modèle repris plus tard par les peintres de la Renaissance dont Botticelli dans La naissance de Vénus (1486).

LES BALCONS PHALLIQUES DE VARAGES 40

9, place de la IVe-République
83670 Varages

« Une allusion au très curieux saint patron du village ?

Le balcon au premier étage de la maison du 9, place de la IVe-République, face à la mairie, présente de façon étonnante un motif répété parfaitement phallique : une fois qu'on le sait, on repère en effet assez nettement les sexes masculins les uns à côté des autres.

Pour certains, il pourrait s'agir d'une allusion visible à saint Foutin, saint patron du village et ancien évêque de Lyon, dont le rite païen et sulfureux a été curieusement recyclé (voir ci-dessous).

Aujourd'hui la confrérie de saint Foutin relance les festivités qui ont lieu le dimanche le plus près du 2 juin (jour de la mort et de la fête du saint). Bravade et procession sont suivies par une grande partie de la population habillée en costumes d'époque Renaissance. À noter que le Capitaine nommé pour un an a le privilège de n'avoir pas le droit de mourir de mort naturelle pendant cette année-là.

SAINT FOUTIN : UN SAINT QUI GUÉRISSAIT DES CARENCES SEXUELLES ?

Selon la légende, Futinus serait un faune apparu pendant la période gallo-romaine et vénéré plus tard sous le nom de Foutin. Une tradition orale rapporte que le phallus de Foutin, sculpté dans le bois et recouvert de cuir, aurait été conservé longtemps dans une chapelle au sommet du castrum médiéval. Les femmes versaient dessus du vin qui était utilisé comme vinaigre fertilisant. On dit que Foutin donnait de la vigueur aux hommes et guérissait des maladies honteuses, tradition populaire qui est à l'origine des nombreux ex-voto représentant les parties sexuelles des deux genres qui ont longtemps orné l'église du village. Ceux-ci ont malheureusement été enlevés, ou détruits, par les protestants au XVIIe siècle.

QUAND LE CINÉMA CHANGE LE NOM D'UN VILLAGE !

En arrivant à Ginasservis, les visiteurs sont souvent surpris de remarquer que le village a en réalité deux noms : Ginasservis, le nom officiel et Espigoule, nom donné par le cinéaste Christian Philibert pour les besoins du film qu'il a tourné dans ce village : *Les quatre saisons d'Espigoule*. Sorti en 1999 et devenu film culte pour les Provençaux, cette comédie raconte la vie des habitants d'un village provençal. La particularité qui n'a pas été pour rien dans le succès du film est que le réalisateur a fait appel à des comédiens non professionnels, les habitants de Ginasservis. Christian Philibert, originaire du village [dont son frère est le maire] a obtenu pour ce film de nombreux prix dont ceux du public aux festivals de Marseille, de Belfort et de Montpellier. Détail amusant, le nouveau lotissement de Ginasservis s'appelle : « les Hauts d'Espigoule »...

L'EX-VOTO DE LA CHAPELLE NOTRE-DAME DE LA DÉLIVRANCE 41

• Visite pour groupes sur demande à l'office de tourisme d'Aups qui peut aussi fournir les horaires d'ouverture au public en juillet, août et septembre
Place Frédéric-Mistral - 83630 Aups
• Tél. 04 94 84 00 69 • Courriel : aups83@wanadoo.fr

« *Un souvenir de la révolte contre le coup d'État de Napoléon III* »

Après le coup d'État de Louis-Napoléon Bonaparte le 2 décembre 1851, une vague de protestation républicaine gagna un certain nombre de régions françaises (principalement rurales) dont le Var et les Alpes-de-Haute-Provence (Basses-Alpes à l'époque). Dans le Var, Aups devint le point de ralliement de l'insurrection. Dès le 8 décembre, 6 000 Républicains s'y rassemblèrent et le village gagna son surnom de « Centre Rouge du Var ». Mais le 10 décembre, les troupes régulières du 50e régiment d'infanterie de ligne, commandées par le général Pastoureau, écrasèrent l'insurrection et firent 50 morts parmi les Républicains.

Si cet épisode est rappelé par un obélisque sur la place principale, deux ans plus tard, la partie de la population qui était hostile à l'insurrection « Rouge » fit construire grâce à l'aide de l'armée la chapelle dite « Notre-Dame de la Délivrance ». À l'intérieur, l'un des ex-voto exprime de manière naïve et émouvante le soulagement d'une famille « Blanche » d'avoir échappé aux exactions des « Rouges ». On y voit les parents et leurs deux enfants dans des habits cossus fuyant le village en flammes et poursuivis par une meute d'insurgés.

Une chanson sans équivoque avait été composée pour la chapelle et on peut la découvrir dans sa version intégrale en provençal et en français sur le passionnant site de Jean-Marie Guillon consacré au coup d'État de 1851 (www.1851.fr).

AUX ALENTOURS :

LE BALCON À L'ANGLE DE LA RUE DES AIRES ET DE LA RUE DU CHÂTEAU 42

83630 Aups

Le balcon à l'angle de la rue des Aires et de la rue du Château est insolite à plusieurs titres : par son esthétique générale originale, son emplacement, comme « collé » au toit de la maison, par sa pierre de tuf changeant de couleur selon la lumière et enfin, par l'inscription « Ad coelum aspirare » (au ciel j'aspire). La maison date de la fin du XVIIIe siècle ou du début du XIXe siècle.

LA GRANDE LAUZADE

43

Route de Toulon (RD97), 83340 Le Luc-en-Provence
• contact@lagrandelauzade.com • www.lagrandelauzade.com
• Tél. 04 94 60 74 35
• Tarif pour 2 personnes : La première nuit : 200 €, la seconde nuit : 150 €, les nuits suivantes : 120 €

« Un nouveau concept : le Bus & Breakfast

Outre des chambres d'hôtes plus classiques, le domaine de la Grande Lauzade propose un hébergement original dans un bus américain de 11 mètres de long et 2,60 mètres de large. Le « Flxible » (sans « e »), modèle culte des années 1960, offre tout le confort moderne : un lit double à l'arrière séparé des deux couchettes superposées pour les enfants et un coin salon avec table à l'avant. On trouve également une douche avec WC. et lavabo et une double climatisation, dans la chambre et dans le salon, qui permet de supporter la chaleur estivale.

Une nuit dans le bus donne aussi accès à tous les équipements de la maison d'hôtes : piscines intérieures et extérieures, salle de fitness, sauna, tapis de course, vélo elliptique, Power Plate, banc de musculation, salon de billard, tennis de table et terrain de pétanque.

NB : le bus est loué « immobile » !

LE FLXIBLE BUS

Le Flxible bus est un autobus de transport en commun qui a été produit par la société Flxible à 13 121 exemplaires, des années 1960 jusqu'en 1978. Il fut longtemps le seul concurrent de General Motors sur ce créneau.
Le bus de la Grande Lauzade, le Starliner Flxible 2183DD1-63-SPECIAL, a été mis en service le 26 juin 1963 sur la East line de la NEVADA NORTHERN RAILWAY CO.

LES MAQUETTES DES EMBARCATIONS DE L'OBÉLISQUE DE LA PLACE DE LA CONCORDE 44

Musée historique du Centre-Var, Château des Vintimille
Place de la Convention, 83340 Le Luc-en-Provence
• Tél. 04 94 60 70 12 • adjoint-culture@mairie-leluc.com
• Ouvert tous les jours en saison de 15h à 18h sauf dimanche et jours fériés • Sur rendez-vous toute l'année
• Entrée libre

« Le transport de l'obélisque de Louxor fut dirigé par un Lucois »

Le Musée historique du Centre-Var possède deux maquettes dont la réalisation et les détails ont été particulièrement soignés : la première est celle du navire le Sphinx, qui fut chargé de remorquer le chaland à voile le Louxor, qui ramena à Paris l'obélisque égyptien installé aujourd'hui au centre de la place de la Concorde.

La présence des maquettes de ces deux navires ainsi que de nombreux objets ou documents traitant du transfert de l'obélisque de Louxor en ce musée est due au fait que l'ingénieur qui a dirigé les opérations, Jean-Baptiste Apollinaire Lebas, est né au Luc, le 13 août 1797.

En 1830, le vice-roi d'Égypte, Méhémet Ali, offrait à la France deux obélisques se trouvant devant le temple de Louxor. C'est Jean-François Champollion qui fut chargé de choisir celui qui serait transporté jusqu'à Paris : le deuxième obélisque offert à la France, sans avoir jamais quitté son emplacement d'origine, fut officiellement rendu à l'Égypte par le président de la République François Mitterrand lors de son premier septennat.

Afin de ramener en bon état le monument en France, Jean-Baptiste Apollinaire Lebas imagina le processus idoine et conçut les engins et les navires nécessaires à l'accomplissement de sa mission, de la mise à bas de l'obélisque à son érection à Paris. Pour le transport, deux embarcations furent spécialement conçues : le Sphinx, le premier navire à vapeur de la Marine nationale, fut chargé de remorquer en mer le Louxor, un chaland à voiles qui était conçu pour naviguer sur le Nil. Celui-ci dut attendre un an sur place pour retrouver la crue du Nil indispensable à la navigation, puis son remorqueur, qui l'attendait à Alexandrie, à l'embouchure du fleuve, sur la côte méditerranéenne.

Après avoir remonté la Seine, le Louxor arriva à Paris le 23 décembre 1833 même si ce n'est que le 25 octobre 1836 que l'obélisque de 222 tonnes et de 23 mètres de hauteur fut érigé sur son piédestal : il fallut attendre la fin des travaux d'aménagement de la place de la Concorde.

INDEX ALPHABÉTIQUE

INDEX ALPHABÉTIQUE

INDEX ALPHABÉTIQUE

Remerciements :
L'auteur remercie spécialement Suzanne Boudeau pour sa première lecture et ses précieuses indications et adresse ses remerciements à Robert Alberti, Eichi Awoki, Michel Baconnet, Hervé Barelli, Jean-Paul Barelli, Pierre Berenguier, Christian Berkesse, Claude Bernard, Fernand Bertejo, Laurent Boissin, Marc Boriosi, Mme Servera Boutefoy, Pascal Brocchiero, Richard Caireschi, Philippe Cantarel, Simone Chambourlier, Frédérique Citerabullot, Laure Clément, Brigitte Cohen Tanaudji-Dahan, Christian Delseray, Béatrice di Vita, Florent Duchêne, Patrick Elouarghi, Laurent Eplé, M. Falconnet, M. et Mme Farinelli, Éditions Flohic, Serge Fournel, Gaston Franco, Raymond Gay, Dr Jean-Yves Girard, Juliette et Mireille Giraud, Pierre Godlewski, Alain Gumiel, David Hameau, Mauricette Hintzy, Pierre Ipert, Dr Philippe Jellinek, Roland Joffre, M. et Mme Didier Kulacinski, M. Lambert, Frédéric Lanore (qui n'a pas ménagé son temps), Elisabeth Lara, Patrick Le Tiec, Sandrine Legendre, Sandrine Léonard, Nathalie Leydier, David Lisnard, Pierre-Guy Martelli, Thierry Martin, Sylvain Massa, Christophe Messineo, Sandrina Michon, Christine Million, Anne-Lise Mortelmans, Musée de l'Artillerie, Raymond Négrel, Mado Nésic Perichon, Jean-Marc Nicolaï (qui n'a pas ménagé son temps), Isabelle Nohain, Karine Osmuk, Nadia Ounaïs, Laure Pastore, Patricia Paula, Sandra Philippe, Patrick Piguet, Mme Pugi, Mme Ricord, Philippe Rigollot, Didier Rostagne, Evelyne Runfoca, Bernard Savatier, Mme Servera Boutefoy, David Singleton, Marie-Hélène Squillante, Mme Strazzulla, Didier Théron, Sabrina Tissot, Aline Torlet, Renaud Vassas, Christian Vialle, Alain Vittersheim, Comité départemental du tourisme du Var, Comité régional du tourisme Côte d'Azur, Comité régional du tourisme PACA, Conseil général du Var, Conseil général des Alpes-Maritimes, DRAC PACA et ses bibliothécaires et documentalistes, ainsi que les municipalités et les offices de tourisme qui nous ont ouvert leurs portes.

L'éditeur adresse ses remerciements à Florence Amiel, Dan Assayag, Émilie de Beaumont, Kees et Aude van Beek, Florent Billioud, Antoine Blachez, Christine Bonneton, Ludovic Bonneton, Louis-Marie Bourgeois, Jean-Baptiste Bourgeois, Philippe Darmayan, Charles Eon, Agnès et Mikael Eon, Vincent Formery, Philippe Gloaguen, Azmina Goulamaly, Romaine Guérin, Antoine Jonglez, Aurélie Jonglez, Stéphanie et Guillaume Jonglez, Timothée Jonglez, Stéphanie Kergall, Ghislain de La Hitte, Hervé du Laurent, Florence et Pierre Merveilleux du Vignaux, Sophie Mestchersky, Marianne et Fabrice Perreau-Saussine, Francois et Sally Picard, Patricia de Pimodan, Valérie Renaud, Stéphanie Rivoal, Pierre Santoul, Damien Seyrieix, Vadim Smith, Henri Villeroy, Raphaëlle et Matthieu Vincent, Karine Zacharias.

Crédits photographiques :
Toutes les photographies sont de **Jean-Pierre Cassely,** à l'exception de celles des pages suivantes : p. 123 © Photo cg06/Patrice Pelliccia, p. 162 © Office de tourisme de Cagnes-sur-Mer, p. 242 © Les amis de Saint-Ferréol et du Vieux Lorgues.

Cartographie : **Michelin** - autorisation n° 0612400, © Michelin et Cie - Conception de la maquette : **Roland Deloi** - Maquette : **Stéphanie Benoit** - Lecture-correction : **Muriel Mékiès, Marie-Odile Boitout**

Dépôt légal : Mai 2014 – Édition : 02
ISBN : 978-2-36195-086-6
Imprimé en France par Gibert-Clarey
37 170 CHAMBRAY-LES-TOURS